# 公論と交際の東アジア近代

塩出浩之［編］

東京大学出版会

本書の刊行に当たっては，学術書刊行基金を受けた．

The Public Sphere and Relationship Building in Modern East Asia

Hiroyuki Shiode, Editor

University of Tokyo Press, 2016
ISBN 978-4-13-020304-3

公論と交際の東アジア近代／目次

## 第三部　ナショナリズムの時代における「公論」と「交際」

[凡例]

（一）日本語・漢文史料の引用にあたっては、読みやすさのために、句読点や濁点、訓点、振り仮名を適宜補った。
（二）引用文中では、漢字は通用の字体に統一し、地の文の片仮名は平仮名に、合字は対応する平仮名にすべて置き換えた。
（三）引用文中の［　］は執筆者による補足を示し、……は中略を示す。

# 序論　東アジア近代における「公論」と「交際」

塩出浩之

## はじめに

本書は、コミュニケーション行為を通じた政治秩序形成の可能性という問題関心から、日本と東アジアの近代について再検討するものである。互いに異なる存在や価値を包摂するような公的秩序の形成という、この地域における難題について、歴史的経験から考えることを目的とする。

開かれたコミュニケーション行為による政治、すなわち「公論」、そして互いの相違を認め合う大人同士の付き合い、すなわち「交際」は果たして可能なのかという問いに、東アジアの近代に生きる人びとは絶えず直面してきた。本書は日本の歴史的経験を主な分析対象として、政府と民間、国際関係、民族間の関係などさまざまな次元で生じた「公論」と「交際」の可能性を考察する。それらは、必ずしも実際の秩序形成につながったとは限らない。むしろ本書はその困難さが、いま我々が向き合っている課題と地続きであることを明らかにしようとする試みである。

## 一　「公論」と「交際」

### 1　公　論

本書でいう「公論」とは、開かれた、そして絶えざるコミュニケーションを通じた政治意思形成のことである。言い換えれば「公論」は、ある問題に対する解決策を導くにあたって、その問題に関係する人びとが広く討議・議論・意見交換を行う手続きや慣習のことを指す。中国語に由来するこの言葉は、日本ではよく知られるように明治維新に際して、「広く会議を興し万機公論に決すべし」という明治天皇の五箇条誓文第一条に用いられ、自由民権運動が政府に国会の開設を求めるにあたって有力な根拠とされた。

自由主義や個人主義の伝統を持たない社会でリベラル・デモクラシーを実現する可能性について、近代の東アジアにおける歴史的経験から探るためのキーワードとして、このような意味での「公論（形成）」を提起したのが、三谷博が中心となった共同研究の成果、『東アジアの公論形成』（東京大学出版会、二〇〇四年）である。三谷は同書で、中国などでの政治的自由の困難に強い憂慮を示したうえで、前述のように「公論」の語が中国に由来するだけでなく、コミュニケーションによる意思決定という意味での「公論」慣習が東アジアの伝統や経験として存在することに注目した。そしてこの慣習を掘り起こして育てることで、自由で民主的な政治・社会を作り出す可能性があると主張した。ただし、その一方で三谷は、日本や韓国など「すでに民主化したとされる国」も、「成熟した公衆」によって民主政を支えるという難題は共有しており、むしろ「かなり深刻」な状況であると指摘した。とりわけ、「公論空間」が生まれるにあたってはナショナリズムやメディアが重要な役割を果たしてきたが、ナショナリズムはしばしば暴走するし、マスメディアもインターネットも「対等な公論」の場としては必ずしも十分に機能していないことに注意を促し

たのである。(1)

本書の執筆者一同は、このような三谷の問題意識を受け継ぎながら、さらに「公論」の可能性とその困難について、歴史的経験を通じて考察を深めようとしている。今日において、例えばインターネットの普及・発達は、かつてなく広汎で多様な人々による、多方向的で開かれたコミュニケーションを可能にしている。しかし、異なる意見や立場の存在を互いに認め合い、対等なコミュニケーションを通じてともに政治秩序を形成するという慣習は、東アジアにおいて必ずしも十分に定着しつつあるとはいえない。本書はこのような状況を、すでに述べたように、東アジア近代の歴史的経験と地続きの問題として捉えようとしているのである。

コミュニケーションによる意思形成という意味での「公論」は、基本的にはユルゲン・ハーバーマスが唱えた「公共圏」(独 öffentlichkeit, 英 public sphere)と重なり合う。ハーバーマスは、一七―一八世紀のイギリスやフランスで生まれた「政治的に論議する公衆」に「市民的公共性の自由主義的モデル」を見出し、「コミュニケーション的行為がもつ社会統合の力」に注目した。公開性や対等性、異議申し立てといったコミュニケーションのありようを重視し、また二〇世紀にはマスメディアと「消費者大衆」によって「公共的討論」が困難になったと指摘するなど、彼に学ぶところは多い。(2)ただし、三谷がすでに指摘しているように、「公共圏」「公共性」といった訳語はコミュニケーションの重要性を捉えるには不向きである。(3)本書が三谷にならい、東アジアの伝統に由来する「公論」をキーワードとする所以である。

関連して、「公」という言葉の意味が、思想史的にみると言語によってさまざまに異なっていたことは確認しておく必要があるだろう。渡辺浩の指摘によれば、現代日本語の「公」の語源である中国語(漢語)の「公」、英語の"public"、近世日本語の「おほやけ」はそれぞれ意味が異なっていた。とりわけ中国語の「公」が共通・共同のものを指し、"public"が人民全体に関わることを指すのに対し、「おほやけ」は国家・政府や「世間」などを指すものの、共同性や人民の意味はなかったのである。これは日本において、現在まで「公」が国家や政府に独占される傾向があることを理解するうえで重要な前提といえよう。しかし、近世日本で「公」が「おほやけ」と重なり合っていたとしても、「公」から共通・共同という意味が消滅したわけではない。渡辺自身が認めるように、幕末日本では「おほやけ（公儀）」である徳川政権を「「公論」や「公議」が打ち倒すという現象が起きた」(4)。実践の次元で重要なのは、東アジア共通の規範概念としての「公」が、その多義性にもかかわらず、政府への異議申し立てを含む政治的コミュニケーションに根拠を提供してきたことなのである。

以上から明らかなように、本書は東アジアの歴史的経験に根ざした「公論」という言葉に規範としての意味を込めて用いるが、「公」的な言説、つまり「正しい意見」という意味で「公論」を捉えているわけではない。本書の関心はあくまで、行為あるいは実践としての「公論」、つまり開かれたコミュニケーションによる意思形成が、過去にいかなる形でありえたかを探ることにある。

もちろん、「公論」という言葉が古くから「正しい意見」あるいは「公平な意見」という意味でも用いられてきたことは事実であり、それは幕末の日本でも顕著にみられた(5)。現実の政治的コミュニケーションにおいては、みずからの意見を正当化するため「公」を自認する行為はむしろ避けがたいことであり、それは異議申し立ての実現につながることもあれば、異論の排除につながることもある(6)。しかし、このようなダイナミズムを分析の俎上に載せるためにこそ、本書は規範としての「公論」を「正しい意見」とは区別する。開かれたコミュニケーションという「手続き」に正当性を求める限り、ある主張がその中身如何によって「公論」たりうるかどうかが決まるわけではない。むしろいかなる主張も「公論」の座を独占できないことにこそ、本書でいう「公論」の規範性がある。

なお近年、佐藤卓己が規範概念として提起している「輿論」は、幕末の日本で「公論」とほとんど区別なく用いられた言葉であり、もちろん同様に中国語に由来する。佐藤は「輿論《よろん》」と「世論《せろん》」とは歴史的に異なる概念だと主張し、

「世論」が二〇世紀的な公共性、すなわち大衆の情緒的な参加による共感を意味するのに対して、「輿論」は一九世紀的な公共性、すなわちエリートの理性的な討議による合意を意味するとして、マスメディアの創り出す「世論」に対して「輿論」の復活を求める。(7) しかし筆者は、大衆化状況における政治的コミュニケーションの困難という関心は佐藤と共有するが、「輿論」の理想化に対しては疑問を禁じえない。

まず本来、「輿論」と「世論」とが実際の用法で明確な使い分けがあったかは、読み方も含めて疑わしい。佐藤が注目したように、確かに二〇世紀前半には両者を区別する言説が現れているが、(8) それ自体が大衆化状況に対する危機感から生まれたものであった。そして歴史的には、むしろ「輿論」と「世論」とが区別しがたいこと、つまり討議と参加の結びつきこそが政治的コミュニケーションの実践に力を与えてきた。幕末日本における「公論」（「公議輿論」）もまた、一面では参加と動員のシンボルだったのである。(9) このような問題を踏まえずに「輿論」（＝一九世紀的な公共性）を理想化するならば、結局は「正しい意見」という含意を持ち込むことになるだろう。本書では「公論」を、あくまで東アジア近代に一貫する可能性かつ難題として捉えたい。

## 2　交　際

さて、本書はコミュニケーションによる秩序形成を東アジアの歴史的経験から考えるにあたって、もう一つのキーワードとして「交際」を提起する。「交際」とはもちろん人と人、国と国などの「付き合い」や「交わり」を意味する言葉であり、現代ではしばしば端的に恋愛関係をも意味するが、歴史的には福沢諭吉が society を「人間交際」と訳し、また「各国交際」の語を用いたことが知られている。(10) そして福沢が「人間の交際」は「親子の間柄」とは異なり、「大人と大人との仲間」「他人と他人との附合」なのだと説いたように、(11)「交際」は対等な他者との関係構築という規範的な含意を有していた。本書ではこのような「大人の付き合い」としての「交際」の意味を敷衍して、対等というだけでなく、互いの相違を認めたうえでの関係構築を指す言葉として用いたい。

「交際」への注目は、必ずしも国家だけを単位としない「公論」に焦点を当てることにつながる。『東アジアの公論形成』の元となった共同研究では、当初の関心は東アジア各国における「公論」の経験と可能性にあった。しかし日本・韓国・中国・アメリカなどの研究者が集まって討論が繰り返されるなかで、張寅性は、この討論自体が「国境をまたぐ国際公論圏」を創り出す一つの実践になっていると指摘した。東アジアの近代は、それまで互いに疎遠だった各国のあいだに深い関係をもたらしたが、かつてその関係には「著しい階層性と抑圧性」があった。これに対して、一九九〇年代の大量の人の往来のなかでは初めて対等な関係のもと、「東アジアの公論圏」が生成しつつあるという発見が示されたのである(12)。

このとき見出されたのは、コミュニケーションによる政治秩序の形成が、東アジアでは個々の国家を単位とするだけでなく、国境をまたぐ実践としても存在しうるし、また必要とされていることだったといえよう。さらに国境の内外を問わず、互いに異なる社会集団として認識される民族と民族の間においても、コミュニケーションによる秩序形成という課題は存在してきた。より根源的にいえば、そもそも社会をなすという営み自体が、必ずしも同質性を前提としない「交際」なのではないだろうか。このように東アジアの近代における、互いの異質性を前提とする政治的コミュニケーションという主題を明確にするため、本書では補助線として「交際」の語を用いるのである。

このように「公論」と「交際」は、完全に別個の概念ではなく、コミュニケーションを通じた秩序形成という意味でつながりを持っている。ただし「公論」が主に政治的な議論、討議という意味でのコミュニケーションを指すのに対し、「交際」は主にコミュニケーションによる関係構築の側面を指すものと捉えておきたい。

## 二　東アジア近代のなかの日本

以下では各章の紹介を兼ねて、「公論」と「交際」から東アジアの近代をどう見るかについて考察しよう。各章は主に日本の経験を分析対象としているが、本書は「東アジア近代」という枠組みを重視している。それは単に日本と近隣地域との関係や比較を扱っているという以上に、本書の狙いが「先行して近代化した日本」という認識を相対化して、「公論」と「交際」の可能性と難題という観点から、日本の経験を東アジアが共有する経験の一部として捉えることにあるためである。

### 1　儒教的政治文化と公論

本書でいう「東アジア近代」とは、中華帝国を中心とする政治・経済・文化の階層的秩序のもとに置かれた東アジア世界が、一九世紀以降に欧米諸国のプレゼンスのもとで西洋近代文明を取り入れながら変容を遂げてきた過程とそのありようを指している。ここでいう西洋近代文明とは科学や技術の領域にとどまらず、政治の領域においてそれぞれの国家が国民による自己統治を行い、主権国家としての対等な関係を築くという側面を含む。西洋近代にとって「東洋」とは何より、専制的で自己統治の能力がなく、対等な関係を築きえない他者を意味したのである[(13)]。

筆者はここで、日本が他に先駆けて立憲政治の導入に成功し、条約改正を達成したというお決まりの話をしたいわけではない。本書の狙いはむしろ、東アジアにおける日本の特殊性として説明されてきたこれらの歴史的経験も含めて、初期条件としての東アジア伝統社会と西洋近代との接触の中で東アジア近代の誕生を捉えることにある。

まず自己統治についていえば、確かに明治維新以後の日本は西洋を範とする立憲政治の導入に邁進したが、その前提には幕末の公議運動があった。すでに何度も触れてきたが、ペリー来航以後、徳川政権の外部にあった大名や知識人が政権への参加を求めるにあたって、「公論」（「公議輿論」）による意思決定の必要を訴えたのである。[14] そして朴薫が指摘したように、公議運動を生み出した一要因は、日本における儒教的政治文化の浸透であった。明朝の中国や一七—一八世紀の朝鮮では、儒教の素養を持つ士大夫が、君主への上書や、学問を媒介とするネットワークによって活発な政治活動を行っていた。この「士大夫的政治文化」が、中国や朝鮮と異なり科挙官僚制をもたず、武士身分が支配していた日本でも、一九世紀には各地の武士と庶民に広まり、幕末には言論を主とする政治運動の基盤となったのである。[15]

注目すべきなのは、儒教的政治文化がもたらしたコミュニケーションの態様である。それは第一に君主と臣下との垂直的なコミュニケーション（上書）、第二に学問の場における水平的なコミュニケーションであった。[16] 東アジア各国が君主制をとっていた以上、現実政治における前者の重要性はいうまでもないが、「公論」という観点からは後者がより重要である。前田勉によれば、近世日本社会に普及した儒学テキストの会読では、私塾や藩校といった限られた空間においてではあるが、それゆえに身分秩序を超えて異なる意見を戦わせる、対等で双方向的なコミュニケーションが許容された。[17] そして朴薫が第一章で明らかにしたように、学問上の対立が権力闘争と結びつき、また会読の場で儒学テキストの解釈が時事批判に結びつけられるなかで、一九世紀半ばの日本には、政治闘争で勝利するために「公議輿論」の獲得を追求する武士たちが現れたのである。朴や前田も指摘するように、このように学問によって結びつき、言論によって政治闘争を行おうとする政治文化の形成は、維新後の自由民権運動における結社や言論活動の一つの起源といえよう。

さらに学問の場での水平的なコミュニケーションは、手紙や書物のやりとり、私塾への遊学などと結びついて、近世日本社会に身分や領国による分断を超えた水平的な「交際」のネットワークを生み出すものでもあった。[18] 上田純子が第二章で明らかにしたように、学問を通じたこのような水平的ネットワークは、萩藩では〝海防僧〟月性を媒介者として、説法を通じた庶民への呼びかけと結びついた。月性と武士たちとの交流は、「士」としての政治意識が武士身分を超えて拡大するうえで儒教的素養が一つの媒介となったことを示す。

ただし説法において、月性がごく単純な論法で庶民の感情に訴え、西洋諸国への危機感を煽っていたことは見逃せない。庶民の大部分はあくまで学問ネットワークの外部にあったのであり、ゆえに月性の説法は庶民を動員するツールとして有用だったのではないか。これは後の自由民権運動で盛んに行われた演説会が、論理よりも庶民を熱狂させることに重きを置いたのと通ずる。(19)なお日本と比べると、中国や朝鮮では庶民まで儒教の影響を強く受けていたが、儒教知識人の政治運動が庶民を巻き込むことが困難だった点は共通するといえよう。中国の義和団や朝鮮の東学は、確かに儒教知識人を指導者としており、またナショナリズムによって動かされていたが、核にあったのは千年王国思想的な民衆宗教だった。(20)

さて、以上にみた儒教的政治文化のもとでの「公論」は、どのような政治秩序をもたらすものだったか。これを考えるうえで避けて通れないのが「党」の問題、つまり何らかの思想や政治的態度によって結びついた集団が、異なる思想や政治的態度をもった別の集団を認めることができるかという問題である。三ツ松誠が第三章で明らかにした井伊直弼の側近、国学者・長野義言の思想は、一見すると「公論」による政治とは全く異質なものにみえる。幕末の徳川政権の中枢に、身分制に基づく権威を絶対視し、善悪二元論の立場から、開かれた議論による政治を拒絶する思想が存在したのである。もちろん国学は、「外国」の思想である儒教へのアンチテーゼという面をもっていた。しかし直弼と義言との単なる主従関係を超えた結びつきは、学問を通じた政治的コミュニケーションという観点からいえば、むしろ日本に儒教的政治文化が浸透する中で生まれたものといえよう。そして、このように政治的態度の相違や対立を道徳的な善悪の問題として説明する言説は、東アジアの儒教的政治文化では極めて一般的であった。

実際、朴薫が指摘するように、東アジアの儒教的政治文化の下では、士大夫の政治活動が活発になると党派間の熾烈な闘争がしばしば生まれた。一七世紀朝鮮や幕末日本（水戸藩など）の党争はその典型といえるが、学問を通じて生まれた「交際」が、かえって異なる政治的態度の間での対立を激化させ、単なる競合にとどまらず互いの排除に帰結したのである。いっぽう儒教の言説上では「君子不党」（『論語』）というように、元来は党派そのものが認められていなかった。確かに、儒教にも宋代・欧陽修の「朋党論」のように、〝正しい党〟の存在を正当化する思想はあった。また一七世紀の朝鮮では李珥のように、政治的な同志の結合を「朋党」と名指して非難することが、あるべき政治の実現を阻害するという主張までも生まれた。しかし、にもかかわらず複数党派の共存が積極的に認められることは稀であった。山田央子が明らかにしたように、明治維新後の日本でも西洋からの「政党」概念の受容にあたって、複数の政治的態度・党派の競合をどのように理解するかが「朋党」との関係で問われた。これは日本特殊の問題ではなく、東アジア政治文化が共有する歴史的経験だったのである[21]。

このように東アジアにおける儒教的政治文化は、学問（特に儒教）を学ぶ者の間でのコミュニケーションを通じて政治秩序を創り出そうとする共通の伝統をなしていた。「公論」による政治は、この伝統に重要な基盤を持っていたのである。ただし、限られた学問のネットワークを超えて庶民を政治に参加させようとすれば、それとは異なる動員のためのコミュニケーションが要請された。これは後述する二〇世紀の大衆化状況との違いといえよう。そして儒教的政治文化においては、学問上の意見の違いは容認され、加えて学問上の意見（の一致／対立）が政治上の意見（の一致／対立）と結びつくというダイナミズムがあったが、異なる政治的な意見や立場をとる者同士が互いに認め合うことは難しかった。「公論」が重んじられたといっても、異論の並存を前提とする政治秩序が生まれたわけではないのである。これは後述するように、自由主義やジャーナリズムに体現される西洋近代のインパクトを考えるうえで、極めて重要な初期条件といえよう。

## 2　東アジア近代の「交際」

次に、東アジア近代における国際関係を考えるうえでの初期条件は、周知のように中華帝国秩序の存在である。それは朝貢と冊封、すなわち中華皇帝を頂点とする君主間の主従関係から成る国際関係であり、外交儀礼とそれに伴う貿易がこの秩序を支えていた。ただし一七世紀以降、現実にはあくまで中国を中心とする国際秩序のもとではあったが、朝鮮や日本には自国を中心とみなす独自の論理が生まれていた[22]。そして徳川政権下の日本は、琉球やアイヌを服属させ、朝鮮との間では対馬宗氏を介した国交を持つ一方、朝鮮や琉球と異なり中国には臣従せず、貿易関係もオランダ・中国・朝鮮に限るなど、相対的に孤立的・閉鎖的な対外政策をとった。

このような東アジアの国際関係は、西洋諸国との接触にあたって、決して一様とはいえない対応を生んだ。福岡万里子が第四章で明らかにしたように、一九世紀半ば、西洋諸国が東アジア諸国に貿易のための条約締結を求めたのに対して、清朝中国は朝貢や互市の延長上にこれを受け入れ、従来型の外交と接合したが、徳川日本は当初こそ抵抗したものの、いったん条約締結を受け入れると条約に基づく貿易のみを認め、結果として西洋における主権国家の外交に近づいていった。確かに中国・日本の双方にとって主権国家体制は異質なシステムだったが、両国の受け止め方は従来の東アジア国際関係における立ち位置や論理を反映して、相当に異なっていたのである。両国の対応の違いは、清朝中国が中国の法は中国人を裁くものという認識から、領事裁判制度を問題とせず、みずからも活用したのに対し、明治維新後の日本が対等な主権国家からなる国際秩序観をすみやかに受容し、条約改正交渉を推進したという以後の展開とも符合している[23]。これをふまえるならば、琉球や朝鮮の西洋との接触についても、既存の対外関係と条約による外交との関係づけという観点から、改めて比較考察するに値するだろう。すなわち、琉球は日本・中国の双方に臣従したままで米・仏・蘭と条約を結んだのに対して、朝鮮は中国への臣従を理由に西洋への開国を拒み続けた。しかし日朝修好条規が結ばれ、琉球が日本に併合された後、中国側が日本に警戒して、朝鮮に西洋諸国とも条約を結ぶよう助言すると、朝鮮は一転して、進んで西洋との国交を開いていったのである。(24)

そして福岡論文が示唆しているのは、東アジアが内部の相違を孕みながら、全体として西洋主権国家体制という一つの異質なシステムと接触するという経験を共有した結果、新たな東アジア近代の「交際」が形成されたことである。もっとも、例えば福沢諭吉が一八八二年、朝鮮との「交際」において「武力を用ひても其進歩を助けん」と主張したことが示すように、(25)必ずしも東アジアに互いの相違を認め合う国際関係が生まれたとは言い難い。筆者が第六章で論ずるように、確かにイギリスなど西洋諸国は貿易の利益を優先して中国の外交論理をある程度容認したが、それはアヘン戦争以後の軍事的優位を前提としたものに過ぎなかった。さらに明治維新後の日本は台湾出兵や朝鮮開国、琉球併合をはじめ、みずから紛争を招きながら東アジアにおける主権国家原理の貫徹を追求して、ついには日清戦争にまで行き着いた。しかしそのうえでやはり見逃せないのは、一九世紀後半の東アジアにおいて、中華帝国秩序と主権国家原理という異質な支配原理を有する国家同士が、衝突しながらも日常的に付き合わざるをえない状況が生まれたことである。筆者はそこに、困難で限られたものとはいえ、「交際」の契機を見て取りたい。

このような「交際」が東アジアにもたらした変化は、国家間の関係にとどまらない。川島真は一九世紀後半のグローバル化に伴う東アジア近代の「共通体験」として、インフラや技術、規範・標準などの「国際公共財」の形成を指摘している。(26)その拠点となったのが、条約の規定によって各地に設置された開港地である。東アジアを世界市場の一部とすべく誕生した開港地は、一方でそれ自体が西洋諸国、特にイギリスのプレゼンスのもとで西洋文明との接触の場となり、他方で開港地間に生まれた通商ネットワークは、東アジアという地域をかつてない規模の交流によって一体化したのである。(27)

## 3　新聞と「公論」

東アジア各地で公論空間の飛躍的拡大をもたらした新聞というメディアは、まさに開港地を通じて西洋からもたらされた。これは技術の問題以上に、文化の相違だったといえよう。漢字文明圏である東アジアには出版文化の長い伝統があったが、読者間での公開の討論の場を提供し、さらに権力への異議申し立てを含め、自由に政治を議論する定期刊行物（ジャーナリズム）の文化[28]は、それまで存在しなかった。儒教的政治文化の「公論」においても、限られた空間での会議や議論、文書によるコミュニケーションこそ重視されたが、不特定多数の人々により公開の討論を日常的に行う慣習はなかったし、またすでに述べたように、政治において異なる意見や立場を互いに認め合うことは容易ではなかった。日本近代史では、「公論」の理念や慣習が立憲政受容の土台になったとしばしば指摘されてきたが、いかに政治権力が「公論」の場を制度化しても、それは複数の異なる意見を認める慣習や文化がなければ十分に機能しえないのである。

池田勇太が第五章で明らかにしたように、明治維新直後の日本の新聞では、政府が推進する維新変革を支持する立場から人々の「固陋」や「無智」を批判する開化論が支配的であった。維新変革への不満や批判が存在しなかったのではなく、公開の場で異なる政治的主張を認め合う慣習がなかったために、権力への翼賛以外は表出されにくかったのである。ただし極めて興味深いことに、開化論は「固陋」や「無智」という異なる政治的態度の存在を批判対象として可視化する言説でもあった。さらに伝統的出版文化の生んだ「開化物」では、結論は開化支持であるにもかかわらず、ほとんど「旧弊」の立場からの異議申し立てのような「愚痴」が展開されていた。儒教的政治文化における「党」の文脈からいえば、開化論者が〝正しい党〟を自認することによって、おのずと複数の政治的態度の存在が可視化されたのだといえよう。

もちろん、政治権力に寄り添った言論だけが正当化される場を公論空間とは呼びがたい。日本の場合、状況を一変させたのは第一に旧征韓派参議らによる民撰議院設立建白書の提出、すなわち民主化要求を掲げた公然の反政府勢力の出現であり、第二に民撰議院論争を演出したイギリス人J・R・ブラックの『日新真事誌』、すなわち開港地における西洋人ジャーナリズムと日本語新聞の結合であった。民撰議院論争では、建白書に対する新聞投書の論評が、建白を行った当人たちを含めた投書者の間で論争を巻き起こす事態が生じ、以後新聞紙上では同様の論争がさまざまなテーマで展開された[29]。それは限られた読者層の間ではあれ、対等で開かれた双方向的なコミュニケーションを生み出したのである。

開港地における西洋人ジャーナリズムに刺激された現地人ジャーナリズムの成長は、一九世紀半ばの中国と日本が共有した経験である。筆者が第六章で明らかにしたように、このようなジャーナリズムの活動は開港地ネットワークを通じて、東アジアに国境をまたぐ公論空間をも生成させるに至った。西洋人・日中ジャーナリズムの報道・言論が多方向的に流通することにより、各国の立場や主張の相違だけでなく、政府への間接・直接の批判をも含めて、いわば東アジアを単位とする異論の可視化という事態が生じたのである。

さらに張寅性が指摘したように、開国後の朝鮮でも中国の出版物が流通し、またそれを通じて日本からの情報・知識も流入するなかで、知識人が東アジアという空間を意識するようになり、この公論空間に参入していった。朝鮮で初めて朝鮮人が発行した新聞である『漢城旬報』（一八八三年創刊）が、日本人の印刷技術、中国語新聞を主とする外国新聞の情報、朝鮮人による編集・発行という形で生まれたことは象徴的である[30]。

このように東アジア近代の初期にはジャーナリズムが東アジア大の公論空間を生み出したが、それは台湾出兵や琉球併合などの国際紛争によってこそ活性化したものだった[31]。前述した民撰議院論争の場合を顧みれば、やはり政府と民間政治勢力との紛争こそが公論空間の活性化をもたらしたのだといえよう。つまり国境の内外を問わず、公論空間の形成とは、いかにして異なる主張や存在を包摂する政治秩序を創り出すかという難題を重要な契機としているのである。[32]

## 4　ナショナリズムと大衆化

ただし過去において、新聞の創り出す公論空間は基本的にはナショナリズムと親和的だった。「出版語」が国民《ネイション》という「想像の共同体」の一基盤になるというベネディクト・アンダーソンの知見は、東アジア近代ではよく当てはまる。[33] 前述した東アジア単位の公論空間は、マルチリンガルな知識人を重要な構成分子とする、ごく限られた読者層を前提として生じたものであり、国民という単位を前提とする政治的コミュニケーションが活性化するにつれて、新聞はナショナリズムとの結びつきを強めたといえよう。

ナショナリズムは、一面では自己統治の理念として秩序形成の要因となる。筆者がすでに明らかにしたように、日本では、自由民権運動から憲法発布、国会開設を経て立憲政治が形成される過程において、民間政治勢力が政府を批判し、自己を正当化するうえで最も有効なシンボルとなったのは「国家」であった。彼らは新聞や議会での言論活動を通じて、政府や対抗勢力の言動が「国家」のためにならず、あるいは「国家」を利用していると批判し、みずからは「国家」のためを考えていると主張したのである。これは「国家」による「公」の独占を意味するが、重要なのは「国家」と政府とが区別された結果、政府が「国家」を独占できなかったことである。ゆえに「国家」的価値の争奪は、日本に競争的な公論空間を生み出した。[34]

また大韓帝国期、つまり日本に植民地化される前の朝鮮でも、開化派の知識人であった徐載弼や尹致昊らによって純ハングル表記の『独立新聞』が発行され、討論会が繰り返し開かれていた。金容稙が明らかにしたように、そこに生まれたのはナショナリズムを通じて、王権や守旧派も巻き込みながら西洋近代的な改革を推進しようとする公論空間であった。彼らは、王権の強化と国家の独立のためには君主が定めた法律を遵守する必要があるとして、実質的な王権の制限を主張し、また「頑固党であれ、開化党であれ」、「国家のため」、そして「民に良いこと」をなすためには協力すべきだと訴えたのである。[35]

しかし他面で、ナショナルな公論空間は、その外部に対してしばしば排他的・攻撃的となる。日清戦争直前の日本では、新聞や議会で「国家」的価値に立脚する軟弱外交批判（対外硬）が展開され、政府の外交政策の選択肢を狭めた。以後も日本で繰り返されたように、ナショナルな公論こそが国家間の紛争、とりわけ戦争を促進したのである。[36]祖国の独立や民主化を求めたナショナリズムであっても、ひとたび独立や民主化が達成された後には、国家間の紛争解決に際して言論の多元性を奪い、紛争を悪化させる可能性を考慮せざるをえないであろう。

二〇世紀の大衆化、特にマスメディアの誕生は、政治的コミュニケーションに一層の変容をもたらした。初等教育の普及とともに新聞や雑誌の読者が増大しただけでなく、ラジオや映画、後のテレビのように、多数の人々に一斉に情報を伝達するメディアが登場したことは、コミュニケーションの方向を「一対多」へと著しく傾斜させ、公開の討論や異議申し立ての場としての機能を細らせた。新聞がそもそも「一対多」のメディアだったことはいうまでもないが、限られた読者層のなかでは、投書欄などを通じて一定の双方向的な言論が可能だった。しかし部数の増加とともに新聞は報道中心へと変化し、双方向な言論の場を維持することは容易ではなくなったのである。[37]このようなマスメディアは、大衆化社会における多数意見を代弁しようとする結果として、少数の異論を圧迫する可能性を持つ。マスメディア内部の多元性が異論の並存を可能にするとはいえ、多元性が乏しくなれば容易に動員の手段となりうる。

二〇世紀前半の日本では、人々の自発的な参加を伴って、異論を許容しない言論空間が形成されていった。平山昇が第七章で明らかにしたように、急速に普及した「聖地」ツーリズムのなかで、人々は「体験」「気分」「理屈ではない」など、身体性を言語化した定型的な表現で参拝の意義を語り合うようになった。「体験」言説は、参加した者が誰でも語ることができる点で大衆化した社会に適合的だったが、〝参拝しない者は日本人ではない〟〝外国人には分からない〟など、異質な要素を排除する言説でもあった。このような言論空間は、全体主義と容易に結合しえたといえよう。佐藤卓己が明らかにしたように、戦時中の軍部による言論統制は、新聞や雑誌が幅広い読者を獲得するため、進んで国策に協力したからこそ効果を発揮したのである(38)。

また文化大革命期の中国では、季衛東が明らかにしたように、共産党政権が政治的意味をもつ裁判において、大衆を公開討論会に参加させ、「人民公敵」と名指された被告への「公憤」に基づいて「一致意見」「絶対多数意見」としての判決を提案させていた。このような裁判は、正義の実現という人々の要求に応えるものではあったが、大量の冤罪や誤判があっただけでなく、公開討論会は議論の場にはならず、人々の通念や感情に基づく合意形成を通じて、共産党政権の大衆動員に活用された(39)。

このように大衆化が抑圧的な言論空間の形成に容易に結びついたのはなぜかと考える際、前述のように東アジアの政治文化が異論の並存を認める伝統を持たないことは要因として否定しがたい。しかし、東アジアの政治文化が「近代」と相容れないという見方を本書はとらない。近年の「熟議（討議）民主主義」の模索が示すように、平等な政治参加と対話による意思決定との両立は、欧米を含む大衆化社会の普遍的な難題でもある(40)。つまり大衆化状況における政治的コミュニケーションの困難とは、人々の参加こそが政治秩序に正統性を与えるからに他ならない。確かに参加の拡大は、多数意見の特権化につながりやすいが、大衆化した社会において、広汎な参加を顧みない討議は、もはや公論として機能しえないのである。

例えば近年の中国ではインターネットの普及が、社会問題に関する議論に広く大衆が参加する道を開き、官吏の汚職など公権力の不正に対して広がる批判に、共産党政権が対処せざるをえなくなるなど、明らかに公論空間の拡大をもたらしている(41)。この大衆的な言論参加は、同時に中国で若い世代を中心とするナショナリズムの増幅をもたらしてもいるが、だからといってネット言論の統制を徹底すべきだという話にはならないだろう。要するに社会の大衆化を経た東アジアにおいて、人々の参加を抜きにした政治秩序の安定はもはや困難だからこそ、異論の並存を前提とする政治的コミュニケーションの慣習をいかに創り出し維持するかが課題となるのである。

ナショナリズムの高揚や大衆化状況に直面して、東アジアに新たな公論空間を作り出そうとする試みは、二〇世紀の早い段階から存在した。それは必ずしも常に、一つの国や一つの社会を単位としたわけではない。三牧聖子が第八章で分析した太平洋問題調査会は、まさしく第一次世界大戦後のアジア太平洋地域における、国境をまたぐ公論と交際のプロジェクトだった。一九世紀後半の東アジア公論空間がイギリスの覇権を背景に、開港地の英語新聞を中心に発生したのに対して、太平洋問題調査会はアメリカの主導により、新たな国際秩序のため構築された公論の場だったといえよう。ただしアメリカのプレゼンスのもとでの「理性的対話」は、日本代表を日本の国民感情から孤立させた。また日本代表の要望による朝鮮代表の排除が示すように、この「理性的対話」は、すでに顕在化していた植民地主義への異議申し立てからは目を背けていた。太平洋問題調査会の経験は、新たな公論空間の息吹であったと同時に、今日に至るアジア太平洋地域の困難な状況、すなわち安全保障や歴史認識をめぐる複雑な紛争が存在するだけでなく、国家間や地域・民族間における人々の感情的な衝突の存在をまず認めることなしには紛争の解決がありえないという事態の一つの原点でもあるといえよう。

### 5　植民地主義と公論・交際

植民地支配下の民族にとって公論が存在しうるかという問題は、太平洋問題調査会の経験からも示唆されるようにそれ自体が重大な難題であり、同時に東アジアにおける新たな公論空間の一つの契機もここにある。

植民地統治においては、植民地政府が圧倒的な力によって現地民を支配することはいうまでもないが、並木真人は、にもかかわらず日本の朝鮮統治において「植民地公共領域」が生まれたと主張した。一九二〇年代以降の朝鮮では、朝鮮総督府が民族主義運動を懐柔すべく用意した地方行政の枠組みに朝鮮人が参加し、明らかに非対称な関係にもかかわらず、交渉や妥協（バーゲニング）を積み重ねて発言力を強化していった。また内田じゅんが明らかにしたように、朝鮮人が「内鮮融和」など日本側のレトリックを逆手にとり、朝鮮の自治や日本人との平等を求めるという現象もみられたのである。(42) 日本統治下の台湾における台湾人の台湾議会設置運動や地方行政への参加も、これと同様の観点から考察することができるだろう。(43)

並木の主張に対しては、植民地支配下で対等なコミュニケーションとしての公論はありえなかったのではないかという疑問や、公論が政治秩序の形成に寄与するとすれば、そのような公論の可能性を認めることは、逆に植民地主義の容認を意味するのではないかという疑問がありうる。これに対して、筆者は〝植民地支配下における公論〟の可能性は認めうるし、それは植民地主義の肯定とはいえないと考える。確かに朝鮮人（・台湾人）の政治参加は、彼らが日本の統治を容認して初めて可能なものであり、独立を直接の目標とする抵抗運動との間には重要な相違があった。また交渉や妥協の余地は、実際には極めて限られていた。(44) しかしそのうえで、彼らの政治・言論活動はやはり民族の抑圧、つまり植民地主義それ自体に対する異議申し立てを含むものだったといえよう。言い換えれば、それは民族間の対等な交際への要求だった。

つまり国民国家という規範的単位を前提にするならば、確かに〝植民地支配下の公論〟は矛盾するようにみえるが、実はそれ自体がナショナルな公論空間を特権視する見方なのである。現実には主権国家体制が東アジアを覆い尽くした後、それぞれの国境内部で一元的・排他的な支配が遂行され、また国境自体もたびたび変更されるなかで、民族を単位とする「公論と交際」は、国家単位のそれとは異なる次元で絶えず課題となってきた。そして大日本帝国の崩壊以後も、〝植民地主義と公論〟という難題が東アジアで過去のものとなったわけでは全くない。坂田美奈子が第九章で明らかにしたように、日本領化した北海道では、アイヌは同化によって消滅するという言説が、和人により戦前・

戦後を通じて語られてきたが、これに対してアイヌの運動家たちは、母語や生活様式は変容してもアイヌは滅びないという異議申し立てを行ってきた。「抑圧者の言語」である日本語を用いたアイヌの「チャランケ」は、まさしく植民地主義に抵抗する公論の営みというべきである。沖縄人が琉球併合以後の日本統治、戦後のアメリカ統治、そして日本復帰後を通じて、〝日本人か否か〟という問いに向き合いながら、民族としての自己決定の可能性を模索してきた経験を、これと比較することもできるだろう。(45)

## おわりに

今日の東アジアではヒトや情報が国境を越えて、大量かつ日常的に行き交うようになり、またインターネットメディアによって、人々が多方向的なコミュニケーションに容易に参加可能になった。しかし、にもかかわらず、互いの考えや立場の相違を認め合うことによる秩序の形成は必ずしも進まず、一見するとかえって困難さを増しているようにさえ思える。本書の知見からは、この状況に対して何を語ることができるのだろうか。

まず、東アジアが共有する儒教的政治文化は一方では「公論」を活性化する要因となってきたが、他方では異なる政治的主張の競合を善悪の問題として捉える傾向をもたらしてきたことも否定しがたい。インターネットメディアによる多方向的なコミュニケーションは、確かにマスメディアを相対化する役割を果たしているが、一面では社会に生きる人々の発言をかつてなく大規模に可視化したことにより、道徳と政治とを直結する政治文化がナショナリズムや大衆化と結びつきながら東アジアに脈々と生きていることを顕在化させたように思える。

また目を転じて現在の東アジア国際関係を見ると、一九世紀後半の東アジアが新しい「交際」の始まりとともに紛争を多発させた事態によく似ていることに気がつく。例えば歴史認識をめぐる厳しい対立は、確かに一九四五年までの東アジアの経験に淵源する「古い」問題であるが、歴史認識が東アジア国際政治の争点として浮上したのは日本と中国・韓国との国交回復を経た一九八〇年代であり、この問題が深刻化したのは冷戦が終結しグローバル化が進展した一九九〇年代以降のことである。この時期、東アジア各国の人々は相互の往来や交流が増大するなかで、隣国の人々がお互いの過去の関係をどう捉えているかに強い関心を持つようになったのである(46)。今日の東アジアの状況は「ある意味で日清戦争以前に戻った」という月脚達彦の指摘は、極めて示唆的である(47)。

しかし今日の東アジアが抱える困難は、東アジア近代の歴史的経験がそうであるように、同時に可能性でもある。その一つは、「異論の可視化」である。例えば歴史認識をめぐる厳しい対立を通じて、東アジアの人々は隣国において、あるいは自国のなかでも、自らと異なる記憶が抱かれていること自体は認めざるをえなくなった。これはお互いの考えを知らずに思い込みを続けているよりは、はるかに歓迎すべきことではないだろうか。また感情的なナショナリズムを含めて、社会のさまざまな人々の意見がインターネットを通じて公に交わされるようになった状況についても、広汎な参加が政治秩序に正統性を与える以上、もはや見ないふりをして意見の合うもの同士だけでうなずき合っても何ら解決にはならない。いかなる言論、あるいはメディアにも「公論」を独占する特権はないのであり、異論の可視化は、それが他の立場を抑圧・排除する主張でない限り、公論空間を活性化するものと捉えるべきだろう。

そしてもう一つ、最後に改めて強調しておきたいのは「大人の付き合い」である。対等な大人同士の付き合いでは、相手を自分の思い通りにはできないし、そうしても意味がない以上、互いの相違を認め、力ずくの決着を避けながら関係を作っていくしかない。人と人との関係であれば、それは誰もが経験的に分かっていることだろう。しかし今日の東アジアでは、国と国との関係に限らず、マイノリティや民族の問題を含めて、「大人の付き合い」は実はまだ始まったばかりなのではないだろうか。そうだとすれば、現在の困難が容易には解消しない相違によるものだとまず認めることが、新しい秩序を作り出す第一歩になるように思われる。

(1) 三谷博「公論形成」同編『東アジアの公論形成』東京大学出版会、二〇〇四年。
(2) ユルゲン・ハーバーマス（細谷貞雄、山田正行訳）『公共性の構造転換　第二版』未来社、一九九四年。
(3) 三谷「公論形成」八—九頁。
(4) 渡辺浩「「おほやけ」「わたくし」の語義」佐々木毅・金泰昌編『公と私の思想史』東京大学出版会、二〇〇一年。
(5) 本書第三章に紹介されている水戸浪士の「斬奸趣意書」がその好例である。また井上勲「幕末・維新期における「公議輿論」観念の諸相」『思想』第六〇九号、一九七五年三月、前田勉「公論」米原謙編著『政治的概念の歴史的展開』第九巻、晃洋書房、二〇一六年、参照。
(6) この点、池田勇太氏から有益なご教示を得た。記して感謝を示したい。
(7) 佐藤卓己『「輿論」と「世論」』新潮社、二〇〇八年。
(8) 佐藤『「輿論」と「世論」』一三—九九頁。
(9) 三谷博「日本における「公論」慣習の形成」同編『東アジアの公論形成』三七—三八頁。
(10) 福沢諭吉『西洋事情』初編、一八六六年、同外編、一八六八年。柳父章『翻訳語成立事情』岩波書店、一九八二年。
(11) 福沢諭吉『学問のすゝめ』第一一編、一八七四年。
(12) 三谷「公論形成」、張寅性「近代東アジア国際社会の公共性と「万国公論」」三谷編『東アジアの公論形成』、季衛東「あとがき」同上。
(13) エドワード・W・サイード（板垣雄三・杉田英明監修、今沢紀子訳）『オリエンタリズム』上・下、平凡社、一九九三年。
(14) 三谷「日本における「公論」慣習の形成」三七—三八頁、同『明治維新とナショナリズム』山川出版社、一九九七年。
(15) 朴薫「東アジア政治史における幕末維新政治史と〝士大夫的政治文化〟の挑戦」清水光明編『「近世化論」と日本』勉誠出版、二〇一五年。また季衛東「中国的公論の諸相」三谷編『東アジアの公論形成』参照。
(16) 三谷「日本における「公論」慣習の形成」、朴「東アジア政治史における幕末維新政治史と〝士大夫的政治文化〟の挑戦」。
(17) 前田勉『江戸の読書会』平凡社、二〇一二年。
(18) 三谷「日本における「公論」慣習の形成」、および朴薫、本書第一章。
(19) 牧原憲夫『客分と国民のあいだ』吉川弘文館、一九九八年。
(20) 三石善吉『中国、一九〇〇年』中央公論社、一九九六年、金栄作『韓末ナショナリズムの研究』東京大学出版会、一九七五年、趙景達『近代朝鮮と日本』岩波書店、二〇一二年、藤田雄二『アジアにおける文明の対抗』御茶の水書房、二〇〇一年。
(21) 朴「東アジア政治史における幕末維新政治史と"士大夫的政治文化"の挑戦」、山田央子『明治政党論史』創文社、一九九九年、山田央子「栗谷李珥の朋党論」渡辺浩・朴忠錫編『韓国・日本・「西洋」』慶應義塾大学出版会、二〇〇五年。
(22) 岸本美緒「東アジア・東南アジア伝統社会の形成」樺山紘一ほか編『岩波講座世界歴史13』岩波書店、一九九八年、四四—五六頁。
(23) 三谷博「一九世紀における東アジア国際秩序の転換」『東アジア近代史』第一三号、二〇一〇年三月、青山治世「領事裁判権を行使する中国」同上。
(24) 横山伊徳「日本の開国と琉球」曽根勇二・木村直也編『新しい近世史2』新人物往来社、一九九六年、岡本隆司『属国と自主のあいだ』名古屋大学出版会、二〇〇四年。
(25) 「朝鮮の交際を論ず」『時事新報』一八八二年三月一一日。坂野潤治「「東洋盟主論」と「脱亜入欧論」」R・ディングマン、佐藤誠三郎編『近代日本の対外態度』東京大学出版会、一九七四年。
(26) 川島真「国際公共財の形成」三谷博・並木頼寿・月脚達彦編『大人のための近現代史　19世紀編』東京大学出版会、二〇〇九年。
(27) 籠谷直人『アジア国際通商秩序と近代日本』名古屋大学出版会、二〇〇〇年、古田和子『上海ネットワークと近代東アジア』東京大学出版会、二〇〇〇年。
(28) ハーバーマス『公共性の構造転換　第二版』。
(29) 鳥海靖『日本近代史講義』東京大学出版会、一九八八年、牧原憲夫『明治七年の大論争』日本経済評論社、一九九〇年、稲田雅洋『自由民権の文化史』筑摩書房、二〇〇〇年、三谷「日本における「公論」慣習の形成」。
(30) 張「近代東アジア国際社会の公共性と「万国公論」」一四〇—一四三頁、李漢燮「近代東アジアにおける新概念の伝播と新聞との関わり」鈴木貞美・劉建輝編『東アジア近代における概念と知の再編成』国際日本文化研究センター、二〇一〇年。なお朝鮮最初の新聞は、日本人居留民（在釜山港商法会議所）が一八八一年に創刊した『朝鮮新報』である。
(31) 塩出浩之「一八八〇年前後の日中ジャーナリズム論争」劉傑・川島真編『対立と共存の歴史認識』東京大学出版会、二〇一三年。
(32) 塩出浩之「征韓・問罪・公論」坂本一登・五百旗頭薫編著『日本政治史の新地平』吉田書店、二〇一三年。

(33) ベネディクト・アンダーソン（白石さや・白石隆訳）『増補　想像の共同体』NTT出版、一九九七年。
(34) 塩出浩之「議会政治の形成過程における「民」と「国家」」三谷編『東アジアの公論形成』。
(35) 金容稙（朴智泳訳）「大韓帝国における近代的公論形成と公論場の展開」同上。
(36) 塩出「議会政治の形成過程における「民」と「国家」」。
(37) 山本武利『近代日本の新聞読者層』法政大学出版局、一九八一年、平山昇「大正元年の『東京朝日新聞』「思ひつぎつぎ」欄」『メディア史研究』第三〇号、二〇一一年。
(38) 佐藤卓己『キングの時代』岩波書店、二〇〇二年、同『言論統制』中央公論新社、二〇〇四年。
(39) 季「中国的公論の諸相」。
(40) ジェイムズ・S・フィシュキン（曽根泰教監修・岩木貴子訳）『人々の声が響き合うとき』早川書房、二〇一一年。
(41) 西本紫乃『モノ言う中国人』集英社、二〇一一年。
(42) 並木真人「植民地期朝鮮における「公共性」の検討」三谷『東アジアの公論形成』。Jun Uchida, *Brokers of Empire: Japanese Settler Colonialism in Korea, 1876–1945*（Cambridge（Massachusetts）and London: Harvard University Asia Center, 2011）.
(43) 若林正丈『台湾抗日運動史研究（増補版）』研文出版、二〇〇一年、岡本真希子「一九三〇年代における台湾地方選挙問題」『日本史研究』第四五二号、二〇〇〇年四月、藤井康子「一九二〇年代台湾における地方有力者の政治参加の一形態」『日本台湾学会報』第九号、二〇〇七年五月。
(44) 清水美里『帝国日本の「開発」と植民地台湾』有志舎、二〇一五年、松本武祝「植民地朝鮮における河川改修事業をめぐる「公共性」」『日本植民地研究』第二七号、二〇一五年。
(45) 比屋根照夫『近代沖縄の精神史』社会評論社、一九九六年、櫻澤誠『沖縄現代史』中央公論新社、二〇一五年。
(46) 三谷博「あとがき」山内昌之・古田元夫編『日本イメージの交錯』東京大学出版会、一九九七年、三谷博「未来のための歴史対話」三谷博・金泰昌編『東アジア歴史対話』東京大学出版会、二〇〇七年。
(47) 月脚達彦『福沢諭吉と朝鮮問題』東京大学出版会、二〇一四年。

# 第一部　儒教的政治文化と「公論」

# 1　武士の政治化と「学党」
## ——一九世紀前半の日本における「士大夫的政治文化」の台頭

朴　薫

### はじめに

考えてみれば、数十万の武士を擁有した幕末日本において、あれほど大規模な秩序再編が「戦」ではなく「政治」によって決着づけられたことは不思議である。鎌倉幕府の滅亡も南北朝動乱も、ましてや戦国の世も、大規模でむき出しの暴力がことを決めていた。もちろん幕末にも戦はあった。だが当時の人々が勝利のために念を入れたのは、戦よりは巧みな政治的駆け引きや「公議輿論」の獲得であり、実際にその成敗がことの向背に最も影響した。この時期、多くの武士はすでに単なる軍人ではなく、政治に長けていた人々であった。彼らは数十年間、上書を書き輿論を勝ち取ったり、党派を造り権力闘争に挑むなどの政治経験を豊富に積んできた。このような武士は、以前にはいなかったであろう。

何が一般武士を政治に向かわせたのか。私は一八世紀末ごろから武士社会で広がりつつあった「学的ネットワーク」(1)と、そこで主に扱われた儒学の影響を重視する。つまり本来なら武士とは縁の遠かったはずの「学的ネットワーク」という新しい交際の場が彼らを政治化させたといえる。この時期の藩政、ひいては中央政治を動かした公論というものも多くはここから発せられたのであった。

私は今まで一九世紀前半、幕末期の日本における（ある面では維新後も）政治現象を「士大夫的政治文化」の拡散と、サムライの「士化」によるものとして捉え[2]、その重要な側面として政治現場での上書・封書の活性化、政策決定過程における会議の重要性とその参加層の拡大[3]、家老合議体制ではなく主君親政への要求と実現などを検討してきた[4]。本章では「士大夫的政治文化」の重要な特徴の一つである「学的ネットワーク」と、そこから政治グループ（学党）[5]が生まれたことを検討してみたい。

「学的ネットワーク」の足場である藩校・私塾に対する従来の研究は、ほとんど教育学者、教育史学者による教育史の観点からの研究であった[6]。また明治維新に至る政治過程における儒学の思想的影響を強調する議論も思想史の観点からはなされてきた。しかしこの問題を政治史の視角から本格的に検討した研究は、これまであまりなかったと思われる。

本章で取り扱う政治現象は同時代の朝鮮や清と比較すると甚だ興味深い[7]。そもそも明や朝鮮王朝で流行っていた「士大夫的政治文化」はなかなか日本には根付かなかった。だが、一九世紀には逆のことが起こった。中国では征服王朝である清による弾圧以来「士大夫的政治文化」は沈静化し、朝鮮においても一七・一八世紀には猛威を振るったが、一九世紀の「勢道政治」のなかで衰えてしまった。それが武士の国日本で台頭してきたのである。このような東アジア政治史の流れを念頭に置きながら本章を読んでいただきたい。

# 一　新しい交際の場、藩校

## 1　藩校の政治史的意義

従来藩校に対する研究は主に学校史・教育史のレベルでなされてきた。しかし長い目で見るとき、大多数の武士たちが藩校という学校に通う（あるいは通わなければならない）ようになったのは、一九世紀武士社会に起きた最も大きな変化の一つであるといえよう。それは武士たちに新しいやり方の交際の場を提供し、武士たちは以前とは異なるかたちでの人的ネットワークに接するようになった。長い泰平の世とはいえ、未だに帯刀をあきらめない武士にとって、学校というのは必ずしも心喜ばしいものではなかったはずである。しかし不思議にもこの巨大な「社会改革政策」に対して、武士たちはこれといった抵抗を見せなかった。(8)もし朝鮮の両班や清朝の紳士を強制的に武道場に通わせたら、どういうことになっただろうか。

一方、藩校で学ぶ学問、特に儒学は、武術・仏教・神道のいずれよりも武士たちに政治への関心を図らずも喚起するようになる。藩校をつくった当局の予想を超え、また当局の厳禁にもかかわらず、藩校は武士たちの政治化の口火を切らせた交際の場であったのである。このように考えると、一八世紀後半から全国的に行われた藩校の設立についてはその政治的意義にもっと注視すべきであるといえよう。

ある統計によると、藩校の数は明治二年ごろに全国で二七六であり、うち維新以前からのものは二一九校であった。(9)規模や内実の差こそあれ、ほぼすべての藩に藩校があったことになる。驚異的である。その半分は天明から天保期（およそ一七八〇年代から一八四〇年代前半）にかけて設立され、そのなかでも維新後を除くと天明―享和期（同じく一八〇〇年代初頭まで）が最多であった。それ以前からすでに開校していた藩校のなかでも、この時期に規模・校名・カリキュラムなど多くの面においてリフォームし、今我々のいう藩校の名に相応しい学校になったところが多かった[10]。多くの藩は深刻な財政難にもかかわらず、藩校設立を非常に重視したのである。もちろん学校の設立の面においては朝鮮と中国が早い時期から進んでいたが、この時期日本の「キャッチ・アップ」のスピードはすさまじいものであった。

重要なのは、このような藩校が単なる飾り物ではなかったことである。多くの藩当局は藩校での家臣たちの教育に非常に真剣であった。藩はしばしば彼らの就学を強制し、出席を点検することも稀ではなかった。天保期に存在した二四三校のなかで、家臣全員の出席を強制したのが七六校（三一・三%）、士分には強制したが卒分は勝手次第にしたのが八九校（三六・六%）、強制出席が原則であるが、私塾や寺子屋での修学を認めたのが二五校（一〇・三%）、学生勝手次第にしたのが四七校（一九・三%）で、全武士の七〇%近くが藩校就学を強制された[11]。これは逆に強制しなければならないほど武士たちが藩校に通おうとしなかったことの反証にもなりうるし、また強制就学措置がどれほどの効果があったのかについてはさらなる検討が必要である。しかし、少なくとも武士たちの人生にとって学校はもう避けては通れないものになっていったとはいえるだろう。

修学を強制するため、出席点検が行われた。出席日は年齢と身分によって差があり、場合によっては寄宿を強いられることもあった。見逃してはならないのは、藩校に通うことになったのが青少年ばかりではなかったことである。多くの藩では四〇歳以下のものにも出席を強制、あるいは勧め、現に役についているものも例外ではなかった。

さらに重要なのは、ただ学校に通い、当てられた出席日を満たすことだけでは事が済まなかった点である。まず試験である。ほとんどの藩校では試験を頻繁に行い、学生たちの出精振りを厳しく点検した[12]。幕府の昌平坂学問所が学問吟味と役人登用を連係させたことは有名であるが、水戸藩と熊本藩でも同じであった。朝鮮・中国・ベトナムなどの他の東アジア国家とは違い、ついに科挙制を導入しなかった日本において、大多数の武士たちが武術でなく学問に関する試験を経験したという日本史上初めての出来事には、もっと注意を払うべきであろう。

次に藩校は厳しい身分制が相対的に緩和される空間であった。もちろん出席日数などいろいろな面で身分差は生きていたが、にもかかわらず学問の場では能力主義がまかり通る余地があったのである。武士が属していた番・組の軍隊組織も戦があれば能力主義を採用しなければならなくなるが、もうすでに世の中は偃武して久しい泰平の時代であった。戦を経験も想定もしない軍隊組織に、能力主義や上下の流動性が生じることは期待できない(13)。それに比べれば学校という空間は、いくら基本においては身分制に規定されていたとはいえ、いろんなチャンスが躍動するところであった。

また次三男たちに注目する必要がある。本来なら厄介者に過ぎないはずの彼らにとって、藩校は堂々たる交際の場であった(14)。幕末期の政治運動に次三男たちが多く活躍するのはここから生じたものだという見方もできるだろう。また武士以外の者も学生として、そうでなくともさまざまな雑務関係の雇い役として藩校に参入することができた。聡明な庶民と武士との交際の可能性も予想できる。

一方、藩校の教員には大体平士のなかでもそれほど高くない身分の者が多かった。教授・助教は主に平士層の中以下、訓導・句読師・舎長は平士層の最末端・徒士層、さらには次三男から輩出した。しかし身分の高下とは別に彼らは藩校内で自然に中心になる。藩校に通う武士たちは身分に厳しくとらわれることなく教員を中心に交流し、そこからネットワークが生じた。

これまでは藩校の設立が武士社会にもたらした革新的な面を強調してきたが、おのずと限界もあった。そもそも藩校は家臣団の訓導と統制がその設立の目的であったので、藩当局の意思にしたがう動きは頻繁に止められた。学問の内容や教育のやり方は当局が決めることであって、後述する「学党」発生の引き金である政治議論は禁止された。ましてや学生が党派をつくることなどは厳しく弾圧された。

それに飽き足らず一部の武士たちは藩校の外で私塾・勉強会などをつくり、政治議論を敢行し、藩校を非難することがよく起きるようになった。こうして見ると藩校は、「学的ネットワーク」を形成させた最も重要な基盤であったのと同時に、一九世紀初めから一部の藩で現れた「学党」にとっては乗り越えなければならない既成体制のような側面もあったといえる。それが後述するように、政治闘争に挑むほとんどの「学党」が藩校と対立する理由であった。幕末期に藩校が保守派の牙城のようなイメージをもっているのもそれによる。

### 2　熊本藩校時習館における「学的ネットワーク」――『肥後中村恕斎日録』を中心に

ここでは藩校における「学的ネットワーク」の形成について、熊本藩校時習館の訓導中村恕斎の日記(15)を通じて、主に彼の主催した会読(16)を中心に見ることにしたい。

表1を見ると、恕斎主催の会読には受持会読、「――列」会読、転昇生会読、他藩士留学生会読、そして他人主催の会読と藩内有力者との会読などがあった。

受持会読とは、彼が担当した生徒との会読である。訓導たちは城下町の二・三ヶ所の生徒を受け持つことになっていたが、恕斎は坪井町（壺井町）、京町赤尾口、宇土小路の生徒を担当していた。

次に「――列」という会読グループは、番頭の牧多門助などの名前が出ていることから見て、各「列」の冠した人物を中心とした成人レベルの学習会と思われる。また表では永屋猪兵衛、篠原己三郎など「列」字なしで名前だけ出てくる人々との会読が見られるが、これも彼らの名前から見て相当の年齢と地位のある人との会読と思われる。

また注目すべきは、他藩留学生との会読である。表では肥前藩（佐賀藩）、柳川藩、周防藩などが見られるが、その他に久摩藩士(17)、久留米藩士(18)もいた。恕斎一人について見ても九州五藩から留学生が来ていた。彼らは学業を終え、自藩に帰ってからも恕斎と文通を続けるなど交流が絶えることはなかった(19)。

一方、藩内有力者との会読があったことも藩校の政治的意義を考える上では重要であろう。溝口蔵人（家禄三〇〇

**表 1　熊本藩校時習館訓導 中村恕斎の会読**（『肥後中村恕斎日録』一、二により作成）

| 日　付 | 会読グループ | テキスト | 場　所 | 備　考 |
|---|---|---|---|---|
| 弘化 2 年 | | | | |
| 日付未詳 | 肥前藩士（肥前生） | | 自宅 | |
| 2 月 28 日 | 受持会連 | 『大学』卒業 | 自宅 | 以後『孟子』会読の約束 |
| 3 月 8 日昼 | | 『大学』卒業 | 時習館 | 以後『論語』会読の約束 |
| 3 月 8 日夜 | 受持連中 | 『孟子』開巻 | 自宅 | 2 月 28 日に『大学』を読み終えたグループ |
| 7 月 22 日 | 松原末松列 | 『論語』卒業 | 自宅 | 以後『中庸』会読の約束 |
| 8 月 7 日 | 松原末松列 | 『中庸』開巻 | | |
| 9 月 8 日 | 柳川藩士 2 名 | 『中庸』 | | |
| 9 月 10 日 | 永屋猪兵衛 | 『近思録』開巻 | | 他人主催の会読（?） |
| 9 月 30 日 | 肥前藩士 6 名 | | | |
| 10 月 11 日 | 新転昇連 16 名 | 『小学』卒業 | | 以後『論語』会読の約束 |
| 10 月 16 日 | 6 日, 10 日朝『論語』会読グループ | 『論語』開巻 | | |
| 10 月 21 日 | 友岡列 | 『孟子』卒業 | | |
| 11 月 21 日 | 牧多門助（番頭）列 | | | 肥前生たちの願いで 3, 4 回一緒に会読 |
| 12 月 23 日 | 宇土小路会連　藤崎又次郎列 | 『小学』卒業 | | |
| 弘化 3 年 | | | | |
| 1 月 27 日 | 肥前藩士（肥前生） | | | 新入 2 名 |
| 4 月 2 日 | 堀田甚右衛門列 | 『論語』卒業 | | 10 年間続く |
| 5 月 20 日 | 濱治清次郎, 松本彦作列 | 『大学』開巻 | | |
| 5 月 30 日 | 七之夕 | | | 他人主催の会読（?） |
| 6 月 11, 12, 13 日 | 各列会読グループ | | | 3 日連続で各列会読グループ参席 |
| 7 月 8 日 | 壺町連受持中 | 『孟子』 | | |
| 7 月 11 日 | 京町新転昇受持連中 | | | |
| 同日 | 磯谷, 寺本管列 | 『論語』 | | |
| 9 月 6 日 | 篠原己三郎 | 『中庸』 | | 他人主催の会読（?） |
| 10 月 8 日 | 有吉頼母会読開始 | 『論語』 | | 家老有吉大蔵の養子・3 名参席<br>以後 3 年間続く |
| 弘化 4 年 | | | | |
| 6 月 26 日 | 藤掛, 芦村列 | 『孟子』卒業 | | 天保 11 年から |
| 6 月 27 日 | 藤崎又次郎列 | | | |
| | 新転昇 | 『小学』 | | 11 名参加 |
| | 藤掛列, 須佐美半之助列 | 『大学』開巻 | | これまでは『孟子』 |
| 8 月 29 日 | 新転昇 | 『小学』卒業 | | |
| 9 月 4 日 | 新転昇 | 『大学』開巻 | | |
| 9 月 17 日 | 中村恕斎を入れて 13 名 | 『大学』 | | 生徒でない学者同士の会読（?） |
| 10 月 20 日 | 新転昇生 | 『大学』卒業 | | |
| 10 月 21 日 | 新転昇生 | 『孟子』開巻 | | |
| 嘉永元年 | | | | |
| 4 月 7 日 | 肥前, 周防藩士 | 『大学』開巻 | | |
| 8 月 28 日 | 溝口蔵人など | | 時習館 | |
| 10 月 30 日 | 6 日, 10 日朝『論語』会読グループ | 『論語』卒業 | | 14 名, 弘化 2 年 10 月 16 日始まる |
| 12 月 22 日 | 有吉頼母会読 | | | |
| 嘉永 2 年 | | | | |
| 閏 4 月 17 日 | 藤崎列 | 『詩経』 | | |

〇石、中老をへて家老）が講義後講堂に居残って会読したこともあり[20]、溝口と家老長岡監物が会読の場で論戦を広げるなど[21]、藩上層部の会読参加は少なくなかった[22]。また表1で見られるように恕斎は藩家老有吉家の嫡子有吉頼母と頻繁に会読を行った。

以上、『恕斎日記』から確認できるだけでも彼一人をめぐって一〇グループ以上の会読が行われ、参加人数は一八四五年およそ一五〇名[23]、一八四六年およそ一二七名、一八四七年およそ一二三名[24]、一八四九年およそ一三二名であり[25]、会読参加人数の記録のない一八四八年を除いても、四年間で五〇〇名以上にのぼる。

武士たちは番や組、また役方で人脈を保っていたが、学校ができてからはその他学習のメンバーとも人脈が作られた。また師匠に若いころから薫陶を受け、成人になっても会読などにより関係を保つようになった。恕斎の場合でも、実学連と藩校の教員との対立が深まるようになった弘化期には会読メンバーと実学連問題について緊密に話し合い、また横目藤本忠次郎は同じ会読メンバーだった恕斎[26]、笠喜左衛門、吉田鳩太郎[27]を尋ねて、実学連の実情を報じた。会読の人脈が生かされたのである。

このように藩校は武士社会に学問を普及させ、学問を媒介にして武士たちをグルーピングする新しい交際の場を提供したが、その一方で藩庁の統制が強く利く所であるだけに、武士社会の秩序維持など既成体制を維持する機能をも果たした。藩校が持つこの後者の側面が、藩当局が相当の財政的負担にもかかわらず藩校を設立した理由であったろう。ゆえに藩校はしばしば一般武士たちの政治参加と現状変革に対する要求に応えられない機関になったのであり、それに不満を感じた人々が新しい「学的ネットワーク」、すなわち「学党」をつくり、藩校を批判しはじめたのである。

# 二　私塾・学習会と「学党」

## 1　薩摩藩の「学党」「近思録党」

「近思録崩れ」は、『近思録』など朱子学の主要テキストを読む学習会から形成された「近思録党」が一八〇四年に藩政を掌握し、また失脚する過程で薩摩藩史上最大の処罰者を生んだ政変である。ここでまず注目されるのは、この政変の名前とその主導者たちに『近思録』という朱子学経典の書名が付いている点である。ある政治勢力の名称に特定の書籍の名前が付く事例がほかにあるかどうか定かでないが、朝鮮でも中国でもない武士社会日本においてこのような名称が生まれたことに注目したい(28)。

ここでは主に「文化朋党実録」の分析を通じて、学党形成のひとつの事例を検討する。この事件に関する従来の研究では、主に政変の展開過程の紹介と「近思録党」が進めた政策に関心が置かれてきた(29)。この事件を会読という観点からアプローチする唯一の研究も簡単な言及に止まっており、「文化朋党実録」を使っていない(30)。まず「近思録党」の形成について見てみよう。

秩父季保、早歳より学問を好む。……又、橋口子漣即権蔵が門に出入すること久し。後絶て問ず。独精を励して書を読む。昼夜懈《おこた》らず。時に或は二三の同志の講習討論す。……隈元軍六・川畑平蔵即森岡孫右衛門・有馬次左衛門・奈良原助左衛門が徒毎に来訪して、相与《あいとも》に学術を評論し人才を品題す。此数子の者嘗て木藤武清即市左衛門に従て大極図説を受く。因て其為人《ひととなり》を称し為に其説を言ふ、季保仰ぎ慕ふこと久し。既に教を得て遂に武清に詣で見《まみ》へん事を求む。武清素より其名を聞く。屣《し》を逆にして出迎へ、款好笑語旧相識の如し。季保図説を出して疑を質し惑ひを問ふ。武清為に弁説し畜《たくは》ふ所の秘訣を悉《つく》して是を授く。季保退て人に語て曰ク、治体の要は大極に備る。木藤子は道徳の先生なり。図説を究む。吾是を師として足れりと。喜ぶこと甚し。遂に其同志樺山久言・清水盛之・森山三十を勧て武清に見へ其業を受しむ。是より日を定て往来会集し相与に図説を講論す。未ダ幾《いくばく》ならず季保・久言皆御家老となり、盛之御用人となり、三十御側役となり、軍六御近習番となる。(31)

ここからはまず、このグループ形成の中心に木藤武清という学者がいたことがわかる。藩士である隈元軍六、川畑平蔵、有馬次左衛門、奈良原助左衛門らが彼から『太極図説』を学んだが、彼らはしばしば秩父季保を訪ねてともに学問を論じ、また自分たちの師匠である木藤武清を紹介し称えた。その後秩父が武清を訪れその見識に圧倒され、今度は彼自ら樺山久言、清水盛之、森山三十らをその門下に連れ込んだのである。この記事から少なくとも三つの学習会を確認することができる。木藤武清の下で太極図説を学習した軍六以下の人々による学習会、秩父が毎回二、三人の同志と講習、討論したという学習会、また木藤門下の人々が秩父に会いに来ては学術討論と人才品評をしたという学習会である。この三つの学習会が秩父の木藤訪問をきっかけに木藤の学説を中心に一つに繋がり、秩父が実権を握った時、このメンバーの多くは重要役職に抜擢された。このように学習会、有名先生、特定の学説という従来の武士社会とは異質的な要素が媒介となって政治グルーピングが生まれるようになったことは注目に値する。

ところで彼らが執権後に見せた政治行動はまた興味深い。一八〇七（文化四）年一二月二四日、藩校の中心人物である側用人格教授山本伝蔵が『学術』という文書を藩主に提出し、「近思録党」の学問を批判した。(32) これに対する「近思録党」の反撃の様子であるが、二日後藩主は山本を叱責し、二度と政治に容喙しないように命じた。それとともにその日の『性理大典』『太極図』の講釈は山本ではなく助教にさせるようにした。(33) これにより御右筆頭格助教勤橋口権蔵、御記録方見習助教勤宮下主左衛門が御前に呼ばれ、権蔵が『太極図』の首章を講義した。彼らは皆山本と近い人物であったが、その時御前には家老将監・秩父・大目付監物などがともにいた。

講義畢て太郎殿［秩父］高声にて今日の講釈甚ダ麁略なり、今一返可シ二相返ス一と被《ら》レレ仰セ、幾度雖モ二読ムと一為《た》ル二同前一の由権蔵雖㆓モ謝リ申㆒スト、強《あながち》に有㆑ル仰セの間、無㆓ク是非㆒重て大意を述るの処、解説の趣難㆓キ未ダ聞得㆒由にて、主左衛門へ可㆑キ講ズ旨被㆑ル仰セ。権蔵同前の由主左衛門依㆓リ侘ビ申㆒スニ、聽《やが》て三箇条の疑問を発して権蔵を被㆓ル相詰㆒メ。権蔵雖㆓モ弁説㆒スト更に無㆓ク合点㆒、已《すで》に及㆓ブ大議論㆒ニ。森山三十・隈元軍六等呼出し各意見を被㆑レ尋ネ、何にも太郎殿に合体して一向に不通なる由申す。然る間、大鐘已に鳴り申《さる》下刻に雖㆑モ及ブト議論無㆓シ止ム時㆒。御前には結句退屈の　御気色なり。依テ監物殿御前に向ひ、今日は先是迄《まづこれま》で可㆑シ然ルと申上、権蔵可㆓キ罷退㆒ス由被㆑申間、権蔵・主左衛門　御前退出す。[34]

山本側の教職たちの解釈に対して家老秩父がまず反論し、引き続き「近思録党」のメンバーたちが次々とその解釈に異を唱えた。森山三十と隈元軍六は木藤武清門下で秩父とともに勉強した人々である。ここで注目されるのは、学術論争が権力闘争の手段となっていることである。「近思録党」は山本側の学者たちの学説を御前で論破することで、自分たちの学説の正当性を藩主と相手勢力に確認させたのである。また家老である秩父自身が学者たちと学術論争をしている点も注目に値する。

以上、藩主の前で『太極図説』に関する形而上学的学術論争をしたという点、それが単純な学問論争ではなく権力闘争の一環であったという点、藩の最上層である家老が直接このような学術論争に挑んでいる点などは、一八世紀までの武士社会と比べると注目に値することではないか。

## 2　時習館外の学習会と「学党」の形成

「学党」は、藩校よりは外の学習会・私塾から形成されるのが普通であった。ただその場合も藩校での人脈が生かされたことが多い。熊本藩については「実学党」という言葉からもわかるように、水戸藩とともに、藩政と藩内政治闘争において学問的対立という面が重視されてきた。しかしそれが自明とされるのではなく、従来の武士社会とは異なる事態だったということが十分に自覚されないまま研究が行われてきた(35)。

先に時習館で会読が行われる模様を見たが、それに満足しない者たちは藩校外で学習会を組み立てた。面白いことにその主役は家老長岡監物であった(36)。藩庁横目の報告書によると、「先年下津久馬方御奉行辞職（天保一〇年二月）、横井平四郎方遊学帰省（天保一一年四月）後、両人衆慷慨之筋も可レキ有レル之《これ》哉と、館中抔より之《の》見込は有レリ之候。折柄両人如何被二申シ談ジ一候哉、監物殿え必多度《ひたと》被レ致二サ出入一、実学研究之唱有レリ之(37)」とあり、また小楠を「実学之連中(38)」と指した。すでに一八四〇年頃には藩庁によって、監物・小楠の学習会メンバーがひとつのグループとして把握されていたのである。その会読の模様を見てみよう。

会々長岡大夫史学に志し、横井子荻子及余を招き通鑑綱目漢唐宋三紀を会読す。大夫曾《かつ》て山崎浅見二先生を信じて経学に得る所あり……但歴史に渉らざるを以て横井子を延て史学を講ずるなり。横井子余等に謂て曰く、大夫史学に乏しきを以て吾儕を招て学友と為す。其志優なり。吾儕未だ経学に達せず。何ぞ大夫に就て経を講ぜざるべけん乎。是に於て大夫に請ひ、先づ近思録の会読より始む。是を長岡大夫下津横井二先生荻子余と会合の始にして実学の権輿とす。是より後月に十回二十回或は隔日或は日々集会し、集会する毎に講学に非ざるは無し(39)。

これを見るとテキストは朱子学系統に偏っていて、また非常に頻繁に行われたことがわかる。長岡らが学習会にいかに熱心であったのかは一八四三（天保一四）年三月、監物が家中へ提示した自分の月の日程表を見てもわかる。

〈二月中の定日〉

三の日夜　論語　家司始役々会

四の日夕　易程伝　近藤（時習館教授近藤英助）先生会。

但三度の中一度は先生宅へ是より参る筈に候事

五の日朝　通鑑綱目　横井（小楠）例会

六の日　夕方より夜迄直三郎（親戚松野亘）兄弟会
七の日　夕々役々並組中咄合の日に極置候事
九の日　近思録、尾藤（助之丞）例会
十の日　横井例会(40)

これを見ると日課が書かれていない一、二、八日付きの日と、諸役及び組中に会う七日付きの日を除くと、一ヶ月に一八日ほども会読をした。そのなかで小楠参加の会読は少なくとも五回以上にのぼる。

このような学習会は段々と広まったようである。

近年監物殿より御招キ、別段御懇意に被二相成ラ一候に付ては、［小楠は］以前の学意は変易有リレ之、実学を専ラ誘掖有リレ之候に付、漸々実学信用之面々多ク相成、就《なかんずく》中坪井・京町方角には、平四郎方之会読を初メ、所々同学之長者を押立候て之会読等、隆に被二相行ハ一候由(41)。

つまり、実学連の主だった者たち（「同学之長者」）による会読が盛んになった。また友岡、湯地の率いる会読についても報告されている(42)。湯地らは実学党が抜擢した時習館の句読師たちで、彼らの抜擢については反対派から納得のいかない人事として非難されたことがある。友岡は小楠の従弟で、小楠にその素読と会読のやり方は自分のものに似ていると言わしめた人である(43)。

この学習会が単なる勉強会といえないのは、それらに結党の兆しがあったからである。まず彼らは、藩校の人事で党派的動きを見せた。

是又一昨年より当春迄之間だに句読師三人程打替有リレ之候《そうろう》由之処、三人共館中より見込之人物にては無クレ之、都《すべ》て実学連之内之由。尤湯地丈右衛門・道家角左衛門方被二仰付一候迄は、兼て孝心之聞有ルレ之人物に付、畢竟其訳にて別段之御選挙にも相成申たる儀と同役中平易之様子に為ルレ有リレ之由之処、当春友岡彌三右衛門方被二仰付一候節に至、同役何某方被二申出一候と申ス儀は聞エ兼ネ候《そうら》得《え》共《ども》、湯地も道家も実学連、又友岡も平四郎が従弟にて、実学之こつぼねに候得ば、漸々同穴之狐、館中に入込、館中も実学連之学風に引移シ候底意共にては無キレ之哉などと咄合《はなしあい》被レ申サ候事も為ルレ有リレ之由。[44]

つまり、句読師三人がすべて実学連から選ばれるという偏った人事が行われた。この人事を党派的人事とみなし、将来時習館が彼らによって左右されることを懸念する声まであったのである。実際にこの句読師たちが先に見たように別に会読を行ったりしたため、恕斎も「句読師之中にも実学連立ち申候て、少し熟し兼ネ申シ候儀も可キレ有ルレ之哉之由[45]」と時習館内の確執を恐れた。小楠自らも「衆人を漸々我党に引入可クレ申ス、急には成りがたく、次第々々と広く引入、五十年以後には政府役人もすべて我党より進み可キレ申ス様にいたすべし[46]」と、党派意識を顕した[47]。

彼らに対する反対派の攻撃も主に結党に絞られていた。藩主斉護は監物に藩校不振の原因の「一つは其方手に付キ致シ二講習一候末学之者共と学校に致シ二出席一候諸生と学問之流儀二《ふ》た鼻に有リレ之、互に学意を争ヒ、党を立テ候意気に移リ、一和いたし兼候処より、教官中も差入兼候意味も可キレ有ルレ之哉……畢竟末学之者共、自己之意見を主張いたし、倡之筋偏少之処より朋党相きしり候[48]」と非難した。斉護は、監物の学習会を朋党とみなしたのである。藩庁の中心である家老松井佐渡も、実学党が連党を強固にしたことが斉護が彼らを遠ざけた理由であると述べたし[49]、また横目も「実学党中は連判いたし、甚ダ隠密之契約等も可キレ有ルレ之哉に御座《ござ》候」とみなし、藩庁も「若《もしく》は党を結び、以前安部先生之時一揆騒動之様にとも成行不レ申候様[50]」と警戒していた。幕藩体制において結党が固く禁じられていたこととは対照的に、幕末期は党派と党争の時代ともいえるが、「学党」はその濫觴ともいえるだろう。

# 三　「学党」の特徴

## 1　朱子学と「学党」

一八世紀思想界を席巻した徂徠学は一八世紀末から一九世紀初にかけて下火になり、それに取って代わったのが朱子学であった。藩校においても上で見てきた事例からもわかるように朱子学がリーダーシップを取ってゆく。ところで少なくとも本章で扱った薩摩藩と熊本藩の場合は、藩校の学風を批判し学習会を作り「学党」を形成した連中もまた熱烈な朱子学信奉者であった(51)。それではどこが違うのか。私はこれを訓詁的、高踏的経典研究の朱子学に対して経世、すなわち現実政治に直接的に働きかける「学政一致」の政治的行動主義の朱子学（＝実学）(52)が挑戦したものと考える。それに入る前にまず彼らの朱子学への傾倒について見てみよう。

まず薩摩藩であるが、「近思録党」「太極党」という名前から彼らが朱子学に偏っていたことがすぐわかる。この学習会の師である木藤武清は「敦く程朱を崇ひ鳩巣を信ず、力で漢儒を廃し徂来［ママ］を斥け力らを近思録に用ひ、尤太極図に精し旁通書正蒙に及ぶ」(53)というように徂徠学と漢唐訓詁学を排斥し朱子学を尊重した。

このような学問的傾向は、「近思録党」の執権後には藩の公式方針となり、一八〇八年に薩摩藩主は次のような方針を闡明した。

一門独礼は勿論大身分諸士に至ル迄当時致二ス学問一事ニ候得共、畢竟文芸をのみ翫《もてあそ》ビ候故、其身実に義理を致二シ自得一、忠孝之道正《ただしく》敷堅固に相守ル者少く、……当分気質宜《よろしく》敷才智有レリ之読書致二ス出精一者有レリ之候得共、程朱之書を不レ致二サ熟読一候故、道之大本治体之要に本づかず、枝葉之学文にて一向其身に益無キのみならず、却て其身を持崩し正道を害し……勿論異端古注を翫ビ又は徂来ごとき致二ス学問一者は屹と禁制申付置候……(54)

徂徠学は名指しで禁止され、程朱学以外の「異端古注」も退けられ、専ら「程朱之書」を習うべきことが強制された。薩摩藩のこのような方針には一八年前幕府が行った「異学の禁」の影響もあったであろうが、それよりさらに強い語調で強制したのである。

熊本藩においては一七五〇年藩校時習館の設立当時は徂徠学と詩文之芸の学風が強く、当時秋山玉山をはじめとする徂徠学派が主導権を握り、朱子学者である大塚退野は排除された。その後は段々朱子学系統が支配的になっていったが、主に訓古学的な字句詮索、あるいは詞章的傾向が強く、藩校内で政治議論をするのは警戒されていた。

## 2　「学政一致」「経国之学」の挑戦――「政治的行動主義」の台頭

藩校中心の朱子学の学問方法（訓詁・博覧・詞章）に反発した学習会、「学党」は、特定のテキストのみを排他的に読み、テキストの原義に対する緻密な吟味よりも、それを素材に直接、時事批判を行う学習方法を唱えた。限られたテキストだけを使い、その中の複雑な言説を簡単明瞭に提示した上で、それを直ちに政治問題に結びつける学問のやり方である。これはとりわけ若い武士たちを魅了した。

まず熊本藩における監物会読の学習方法と内容について見てみよう。一八四六（弘化三）年、恕斎は次のようにいった。

一　監物殿より自身学意被レレ立チ、其学に合ヒ候者を集メ、会読被催。其連中専ら実学を唱フ、横井平四郎列也、時習館は俗学抔と申シ触レ、諸生を出し不レ申サ候様子に承り候。且又監物殿会連は何某々々にて候哉、会読は文字・章句を吟味いたし不レ申サ、只今日之事に引レ当、跡にての雑話を主として、其跡にては御政事の咄専に成候由。

一　時習館は専ら宝暦以来の規則を守り、学意誘之由に候へども、監物殿は学意合兼外に退野先生抔を友と被レ致サ、学党［傍線は筆者による］を被レレ立テ候て、時習館相手になく候由。依て時習館出席も自然衰微之由。[55]

ここではまず監物が時習館とは異なる学問方法・学問方針（「学意」）を立て，それに従うものたちを集め学習会を開いた点に注目したい。その「学意」というのは「文字・章句を吟味いたし不申，只今日之事に引当，跡にての雑話を主として，其跡にては御政事の咄専に」するものであった。これは藩庁の戒めるところであり，彼の学習会には若者，身分の低いものが参加していたため，なおさらそうであった。これを恕斎は「学党を被立候」という表現で批判してやまなかった。薩摩藩の藩校造士館教授の山本伝蔵が木藤武清中心のグループを「学党」と指した例があるが，[56]これもまた藩校の訓詁的学風に反発し，主に『近思録』を読む上で，政治討論を主とするグループを批判的に呼んだのである。

次の記事は一層詳しい。

［実学の学意は］唯実意・実行に基キ候迄之儀に付，今日中人事之手近き所を専ラに研究いたし候得ば，直に君子に相成候と歟《か》申ス見識にて，博覧・多識を忌ミ，詩作・文章等を陋《いやし》め，史書並二近思録・朱子家訓，或は近代之故先生にては，大塚退野先生・森小斎抔之語録より外取扱無クレ之，会読之節は，文義一と通りざっと相済候前後……文義次第には，古今御政事之得失，御役人之善悪をも，勝手に論説有リレ之，館中之学風は以前より俗学・虚学，何先生は実学之罪人抔と，所謂自賛毀他之咄も有リレ之候処より，深ク実学に被二立入ラ一居リ候面々は，講堂出席又諸先生之会読等に被二罷リ越サ一候儀は，堅ク禁忌程に相成リ居リ候由……監物殿御儀，惣教衆之御委任にて，館中諸先生を御閣《さしおき》，別に実学一向之御同志衆を御招，必多度《ひたと》御会読被レ有ラレ之[57]［以下略］

ここからも博覧多識や詩作・文章を軽視し，限られた特定のテキストを簡単に解釈した後，これを直ちに時事問題に結びつける方法をとっていることがわかる。よってこの会読には藩政と藩の役人に対する褒貶，時習館に対する批判がよく行われたのである。[58]

反面，藩校を中心に学識の深い人々はこのような連中を学問的に軽蔑して止まなかった。先に挙げた薩摩藩教授山本伝蔵の木藤武清に対する批評が一つの事例である。山本は木藤が太極図に精通していたと認めながらも、次のように述べた。

> 然ども独学にして師なく孤陋にして聞こと寡し。故に思を蓄へ慮を研《みが》くと雖ども杜撰臆見の病なきことを免れず。其学博きを勉ず、四子六経と雖ども未嘗て通誦□［ママ］ず。温公通鑑・朱子綱目に至ては全然として治《おさむ》ることなし。常に性命道徳の理を講じ一本万殊の妙を唱へ、君子己を修め人を治るの道に於ては不急の事とし措て問ず。是を以て周礼の大経春秋の大義闇然として弁《わきま》ふことなく［割註省略］古今の治乱帝王の興廃惛如として知ことなし［割註省略］。時に或は山に遊水を翫び興に乗じて詩を賦し文を作る。皆拙ふして読むべからず。故に博聞多識にして有力の輩皆議笑して偏固の陋儒とし従ひ学ぶ事を願はず。浅見寡聞にして微力の徒多く仰ぎ慕ふて已《やま》ず、相唱て周子の再来とす(59)。

つまり、山本から見れば木藤などは『資治通鑑』『資治通鑑綱目』はおろか四書六経さえも読み通していず、また詩文の出来具合も拙い学問の初心者に過ぎなかった。しかし「博文多識有力之輩」が揶揄する間に、「学党」は簡単で平易な学説と強力な吸引力で「浅見寡聞微力之徒」をとらえていった。

### 3　「新興徒党」としての「学党」

幕末期には複数の党派による政治闘争がよく見られる。しかし「学党」が現れた当初には多くの場合、複数の党派があったわけではなく、「学党」だけが党の要素を持っていた。

この問題について蓑田勝彦の研究は多くのことを示唆してくれる。これまで熊本藩における天保・弘化期（およそ一八三〇年代―四〇年代）の政治過程は、実学党と学校党の党派対立という視点から述べられてきた。しかし蓑田は実学党並のレベルの党派という意味での学校党は存在しなかったとし、学校党のリーダーとされてきた家老松井佐渡は実学党が攻撃する主要ターゲットではあったが、学校、つまり藩校とはほとんど関係を持っていなかったと主張する。[60]私の検討してきた限りにおいても「学党」とは学にもとづき形成された新興党派（徒党）であるが、彼らが攻撃した相手は彼らのような水準のかたちをもつもう一つの党派（徒党）ではなかった。つまり「学党」の相手は、もう一つの党派というよりも藩の既成体制そのものである場合が多かったのである。そのため「学党」はしばしば劣勢であり、この劣勢を挽回できる唯一の手段は藩主の支持を確保することであった。それこそが彼らがしばしば「主君親政」を唱えた理由であり、これに最も成功した例が水戸藩の「学党」である藤田派であろう。[61]

一方藩主は家老支配体制を乗り越え自分の政治力を発揮するため、あるいは自分が求める改革の支持勢力を確保するため、この「学党」の力が必要であった。しかしそれは同時に既成の勢力関係と藩秩序の大きな動揺を覚悟しなければならないリスクを伴う政治的選択でもあった。そのため一時この勢力と手を結んだ「改革君主」でもすぐにこの勢力との連携を撤回したり（熊本藩の斉護、越前藩の松平慶永[62]）、あるいは幕府や前藩主勢力によって権力を奪われたりした（水戸藩の徳川斉昭、薩摩藩の島津斉宣）。

## おわりに

私は今まで幕末期の政治変動を、士大夫の気取りをした、つまり「士化」したサムライが「士大夫的政治文化」を身につけ、既成体制に政治的に挑戦したものとして説明してきた。[63]その「士大夫的政治文化」のなかで最も重要なのが「学的ネットワーク」「学党」にもとづいた政治活動の展開である。

一九世紀前半から幕末期にかけて多くの一般武士が政治化された背景には「学的ネットワーク」と「学党」の形成があった。一八世紀後半から急激に広まった儒学の影響で本来軍人であったはずの武士たちは既存の軍事組織や行政組織のほかに学習組織によってネットワーキングし、それにもとづいた政治グループが現れたのである。
本章では熊本藩・薩摩藩の事例を通じてこれについて検討してみた。まず藩校であるが、熊本藩では藩校時習館において教員たちの主導によって武士の子弟が学習を媒介に横のつながりを形成していた。藩校の学習過程を通じ「学的ネットワーク」ができあがったのである。しかし、藩校における教育・学習は藩当局の統制下に置かれていたため、政治化の道を進むのは容易なことではなかった。本章では時習館訓導、中村恕斎の日記を通してその様子を検討してみた。

武士たちの政治化は主には藩校外で行われた学習会の間で見られ、それが「学党」の形成にまで至った。本章では熊本藩の「実学党」と薩摩藩の「近思録党」を中心に検討した。熊本藩では藩校時習館の訓古学的な学習方針に反発して『近思録』などの特定のテキストを集中的に読み、時事問題などを討論のテーマに取り上げる連中が現れた。このような学習会の活性化は藩校の危機感を煽り立て、その間での対立も深刻になった。そのなかで学習会は自らのことを「吾党」「我党」などと称し、党派的な色合いを強めていく。またまわりも彼らの「結党」を憂慮しはじめた。このような熊本藩の「学党」は長岡監物の失脚とともに一時的に下火になっていたが、幕末期の政治闘争が盛り上がる際、大きな役割を果たすことになる。

薩摩藩の「近思録党」の場合においてもサムライたちのいくつかの学習会が『近思録』という朱子学テキストの勉強や木藤武清という学者を媒介にして「学党」を結成し、それが執権に成功したのである。このように「学党」は朱子学を中心に結束する場合が多かった。これらの事実にもとづきこの時期の政治変動における朱子学の位置づけや役割を見直す必要があると思われる。

徳川幕府の支配下で声高く謳われた「泰平」[64]は、実は一般武士の「政治的自制」があってはじめて維持できたものであった。自分に与えられた「持分」の発言権を越えずに忠実に吏務をこなす彼らの存在こそがあの「泰平」の基盤であった。しかし、彼らが「持分」の外に出ようしたとき「泰平」は崩れ去り、処士横議・公議輿論の世が訪れた。その劇的な変化の背景にはいったい何があったのか。そこで私は藩校・私塾・学習会などの「学的ネットワーク」が武士社会において重要な交際の場として現れたこと、またその政治化による「学党」と政治的公論の登場に注目したわけである。

もちろん彼らは武士らしくあくまでも刀を捨てることはなかったし、幕末期を通して暴力はますますエスカレートした。しかし、暴力が動員される場合でもそれは常に激しく幅広い政治議論の上で、輿論の獲得を意識しながら行われた。このように劇的に生まれた武士社会の政治的活力は、維新後の政治展開の下地になった。驚くほどの数の政社の叢出や、自由民権運動の活況なども、西洋の影響だけでなく、このような観点から見ることもできるのではないだろうか。

（1）「学的ネットワーク」の概念については、朴薫「幕末政治変革と「儒教的政治文化」」『明治維新史研究』八、明治維新史学会、二〇一一年。
（2）朴薫「東アジア政治史における幕末維新政治史と「士大夫的政治文化」の挑戦――サムライの「士化」」清水光明編『「近世化」論と日本――「東アジア」の捉え方をめぐって』『アジア遊学』一八五号、二〇一五年。
（3）朴薫「十九世紀前半日本における「議論政治」の形成とその意味――東アジア政治史の視点から」明治維新史学会編『講座明治維新1　世界のなかの明治維新』有志舎、二〇一〇年。
（4）朴薫「「名君」徳川斉昭の対民活動とその意義――地方役人接触と巡村」『日本歴史研究』三二、二〇一〇年（ハングル）。
（5）「学的ネットワーク」にもとづき、単なる学習行為に止まらず、政治意思を表明したり政治行動を行ったりするグループを「学党」と称することにする。これは主に小規模の学習会から始まりその規模を拡大したり、他の学習会と連携・包摂して形成される。これはある学問的リーダー、特定の学説や経伝を信奉し、他の学説を排斥する場合もある。もっともこの「学党」は、朝鮮や中国で見られる朋党とはその性格を異にする。「学党」には累代にわたる師承関係や整然たる理論などはなかったし、またある「学党」を中心に全国的な政治勢力が形成されたこともなかった。ただ従来「学」や「党」とは縁の遠かった一般武士の間で、「学」を媒介にしたある種の「徒党」が形成され始めたという程度の意味合いでこの言葉を使うことにしたい。

(6) ただ海原徹による『明治維新と教育――長州藩倒幕派の形成過程』（ミネルヴァ書房、一九七二年）は長州藩討幕派の形成と私塾とのかかわりを描き出したものである。本章はこの著書の立場を継承するものである。

(7) 注(2)や注(3)を参照されたい。

(8) 一八世紀の後半から各藩において広く、持続的に行われた上米の措置についても彼らはほとんど抵抗しなかった。

(9) 前田勉『江戸の読書会――会読の思想史』平凡社、二〇一二年、一四〇頁。

(10) 笠井助治『近世藩校の総合的研究』吉川弘文館、一九六〇年。以下藩校についてはこれに負うところが多い。

(11) 前田勉『江戸の読書会――会読の思想史』二一〇―二一一頁。

(12)『茨城県立歴史館史料叢書六　弘道館史料2』茨城県立歴史館、二〇〇三年。

(13) もちろん役方のほうはさまざまな工夫を設け能吏を抜擢することがあった。

(14)『茨城県立歴史館史料叢書三　弘道館史料1』茨城県立歴史館、二〇〇〇年。

(15) 中村恕斎（一八〇四―一八七〇年、知行高一五〇石、四〇代前半まで時習館、以後郡奉行）は一八四五(弘化二)年から一八七〇(明治三)年まで日記を残しているが、そのなかで一八四五年から一八五〇(嘉永三)年までの日記が刊行されている（『肥後中村恕斎日録』一、二〇〇二年、『肥後中村恕斎日録』二、二〇〇九年。いずれも熊本出版文化会館。以下『恕斎日録』と略す)。管見の限りでは、解説書である吉村豊雄『幕末武家の時代相――熊本藩郡代中村恕斎日録抄 上下』清文堂、二〇〇七年、以外に、この史料を本格的に検討した研究はまだないようである。

(16) 私は会読が水戸藩藤田派の政治活動の足場であったことを論じたことがあるが（拙稿「徳川末期水戸藩の南上運動と政治空間」『歴史学報』一七三、二〇〇二年、二二七―二三四頁（ハングル））、会読について本格的に研究したのは前田勉である（前掲『江戸の読書会――会読の思想史』）。

(17)『恕斎日録』一巻（弘化二年一一月七日）、五二頁。

(18)『恕斎日録』二巻（嘉永二年七月九日）、二二〇頁。

(19)『恕斎日録』一巻（弘化三年四月七日）、一〇二頁。

(20)『恕斎日録』二巻（嘉永元年八月二八日）、一五〇頁。

(21)「密書輯録（人）」一二三二―一二（熊本市歴史文書資料室の紙焼きを利用、一三七三冊）。
(22)当時藩主自ら会読に参加していたことが佐賀藩や水戸藩などで見られる。一方、一八世紀末からは天皇（特に仁孝天皇）と公卿間で会読が活発に行われる（金炯辰「宝暦事件と学問がもたらした政治的「自覚」――「近世性」と「幕末性」の交差する朝廷」『ソウル大東洋史学科論集』三六、二〇一二年、同「幕末朝廷の学習院と公家社会の「政治化」」『日本批評』九、二〇一三年（以上、ハングル）、佐竹朋子「学習院学問所設立の歴史的意義」『京都女子大学大学院文学研究科研究紀要　史学編』（二）、二〇〇三年、同「三条実万の思想形成について」『京都女子大学大学院文学研究科研究紀要　史学編』（四）、二〇〇五年、同「幕末公家社会における三条実万の役割」『新しい歴史のために』二〇〇六年度（三）、二〇〇七年、同「学習院学問所の果たした役割」『近世の天皇・朝廷研究――大会成果報告集二』学習院大学人文科学研究所、二〇〇九年）。
(23)『恕斎日録』一巻、六七頁。
(24)『恕斎日録』二巻、八三―八四頁。
(25)『恕斎日録』二巻、二五三頁。
(26)『恕斎日録』一巻（弘化三年閏五月七日）、一一五頁、『恕斎日録』一巻（弘化三年六月一六日）、一一九頁。
(27)『恕斎日録』一巻（弘化三年八月一五日）、一二六頁。
(28)ただし「文化朋党実録」には「近思録党」という名前は見当たらない。その代わりに「太極党」の名称が見られるが、いずれにせよそれも周敦頤の『太極図説』から出た名称であるのでその意義に変わりはない。その他にも薩摩藩では「古学党」（「文化朋党実録」文化四年一二月一九日、鹿児島県歴史資料センター黎明館編『鹿児島県史料　島津斉宣・斉興公史料』鹿児島県、一九八五年、八二三頁）、「実学党」（「文化朋党実録」享和二年一月一六日、八〇八頁）等々、学問の性格から政治派閥を名づけることがよく行われた。また他藩では熊本藩の「実学連」「実学党」は最も著名な例であろう。
(29)黒田安雄「薩摩藩朋党事件とその歴史的背景」『九州文化史研究所紀要』一九、一九七四年、同「文化朋党事件後の薩摩藩」『史淵』一一一、一九七五年、『鹿児島県史』二の第三章第二節、仁川堂川橋印刷所、一九四〇年。
(30)前田勉『江戸の読書会――会読の思想史』。
(31)「文化朋党実録」（文化四年一二月二六日）、八二七頁。
(32)以下「文化朋党実録」（文化四年一二月二四日）、八二四頁。
(33)藩主が儒学古典の授業を定期的に、頻繁に受けること自体が非常に注目すべき現象である。他の藩でもこのような例は多く見られる。
(34)「文化朋党実録」(文化四年一二月二六日)、八二―六頁。
(35) その意味で、実学党の「儒教的理想主義」が明治初期に急進的藩政改革を可能にした側面を検討した池田勇太の研究(『維新変革と儒教的理想主義』山川出版社、二〇一三年)は注目すべき成果である。
(36)「学的ネットワーク」「学党」の問題を考える際、家老級の人物、またはその子弟の参加と活躍に注意する必要がある。幕末政治変革においては下級武士が藩の秩序を覆さず、その代わり藩権力を自分側にひきつけて利用したことがよくあり、そのため他の革命に比べ激烈な闘争や犠牲者が少なかったのだが、それを可能にした要因のひとつとして家老級人物の政治的態度が重要であろう。「学的ネットワーク」「学党」を媒介に少なくない上層武士たちが中下層武士たちの政治運動に同調・参加したため、幕末政治変革の階層闘争的面がかなり緩和されたのではないか。
(37)「実学ニ付聞方」『密書輯録(人)』二四―七(熊本市歴史文書資料室の紙焼きを利用、一三六六冊)。
(38)「実学ニ付聞方」『密書輯録(人)』二四―七。
(39) 元田永孚「還暦之記」元田竹彦・海後宗臣編『元田永孚文書一』元田文書研究会、一九六九年、二六―二七頁。
(40) 山崎正董「長岡監物伝(一〇)」『日本談義』一五七号、一九六三年、七六頁。
(41)「扣済」『密書輯録(人)』一〇〇二―一〇(一三七一冊)。
(42)「実学ニ付聞方」『密書輯録(人)』二四―七。
(43)「実学ニ付聞方」『密書輯録(人)』二四―七。
(44)「実学ニ付聞方」『密書輯録(人)』二四―七。
(45)『恕斎日録』一巻(弘化三年六月一七日)、一一九頁。
(46)『恕斎日録』一巻(弘化三年八月一五日)、一二七頁。
(47) 実学党の人数は藩士に限ってもおよそ四八人(鎌田浩『熊本藩の法と政治　付:町方法令集』創文社、一九九八年、五二三―五二五頁)と推定されるが、研究者によっては七〇人以上と見ることもある。
(48)「御直書御草案　御直書写」、堤克彦『肥後藩における「実学」の形成と展開――とくに藩主細川斉護・長岡監物・横井平四郎を通して』熊本大学博士学位論文(後に『横井小楠の実学思想――基盤・形成・転回の軌跡』ぺりかん社、二〇一一年として刊行)一〇四頁から再引用。

(49)　堤克彦『肥後藩における「実学」の形成と展開』四六頁。
(50)　『恕斎日録』二巻（弘化四年二月六日）、二四頁。阿部仙吾の一揆の件については、鎌田浩『熊本藩の法と政治』第四部第一章、参照。
(51)　もちろん朱子学以外の学問を信奉する「学党」も多数あった。有名な大塩平八郎の洗心洞塾は陽明学の「学党」であったし、幕末期には多くの国学の「学党」が生まれた。しかし医学、自然科学を主にした蘭学からは「学党」があまり生まれなかった。
(52)　薩摩藩と熊本藩の「学党」が自らを「実学党」と呼んだことは先に見た通りであるが、徳川斉昭も水戸学を「水戸実学」と呼んだという（堤克彦『肥後藩における「実学」の形成と展開』二一一頁）。
(53)　「文化朋党実録」（文化五年正月一五日）、八三一頁。
(54)　「文化朋党実録」（文化五年四月五日）、八四七頁。
(55)　『恕斎日録』一巻（弘化三年六月一七日）、一一九頁。
(56)　「文化朋党実録」（文化四年一二月二六日）、八二七頁。
(57)　『密書輯録（人）』一〇〇二一―一〇（一三七一冊）。
(58)　このような模様は小楠の学習会、金沢藩（前田勉「金澤藩明倫堂の学制改革――会読に着目して」『愛知教育大学研究報告』五八（人文・社会科学編）、二〇〇九年）、松陰の松下村塾（前田勉『江戸の読書会――会読の思想史』二七八頁）でも見られる。
(59)　「文化朋党実録」（文化五年正月一五日）、八三一―八三二頁。
(60)　蓑田勝彦「熊本藩主＝細川斉護の「実学連」排除――「学校党」は存在したのか」『熊本史学』九二、二〇一〇年。
(61)　朴薫「幕末政治変革と「儒教的政治文化」」二一五―二一八頁。
(62)　越前藩の松平慶永が一八六三（文久三）年、挙藩上洛紛争で小楠派に見切りをつけ、寝返りしたことについては朴薫「幕末越前藩の政治路線に関する一考察――「挙藩上洛」推進を中心に」『震檀学報』九二、二〇〇一年（ハングル）。
(63)　朴薫「東アジア政治史における幕末維新政治史と「士大夫的政治文化」の挑戦――サムライの「士化」」。
(64)　笠谷和比古は一般武士が役職においてそれぞれの発言権の持分を持っていたことを明らかにし、藩権力に対する武士たちの自律性を見事に描いた（『近世武家社会の政治構造』吉川弘文館、一九九三年、二一一―二一二頁）。しかし、彼らの発言権の持分は確かに干渉されなかったが、逆に彼らもその持分を越えることはなかなか許されなかった。朝鮮のソンビ（士）や明朝の紳士に発言権の持分などあったわけがない。一般武士がその持分からはみ出ようとした時、さすがにしばらくは処士横議と指弾されたが、やがて公議輿論として認められるようになる過程、いいかえればその持分の破壊・拡大・再編成の過程として、一九世紀の政治史を見ることもできるだろう。

（付記）本章はハングルで発表した「十九世紀前半熊本藩における「学的ネットワーク」と「学党」の形成」『東洋史学研究』一二六号、二〇一四年と「十九世紀前半・半ばサムライの政治化と「学的ネットワーク」――水戸藩と薩摩藩を中心に」『東洋史学研究』一三二号、二〇一五年を大幅に書き直したものである。

# 2 儒学と真宗説法
## ——僧月性と幕末の公論空間

上田純子

### はじめに

一八世紀後半から一九世紀初頭にかけて、日本の近世社会のなかに、公論空間の生成と密接に関わる事象が現れてくる。一つは寛政異学の禁による朱子学の正学化と、庶民教育の場も含めた儒学の普及であり[1]、治人の学としての儒学および儒学的政治文化[2]が、日本社会のなかに広く受容されはじめる。もう一つは、対外的危機とその国家的対応をめぐる問題の発生[3]である。三谷博は、「ナショナリズムはある集団が「忘れ得ぬ他者」を意識するとき生まれる」[4]と述べたが、この期の対露危機は、当時の先覚的な知識人のなかに、「忘れ得ぬ他者」としての西洋を登場させた[5]。

一八四〇年代になると、アヘン戦争情報[6]が幕府・諸藩の情報収集ネットワークを跨ぎ、その統制を越え、知識人の間に広く拡散しはじめる。対外問題への関心は、海外情報への知的欲求を掻き立て、世界地誌や世界歴史のテクストが編纂されて、刊行あるいは伝写されていく[7]。私塾を結節点とする知的ネットワークと、遠隔地商業に媒介された情報ネットワークとが、その「日本」大の広域コミュニケーションを可能としていた[8]。

周防国遠崎村妙円寺（柳井市遠崎）の僧月性（号清狂、一八一七—一八五八年）も、このような状況を背景に登場して来た知識人の一人である。この僻村に生れた真宗僧は、当時著名な知識人・文化人と幅広い交際を持つ一方で、西洋諸国のアジア進出に強い危機意識を抱き、武士や儒者とともに時務を論じるとともに、民衆に対しても対外危機を喧伝して海防僧と呼ばれた(9)。その護国護法論は、幕末期の本願寺の動向にも影響を与えたことが指摘されている(10)。

本章ではまず、日本の近世身分制社会において、政治から排除された存在である月性が、皇国―国家の主体をもって自ら任じたそのバックボーンが、儒学的教養にあったことを明らかにする。その儒学的教養は、月性が身分的分断を超えて、武士や儒者と相互に対等なコミュニケーション(11)を実現する際の共通言語でもある。と同時に月性は、説法というメディア(12)を介して、あらゆる身分の老若男女に対し、国家の危機に同調し、それに立ち向かうことを説いた(13)。儒学的教養と弁舌巧みな真宗説法(14)との二重言語によって、月性の海防論は、中央の貴顕紳士から辺鄙な寒村の貧女に至るまで、幅広い身分・階層に影響を与えることとなる。以下、この月性という、国家の責任ある主体を自任した方外の知識人を結節点として、一八四〇年代半ば―一八五〇年代にかけて、文化的・政治的コミュニケーションが急速に拡大していく局面を見ていこう。

## 一　僧月性――士大夫型知識人とコミュニケーション

### 1　在村知識人からの跳躍

一八四三(天保一四)年八月、二七歳の月性は、「学若シ無レクンバ成ル不二復タ還ラ一(15)」と詩に賦して上坂する。一五歳で豊前恒藤醒窓の蔵春園に漢学を学び、二〇歳で佐賀善定寺不及の精居寮で宗乗を受け、その間にも広島藩儒坂井虎山の百千堂、日田広瀬淡窓の咸宜園、佐賀では草場佩川の許にも出入りするなど、真宗僧として、また漢学知識人として、ある程度の修養を積んだ上での決意である。その目的は、親代わりの叔父周邦に宛てた言葉として、次のように伝わっている。

倩現時我宗教の相状を観察するに、其信崇帰仰する所のもの、村翁野媼のみにして、士大夫以上に於て殆ど信ずる者なきのみならず、頗る我宗風を排斥する者多し、是他なし、僧侶たるもの不学無職にして、士大夫の与に相ひ歯ひするものなし、士大夫と交際なければ、宗意を以て士大夫に説くの便あることなし、故に今の士大夫、仏教の何事たるを知らず、皮相の見解を以て之を排斥するに至る、若し不肖をして力を漢籍に傾注するを許容せられば、業成り後、汎く世の文子学者に交り、士大夫の上位に立つ輩に向つて、仏教の極理妙味あることを知らしめ、上流社会に弘教伝法の道を開くべければ、何卒児が請ふ所を許容せられんことを望む云々(16)

ここから、月性が「士大夫(17)」以上の階層との身分的分断を、漢籍の教養に媒介されるコミュニケーションによって越えようとする、その明確な意図を見て取ることができる。周邦も、かつて日田咸宜園で漢学を学んだ、いわゆる在村知識人である。しかし、妙円寺に残る過去帳には、月性の死に際して「東遊も高野・長谷の内にて他部を学へとてさせしに、其好む処に流れ、大坂に逗留して儒者に交り、邦か望みとは出来損して、大儒・武士等に交るものになりたり(18)」という、周邦の述懐が記されている。「邦か望みとは出来損して」の語には、そこに想定外の跳躍があったことが込められていよう。月性にとってこの跳躍とは何か、まずそれを確認しておこう。

上坂に際して月性は、叔父大坂島町の長光寺覚如（龍護）を頼るが、文化人として交際の広いこの覚如が、月性を京坂の知識人ネットワークに仲介する役割を果たした。特に、篠崎小竹の梅花社への入門は、月性のコミュニケーション・ネットワークを飛躍的に拡大させる。斎藤拙堂、広瀬元恭、野田笛浦、宮原節庵、森田節斎、広瀬旭荘、雲華大含、梁川星巌・紅蘭夫妻、江木鰐水、池内大学らは皆、この当時大坂最大規模の漢学塾に出入りして、小竹と親交があった人物であり、また同時期の入門者には、草場船山・小石中蔵・市村水香・頼三樹三郎らがいる(19)。

月性は、これらの当時著名な知識人・文化人と幅広く交際を持ったが、坂井虎山は、一八四五（弘化二）年の「清狂説」のなかで、その身なりを気にせず剃頭を赤子のように嫌う様に続け、次のように述べている。

……然《ルニ》与之談《ジ》古今《ヲ》、議《セバ》成敗《ヲ》、縷縷矢《ニシテ》口《ヲ》、従横風生、未《ダ》嘗《テ》失《ハ》於是非之当《ヲ》、作《レバ》詩《ヲ》敏妙、最《モ》巧《ニシ》艶曲綺語《ヲ》、能《ク》言《フ》人《ノ》不《ル》能《ハ》言《フ》者《ヲ》、亦未《ダ》嘗《テ》失《ハ》足《ヲ》於非礼之地《ニ》、以《テ》故《ヲ》海内有名之士、皆与之親善《ス》[20]……

古今の経典・史籍に対する深い知識と的確な応用力、婉曲巧妙な作詩の技術と優れた感性、規範の尊重。月性が「海内有名之士」のネットワークに連なることを可能としたのは、これらの知的洗練であった[21]。月性上坂の目的は、まさにその「学」でもって、武士や儒者と交際することにあったと言えよう。

一方で、儒者の僧に対する排斥心も根強く、月性をその交際から排除するものも多かった。京都の儒者巽遜斎も、一八五七(安政四)年月性の帰国に際しての送序[22]で、かつてより詩名は聞き及んでいたが、はじめは交際を望まなかったと述べる。その理由は「夫子曰《ク》、道不《レバ》同《ジカラ》、不《ト》相為《ニ》謀《ラ》、蓋《シ》謂《フ》志之不《ルヲ》同《ジカラ》也」と説明される。孔子の言を引き、「道」が異なれば「志」も異なるとして、月性が僧であることを理由に排除したのである。ここに、遜斎の儒者としての階層意識が、「道」と「志」によるものであることが窺える。しかし遜斎は、斎藤拙堂と藤森弘庵という二人の儒者が、月性を高く評価する場面に遇い、「夫《レ》二翁《ハ》当今天下之泰斗《タリ》、而《シテ》師《ハ》為《リ》其《ノ》所《ニ》称揚《スル》、是《レ》其《ノ》志必《ズ》有《リ》卓然大《ニ》過《ル》俗儒輩《ニ》者、不《ル》可《カラ》徒《ニ》以《テ》浮屠氏《ヲ》視《ル》之《ヲ》也、豈所謂道異《ナリテ》而《シテ》志《ヲ》同《ジフスル》者《ナラン》歟」と、そこではじめてその「志」を認め、僧である月性を「道」は違えども「志」を同じくするものとして、交際を請うに至る。

この「志」の指すところは、仙台の儒者斎藤竹堂が月性を評した、「道人奉《ジ》空虚幽寂之教《ヲ》、而《シテ》以《テ》済世救時《ヲ》之為《ス》志《ト》、浮屠《ハ》其《ノ》名《ニシテ》、而《シテ》儒《ハ》其《ノ》実、円顱潤袖《ハ》其《ノ》形《ニシテ》、而《シテ》士大夫《ハ》其《ノ》行《タリ》[23]」の文が、端的に示していよう。竹堂は、月性は名や形象は僧であるが、その実は「済世救時」を「志」とする儒であり、その「行」は士大夫である。すなわち、「済世救時」に使命感を持ち、その儒学的教養を活動資源として政治的主体性を持った、士大夫的な存在と見做すのである。

このように、当時知識人の間には、相手に儒学的教養や知的洗練だけでなく、「済世救時」という使命感、すなわち「志」を認めることで、身分や領域を越えた水平的コミュニケーションの契機があった。政治的な公論の場は、まずこの互いに士大夫的存在と認めあった知的エリートの、水平的なコミュニケーションのなかに生成されてくるのである。以下それを、斎藤拙堂と月性との関係から見ていこう。

## 2　水平的コミュニケーションと「王臣」意識

月性が上坂した一八四三年は、アヘン戦争情報の伝播にともなって、幕府と諸藩が軍事力強化とそのための内政改革に取り組む時期であり、知識人の間にも対外的危機への関心が高まっていた(24)。萩藩の蘭学者で月性の盟友でもある久坂玄機は、時期はやや下がるが、一八四九(嘉永二)年頃の大坂の様子を、「儒者・医者共に少々有志之徒は、皆々外国之説相競申候時節と相成、江戸抔は猶更之儀と被レ二相察セ一候(25)」と伝えている。対外的危機への関心は、大都市の知識人を挙って海外情報の収集に向かわせたのであり、そのような雰囲気のなかで月性は知的訓練を積み、政治的関心を高めていったのである。

月性に多大な影響を与えた津藩の儒者斎藤拙堂もまた、漢訳地理書や兵書を博捜して海外知識の収集に努め、それを『輶軒書目』『地学挙要』、また今に伝わっていないが『魯西亜外記』『海防兵談』などの著作として再発信した人物である(26)。一八四一(天保一二)年に著した「海防策(27)」では、その広遠な学識と情報をもとに、琉球・蝦夷地も含めた日本の海防について論じている。以下に引用するのは、一八四五(弘化二)年二月に月性がその拙堂を津城下に訪問した際(28)の模様を賦した、「過リテ二津城ヲ一訪ヒ二拙堂先生ヲ一賦シテ呈ス」の一節である。

……拙堂燃犀巨眼ノ明、先見早年作リテレ策ヲ論ズ二辺防ヲ一、君不ヤレ聞カ海外疆場近ク多事ト、嘆夸跋テレ浪ヲ縦イママニス二貪覬ヲ一、炮火旁午烟未ダズシテレ消エ、大江已南如シ二鼎沸ノ一、久安長治流レ二文弱ニ一、沿海防戦連ヌ二不利ヲ一、自リレ古末運多シ二庸臣一、忍ビテレ羞ヲ終ニ主トス二和戎ノ議ヲ一、已ニシテ被レ三鬼蜮ニ食セ二生霊ヲ一、又タ養ヒテ二犬羊ヲ一割ク二土地ヲ一、唯ダ我神州文ニ兼ネレ武ヲ、四塞厳ク設ク二非常ノ備ヲ一、所二以テ東海風波平カナル一、率土遍ク受クル先王ノ賜、今茲乙巳［一八四五年］之仲春、我再テ迂ケテレ途ヲ過グ二洞津ヲ一、春星堂上倍シ二高宴ニ一、桃李満門及ブ二其辰ニ一、夜雨窓深ク雖モ二談劇スト一、春風座温ニシテ徳自ラ淳シ、和漢ノ図書遍ク渉猟シ、今古興亡坐シテ指陳ス、万巻腹中森ニシ二武庫ヲ一、論二弁シテ時事ヲ一明ケシ二於神ニ一……(29)

ここから、月性もまた、アヘン戦争以降の清国の状況に深い関心と危惧を抱いており、拙堂の「海防策」に深い感銘を受けていることが窺える。月性が拙堂を訪ねた目的は、文章家としても名高い拙堂と詩文を論じることではなく、対外的危機意識の共有を確認し、それについて談論することにあったと言えよう。その談論を経て月性は、さらに拙堂の博識と分析力・洞察力とに敬服する。一方拙堂にも月性との談論の印象を「酒後耳熱ク談劇シテ論快タリ、顴頬張リ而シテ咳唾飛ブ、無ク下非ザルハ二吾徒之語ニ一者上、余駭視シテ而シテ喜ブレ之ヲ、上人亦以テレ余ヲ為ス二方外ノ知己ト一」(30)と述べたものがあり、酒席で打ち解けて語らい、意見の同一性に驚喜して意気投合したことが窺える。

ここでは二〇歳の年長で、当時津藩督学の地位にある拙堂と、突然来訪した垢塗れの真宗僧月性との政治論議が、水平的なコミュニケーションとして成立している(31)。それが、双方の儒学的教養と国家に対する使命感への共感・敬意に基づく、対話あるいは討論の主体としての対等性に拠ることは重要である。

さらにもう一点、月性が前掲の長詩を「我雖モ二方外ト一亦王臣、妄論応ニベシレ免ズ二越俎ノ罪ヲ一」と結んでいる点にも着目したい。この「王臣」の語は、以降の月性の論策にもしばしば用いられるが、一八五三(嘉永六)年一一月萩毛利家に相州警衛の命が下ったのを受けて著述した建白書「内海杞憂」(32)の冒頭に、詳しく説明する部分がある。以下にそれを引用しよう。

語ニ曰ク、不レバ在ラ二其位ニ一、不レ謀ラ二其政ヲ一(33)と、況や吾儕方外の徒を以て国家の大事を議する、僭越の罪、もとより自ら不測の誅を免れさるを知る、但、其生資狂愚、愛君憂国の心天性に出るを以て、一心唯ダ以テレ殺グヲ二夷寇ヲ一為シレ期ト、平居自ラ任ジテ二其責ニ一曰ク、吾儕方外といへとも、生て率土の浜に在れは、すなはち亦草茅の王臣なり、王臣いつくんそ王愾に敵するの(34)心なかるへけん哉と……

月性は、被支配身分として、且つ僧として、二重の意味での政治からの排除を自覚する。しかし、愛君憂国の「心」に従って、対外的危機への対処にその使命感・責任感を見出し、天子の対外的危機意識に自らも同調することで、国家的課題である海防について、敢えて政策提言を行うことを正当化する。「生て率土の浜に在れは、すなはち亦草茅の王臣なり(35)」と、自らも在野の「王臣」、すなわち国家（皇国）の構成員であることを主張して、政治からの二重の排除を越えようとするのである。

この「王臣」の語が、その人身の帰属先である萩藩の域を越え、津藩士たる拙堂に対して用いられた時、そこには、世襲身分と領国をも越えた、ナショナルな意識の表現としての意味が含意される。それはすなわち、王土王民思想を読み替えた「国民」としての自覚と言い換えることができよう。月性は、「王臣」を名乗ることで、自らも皇国を構成する一主体であると主張し、その政治論議を、同じく皇国の一主体と自認する武士や儒者すなわち士大夫との水平的なコミュニケーションとして実現したのである。

### 3　文芸と政治の交錯

「王臣」の自覚のもと、月性は、政治的主体化を意図して行動するようになる。その最も早い時期のものに、一八四九年の「獲テ二蒸餅ヲ一寄ス二諸ヲ津藩斎藤拙堂先生ニ一、聞クナラク津藩[侯脱カ]賢明、常ニ延テ二先生ヲ一講ズ二辺防諸策ヲ一、因テ係ル以テシ二二絶句ヲ一、亦竊ニ致サン二献芹之微意ヲ一耳」と題詞が付けられた七言絶句二首(36)がある。これは、異国船から投げられる蒸餅（パン）と、それに群がる民衆の姿を伝える長崎情報[37]に接して詠んだもので、異国船が施す蒸餅—恩恵が、人心の離反を招き、内乱を誘発して植民地化に至るとの危惧から、「第一辺防在レリ行レフニ仁一ヲ」と、海防の第一策を仁政に求めたものである。月性は、津藩主藤堂高猷の側近く伺候する機会のある拙堂へ、蒸餅と七絶二首を托すことで、その海防意見の上達を期したのである。

一八五〇(嘉永三)年には、萩藩主毛利敬親の仁政を称える長詩[38]を賦して、大島宰判代官内藤六蔵(万里助・造酒)へ呈している。同年萩藩領は、五月以来の天候不順と台風による被害が重なって大凶作に見舞われた。月性は、敬親が、災害を自身や藩政を掌る有司、さらには広く士民に至るまでの不徳、不正への天戒として受け止め、広く家中に「救世匡非之気付」を求める[39]とともに、「誓テ曰ク、国民猶《ゴトシ》ホ二我子一ノ、敢テ使二メン一人ヲシテ餓シテ死亡一セ」との決意でもって、救恤米の配布や公租の減免、他領米の大量買い入れ等の政策で「一人の飢餓に陥るものなし[40]」を実現したその業績を、漢の文帝・唐の太宗、さらに堯と湯王とを挙げて並び称え、次のように結ぶ。

……颶母已ニ去リテ政績在リ、二州今日仰二グ天風一ヲ、縦ヒ使二ムモ洋夷ヲシテ蔽レヒテ海ヲ至一ラ、亦タ能ク一戦砕二カン艨艟一ヲ、吾願ハクバ従レリ今人天和シ、五風十雨歳連リテ豊ミ、然ル後徳声播二ベ四海一ニ、万国伝道シテ頌二フ我公一ヲ

月性は、敬親の仁政を敬慕する長防二州の人びとによって、たとえ海を蔽うほどの洋夷が攻めて来たとしても、その戦船を打ち砕くことができるだろうと述べ[41]、人間と天上とが調和して、風調雨順に豊年が連なることに続き、敬親の仁徳を慕う声が全国に広まり、世界に聖賢の道が伝わって敬親が称えられることを期すと結んだのである。

儒学的な仁政観の中に、現実問題としての救荒と、対外的危機とを置いたこの長詩は、月性のコミュニケーション・ネットワークにも連なる代官内藤[42]に託すことで、その上位機関である「政府[43]」へ、そこから家老、さらに藩主へと上達されていく可能性がある。この長詩が実際にどこまで上達されたかは不明だが、月性の詩作の中には、政治的な場にリンクしようとする明確な意図を読み取ることができるのである。

一方でこれらの漢詩は、文芸作品として鑑賞と批評の対象ともなる。月性は、坂井虎山・篠崎小竹・斎藤拙堂・後藤松陰等著名な知識人に詩稿への評を求めている。これら評者だけでなく、その主催する私塾や文芸サロンが、この多分に政治色を帯びた文芸作品の評論の場となったことは、松下村塾の事例を引くまでもなく容易に想像されよう。また、その作品が再発信されることにより、評論の場はさらに拡大する。(44)ここに、漢詩を表現メディアとして、文芸的な評論と政治的な評論の交錯する空間が生成されるのである。(45)

このように月性は、その儒学的教養や作詩文の能力も含めた高い人文的教養を活動資源として、政治的主張をはじめている。科挙による人材登用を建前とした中国や朝鮮等と異なり、日本の近世身分制社会において、人文的教養は政治エリートの要件とはならなかった。(46)しかし、儒学の「大衆化」(47)によって、政事をその職分として世襲する身分だけでなく、元来政事に関与できない下級武士や上層庶民のなかにも、天下国家への使命感と経世済民の信念を持つ知的エリートが形成されてくる。そこではこの人文的教養が、身分や階層による分断を越えてコミュニケーションを成立させる共通言語としての機能を持つのである。

## 二　言路洞開と公論空間

### 1　言路洞開と政治論議の拡大

一八五五（安政二）年一月、月性は、「乙卯元日試筆」と題する以下の七言詩を賦す。

我公憂国愛民ノ心、出テ二其天性ヨリ一亦何ゾ深カラン、去年地震ヒテ海波蕩クヤ、広ク徴シテ二直言ヲ一及ブ二草莽ニ一、千歳稀ナル遭ヒ二言路ノ開カルニ一、危言各自託ス二天災ニ一、吾亦草間ニ憂ヒテレ国ヲ久シ、東風豈落チン二諸人ノ後ニ一、欲シ下尽シテ二微忠ヲ一献ゼント中野芹上ヲ、万言試スレ筆ヲ上書ノ文(48)

これは、一八五四(安政元)年一一月五日に発生した南海地震の後、同月二八日総触として、「古より天災地妖間々有事と歟乍《ラ》レ申《シ》、人事之得失より発候義も可《ク》レ有《ル》レ之候、依《テ》レ之《ニ》遍ニ朝野之直言被二相《レ》求《メ》一度[49]」との萩藩主毛利敬親の意向が布達されたことに応えんとする意気込みを述べたものである。自然災害に託して言路を開き、草莽にも直言を求める敬親の徳を称え、自身も人後に落ちることなく意見書を呈上せんとする。それはまさに、月性が作文でもって、知的エリートとしての力量を試される局面である。好学の藩主敬親[50]が、儒学的政治文化のなかに為政者としての行動規範を求め、それを実践した時、月性もまた、最も効果的に自らの政治的意見を上達することができるのである。

月性がこの諮問に応じて提出した「封事」は、管見の限り現存が確認できない。しかし、その草稿二種と、同志間に伝写されたと推察される「封事草稿」とが伝存しており、いずれも嘉永甲寅［一八五四年］十二月の月付がある[51]。その提出の経緯や内容は、既に村上磐太郎や海原徹によって紹介されている[52]が、本章ではこれを、公論空間の生成と拡大という観点から見ておきたい。

月性「封事」の核心は、ペリー来航以降の幕府の外交政策批判と、その問責である。月性は、領国防衛のため、徳川将軍家の軍役動員権能を越えて軍事力を発動するよう萩藩主に促し、幕府がこれを咎めた際には、天皇の下に諸侯合従して問罪の師を興し、征夷大将軍失職の罪を糺して神州を王政に復古させるべきであり、そのためには敬親自身も藩内外に人望を得る必要があるとして、藩政の充実と藩財政の再建について、その方策を提言する。

この「封事」は、月性を先駆的な討幕論者と見做す論拠とされるもので、吉田松陰が、「与《フ》二浮屠清狂一《ニ》書[53]」でこれに反論を加えたことも、つとに紹介されている[54]。しかし松陰は、月性の災異説や将軍家放伐論に異を唱えながらも、「上人之設《クルハ》二此説《ヲ》一、蓋《シ》亦有《ラン》レ意矣」として、次のように指摘する。

……薬不《レバ》二瞑眩《セ》一、其病不レ瘳《エ》、諭《スニ》二愚人《ヲ》一以《テシ》二正理《ヲ》一、未《ダ》レ足《ラ》《ザレバ》三以《テ》動《スニ》二其聴《ヲ》一、不《ル》レ如《カ》下仮《リテ》二災異《ヲ》一以《テ》驚《カスニ》上レ之《ヲ》、説《クニ》二常人《ヲ》一以《テシ》二常道《ヲ》、未《ダ》レ足《ラ》《ザレバ》三以《テ》起《タスニ》二其心《ヲ》、不《ル》レ如《カ》下挙《テ》二大権《ヲ》一以《テ》駭《カスニ》上レ之《ヲ》也、是其術出《テ》二方便《ニ》一、誠意未ダズレ足ラ、是以テ愚人遂ニ不レ可ラレ驚ク、常人遂ニ不レ可ラレ駭カス、而テ首領遂ニ不レ可ラレ喪フ、僕為ニ二上人一ノ深ク惜ムレ之ヲ……

松蔭は、月性の論説を、災異に仮託し権力をかざすことで、広く一般に危機意識を喚起しようとする権謀術数の類と理解したのであり[55]、月性の煽動者としての側面を的確に捉えている。ゆえに、誠意が足りず一般の理解は得難いと予測する一方で、煽動者に対する藩政府の弾圧を危惧したのである。

もっとも、本章では批判の内容よりも、そもそも同書が、三月九日に杉梅太郎宅で、月性と中村道太郎（九郎）・赤川淡水（佐久間佐兵衛）・土屋蕭海等が集会すると聞き及んだ松陰が、「僕繋ガレテ在リ二岸獄一ニ、不レ得レ従フヲ二諸士之後一ニ、乃チ走ラス二一書ヲ于座下一ニ、々々幸ヒニ与ニ二諸士一ト議センレ之ヲ」と、野山獄から下僕を走らせて届けさせたものであることに着目したい。末尾には、さらに「今日之会、材俊満チレ座ニ、当ニシレ無カル二尋常之談一」とあり、松陰は「封事草稿」をテクストとした討論の席に、同書を以て参加せんとしたのである。

この会合の参会者として名前の挙がる人物は、杉も含め、いずれも嚶鳴社[56]の社中である。同社は、月性の詩友である周布政之助・北条瀬兵衛（伊勢華）が、一八四五年に結成した読書グループで、当時藩学明倫館が、山県周南以来の徂徠学の系譜上にあったのに対し、柴野栗山・尾藤二洲の文集をテクストに用いていることからも[57]、朱子学派の勉強会であったことが窺える。後に北条は、「士之読ムハレ書ヲ講ズルレ道ヲ也。仕ウレバ則チ行ヒ二其所一レ学ブ。以テ効ス二力ヲ邦国一ニ不幸ニシテ遭エバ二事変一ニ即チ死テ以テ立ツレ節ヲ」と、「士」として読書する所以を述べ、嚶鳴社を「社中諸士多ク蒙リ二擢抜一ヲ、或ハ列シ二顕要一ニ、各以テ二其所一レ学ブ施ス二之ヲ実政一ニ」と述懐したが[58]、実際に幕末期には、同社から多くの士が要職に登用されている。藩学エリートであった彼らは、原則として職役と家格・禄高が対応関係にある身分制的官僚制の枠内においてではあるが、時に政治のエリートともなり得たのである。

月性は、この嚶鳴社を中心とするコミュニケーション・ネットワークにリンクして、学問や文芸から政治・外交問題に及ぶ種々の情報と議論・討論の場を共有していた[59]。「封事草稿」もそのなかで討論の対象とされたのである。

この「封事草稿」が同志中に流布するのと時期を同じくして、月性の説法が給領主や代官、さらには萩城下の士庶の間にも注目されるようになる。月性は、一八五四年一〇月、寄組浦靱負（当職、二四〇一・四三二石外三二〇石減少石）の給領円覚寺（現柳井市阿月）において、海防の重要性を説いて領民に鉄砲献納を呼びかけ、相当な成果を得た(60)。そこでの「上人之講説尓て村民帰服之様子(61)」を聞いた寄組佐世主殿（三九九七・九七三石、福原越後）は、月性に給領黄波戸浦海岸寺（長門市日置上）での説法を依頼する。仲介した佐世家陪臣土屋蕭海の月性宛書簡には、「采邑きわど丶申処者、黄金家多く、且仏家帰向の者のみ尓て候故、聖人の講説を聞候は丶、奮起淬励、争て邑主の為尓尽力者勿論之義に奉リレ存ジ候(62)」とあり、日本海の流通拠点の一つとして栄え、篤信家の多い黄波戸浦の給領民から、自発的に小銃を献納させようという給領主の意図が明快に語られている。

海岸寺での説法は一八五五年三月三日に実現し、翌四月二三日には、前大津代官宍戸九郎兵衛の依頼により瀬戸崎浦浄岸寺（現長門市仙崎）、また九月には、永代家老益田弾正（国元加判役、一二〇六三・五〇六石、右衛門介）の招きで、三日から九日までの七日間は須佐村浄蓮寺（萩市大字須佐）、一七日には萩堀内の益田邸で講筵が設けられた。

萩城下でも、一八五五年四月四日から一〇日までの七日間松本村明安寺（現萩市椿東）、翌一八五六（安政三）年にも四月六日から一三日までの八日間清光寺（萩市西田町）において説法が行われており、城下の士庶男女を問わず、大勢が聴聞に訪れたという(63)。その内容は、海防の必要性とそのための献身を説くもので、そこには幕府や水戸家への政治批判も含まれている(64)。松陰が、明安寺で月性の説法を聞いた野山獄の獄卒の反応を、「為ニレ之ガ感奮シ、思フ二致シテレ身ヲ報ヒント一レ国ニ(65)」と述べたように、月性は説法というメディアによって、海防問題への関心を広く聴衆に訴え、国家の危機に同調する意識を喚起して、そのための献身を迫ったのである。

しかし、一八五六年四月、清光寺での説法のために出萩した月性が、阿月の秋良敦之助に城下の様子を報じた四月一九日付書簡には、「顔山翁［坪井九右衛門］不レ喜バ二鄙説ヲ一、議論紛々に候由、同志中大に心配致居候(66)」とある。この坪井九右衛門は、漢詩人としても名のある一方で、前年八月に口羽善九郎を首班とする安政度の財政整理が頓挫し、これに連座して周布が「政府」を罷免された際、代わって「政府」に再登用された人物である。その坪井の周辺で、この時月性の処遇が議論となっていたが、この問題は五月末頃までには決着したと見え、その頃松陰が月性に宛てた書簡に、「上人免レ二虎口ヲ一たりと世上大評判(67)」とある。

ここで、月性の処遇が、「世上」すなわち萩城下の大評判となったというのは、あながち誇張とは言えないだろう。土屋の「浮屠清狂伝」が、「城中伝ェ聞キテ、争ヒ請ヒテ以テ聴二シ其講ヲ一、擁者常ニ数千人(68)」と記すように、月性の名は、その説法とともに萩城下に響いていた。当時月性に対しては、儒学的政治文化を重んじる藩主とその周辺、海防と積極的に向き合う給主や代官、政治論議する藩学エリート、煽動的な政治批判を問題視する吏僚層、政治的地位のない知識人、士庶男女を問わず月性の説法に感激する聴衆と、幅広い階層と立場からの関心が集まっていたのであり、海防と言論という極めて政治的な問題が、身分を問わず、また男女を問わず、城下の議論、あるいは興味・関心の対象となっていた。結局、月性が咎められることはなく、その決着には藩主の関与があったとも伝わっている(69)。この藩主の関与について、真偽の検証は難しいが、この問題は、萩城下のあらゆる階層が見守るなかで、政治批判に寛容を示す藩主と、問題視する俗論家という言説のなかに決着したのである。

このように萩藩では、藩主の諮問が直接の契機となって、そこに民間からの政治批判をも許容する公論の空間が生成されつつあり、それはさらに真宗僧月性によって、説法というメディアを通じて拡散される状況が現出していた。月性の活動の背景には、「政府」在職者も含む知的エリート間のコミュニケーション・ネットワークがあり、さらにその外縁には、月性の説法によって感化され、海防という国家的課題に向き合いはじめる多数の人々が存在したのである。

## 2　公論の可能性

月性は、聴衆に向かって何を説いたのか。最後にこの問題について見ておこう。

次に引用するのは、明倫館の一八五八（安政五）年春試で、当職益田弾正が時務策を問うた際の、高杉晋作の「対策」の一部分である。「強兵之本」という小題が設けられている。

……某聞《ク》、有《リ》二僧月性《ナル》者一、常《ニ》集《メテ》二士民《ヲ》一喩《シテ》レ之《ヲ》曰《ク》、蛮夷若《シ》襲《ハバ》二我海岸《ヲ》一、則《チ》携《ヘ》二竹槍《ヲ》一、揮《ヒ》二短鎌《ヲ》一、能《ク》斬《リ》二彼首《ヲ》一、衝《キ》二彼胸《ヲ》一、而《テ》死《ス》者《ハ》、往《ク》二于極楽《ニ》一、若《シ》受《ケ》二彼之金《ヲ》一、食《ミ》二彼之粟《ヲ》一、而《テ》死《ス》者《ハ》、往《ク》二于地獄《ニ》一、衆皆揮《ヒテ》レ臂《ヲ》感涙《シ》、無《シ》二能《ク》揚《ル》レ面《ヲ》者一、某乃《チ》歎《テ》曰《ク》、噫、府下之大臣、食《ム》二禄千石或二千石《ヲ》一者多《シ》矣、然《ニ》皆不《ル》レ如《カ》二此感涙揮《フ》レ臂《ヲ》者《ニ》一也、由《リテ》レ是《ニ》観《レバ》レ之《ヲ》、今執事欲《セバ》レ一《ニセント》二二国之人心《ヲ》一、則《チ》在《ル》レ一《ニスルニ》二府下之人心《ヲ》一也、欲《セバ》レ一《ニセント》二府下之人心《ヲ》一、則《チ》使《メバ》三僧月性《ヲシテ》説《カ》二神州之大義且《ツ》海防《ヲ》一、必《ズ》有《ラン》レ成《ス》乎……(70)

高杉は、前年夏頃までには松下村塾へ入門しており、月性の説法は、同年二月萩で実際に聴聞した可能性が高い。その激烈な言葉に感涙する聴衆の姿は、高杉が実際に目にしたものであろう。それに対し、萩藩で家老職に就く一〇〇〇石以上の上級家臣に、民衆のような敵愾心のないことを高杉は歎く。竹槍や短鎌での応戦や身命を擲っての極楽往生はその皮相に過ぎない。高杉は、強兵の本が長防二州の人心帰一にあるとして、まず萩城下の人心を一つにするため、月性に神州の大義と海防を説かせたならば、必ずや効果があると主張する。そこで、場を設けてまず寄組(71)以上の上級家臣、次に城下の士庶へ月性の説法を聴聞させ、やがてはそれを諸郡へと拡大して、月性の説法でもって長防二国の人心を一つにすることを提言したのである。

高杉の反応は、月性の説法が、単に民衆を海防へと動員するだけではなく、海防軍役に不満を持つ家臣団に対しても、説得的に作用すると受け止められたことを示している。ペリー来航以降、萩藩では江戸湾警衛への動員や領海警衛強化の要請により、あらゆる階層の海防負担が増大していた。慢性的な家計窮乏のなかに軍役を負担する武士や、その軍役遂行に必要な人員・物資の徴発をはじめ、種々の協力を要請される町在の民衆のなかにも、海防への動員に不満を持つものは少なからず存在した。月性が、士庶を問わず男女を問わず海防の重要性を説いたのは、そのような状況下においてである。

では、月性がこの神州の大義と海防とをどのように説いたのか、前掲「内海杞憂」[72]から拾い上げてみよう。

……須《ク》夫《レ》二百余年太平日《ニ》久《シクシテ》、神州元気衰餒極り、所謂男子国大和魂之気象地を払て索き、天下の人唯利是貪り、また大義の何物たるを知ものなし、諺《ニ》曰《ク》、武家は商人と、武家なを然り、況や武家ならさるものをや、況や郷党の小民をや、且《ッ》彼《ノ》蛮夷奪《ヒ》レ国《ヲ》拓《ク》レ地《ヲ》の術、専ら戦闘のみを以てせす、妖教以て心を蠱し、金銀以て欲に饜しむ、利を好むの民を以て、欲に饜しむの教に遭ふ、豈た、防くこと能さるのみならんや、幾何《ゾ》其不レ胥《ナラ》而《テ》為《ス》レ夷《ト》也《ト》、故に国家まさに大義を申、民を教るを以て今日海防の第一策とすへし、孟子曰、未《ダ》《ザル》レ有《ラ》下義《ニシテ》而後《スル》二其君《ヲ》一者《ハ》上也と、民大義を知れは、必士気振つて　君国の為にするに勇なり……

二百年余の太平によって、上は武家から下は郷党の小民に至るまで、天下挙って「利」を貪る風となり、「大義」とは何かを知るものがいない。加えて西洋諸国の侵略は、軍事的侵略だけではなく、キリスト教による文化的侵略、交易による経済的侵略に及ぶ。「利」を好む民を「欲」に満足させたならば、異教の侵入を防ぐことはできず、やがては夷化することとなる。故に国家（藩国）にとって海防の第一策は、民衆に大義を教えることであり、民衆も「大義」を理解したならば、必ず君国のために勇み立つ。月性は、そこに『孟子』梁恵王章句上一章の語を引いており、ここで述べられた「利」や「欲」も、そのコンテクストのなかに理解されよう。

吉田松陰は、先に見たように、月性の説法に接した獄卒の報国の決意を見て、「獄奴至賤至愚、猶《ホ》能《ク》如《シ》レ斯《クノ》、況《ヤ》上焉士大夫、頗《ル》有《ル》二知識一者《ヲ》乎」[73]と述べたが、これは月性の論が、本来仁や義といった儒学的観念を内在化させた知識階級――としてあることを松陰が期待する――である諸士（士）や、寄組以上の上級武士（大夫）にこそ、共感を得る内容を持つことを指摘したのであり、先に見た高杉の反応は、まさしくそれを証明している。

……凡民生て皇国の民となるもの、君国の恩、摧身粉骨して報すへきの義と、彼蛮夷者邪教を宗とする虎狼の国、其屢来の本意、神州の民を化て犬羊となさんと欲るにあり、是皇国の賊、我君の寇、誓て之を殲さすんはあるへからすの故と、剴切明白に教諭せしむへし……

さらに月性は、「皇国の民」として、砕身粉骨して君国の恩を報じるべき「義」と、邪教を奉じる残忍な夷国が、皇国・君国に仇なす侵略者である理由とを懇切明確に教諭すべきことを言う。そのうえで、「民すてに国家の為にするに勇に、又教るに戦をもつてすへし」と、民を兵として戦闘に動員するよう提言する。「大義」とは、「知れは必士気振つて君国の為にするに勇な」るものであり、君国は皇国との二重構造のなかにあって、君国の民は「神州の民」「皇国の民」に包摂されるのである。

この問題は、月性が一八五六年一〇月、本願寺法主広如の命を受けて上梓した「護法意見封事(74)」において、本願寺門徒に向かい、以下のように展開されている。

……詩に曰く、普天の下王土にあらざるはなく、卒土の浜王臣にあらざるはなしと、汝們微賤と云へども、既に王土に生れ王臣となる、若し王愾に敵する心なき時は、此れ皇国の人民にあらざるなり、皇国の人民にあらざれば、則ち外国の人なり、夷狄の民なり、墨魯英仏の奴隷なり……

月性は、この封事を大航海時代ポルトガルのアジア進出から説き起こし、西洋諸国による植民地化の危機を回避するため、キリスト教の侵入を防いで海防に尽力すべしと力説する。それを、徳川将軍を筆頭とする武士身分だけの責務とするのではなく、微賤の者にも皇国に生まれた「王臣」として、「王愾に敵する」ことを要請するのである。

また月性は、試みに「汝等下民の中、当時夷船来る、国の憂慮如何と思ひたるものありや」と問い、「若し其人なかりせば、禽獣なり、虎狼なり、犬羊より劣れりと云ふべし」と結ぶ。民衆に対し、国の憂慮を自らの憂慮とする主体性の自覚を促すものである。『書経』や『孟子』を引きつつ「国を守るは敵に勝つと雖ども、皆民心の和して一なるより善はなし」と言うのもまた、経書の論説を換骨奪胎したナショナリズムの一表現なのである。

月性は、アヘン戦争情報に接した知識人が抱いた対外的危機意識のなかで、政治的に排除された自らを「王臣」と自己規定することによって、身分と領国を越え、政治的主体化を遂げた。月性が、次に海防の主体として見出したのは、月性と同様に政治的に排除されている大多数の民衆である。それは、既に単なる仁政の対象ではなく、「国の憂慮」に同調し立ち向かう「王臣」、すなわち「国民」としての像を結びはじめているのである。

## おわりに

寛政期（一八世紀末）以降、幅広い階層への儒学の普及によって、武士と上層庶民のなかに儒学的教養を持った知識人層が形成されてくると、その一類型として、中国の士大夫をモデルとする知的エリートが現れる。この士大夫型知識人の特徴は、作詩文の能力も含めた儒学的教養と知的洗練に加え、天下国家に対する強い使命感と経世済民の信念を持つことである。故に、これに分類される知識人は、当然の帰結として政治的主体化を志向する。

科挙制度のある中国や朝鮮等と異なり、近世日本の身分制社会においては、科挙への合格や受験資格といった基準で、この士大夫型知識人を明確に区分することは出来ない。また、政治的主体化の手段・方法も、それぞれの身分・階層に応じて、個々が模索することとなる。月性も、知的エリートと認められるためには、自らがそれを証明する必要があった。それができてはじめて、知的エリート間の世襲身分と領国的分断を越えた水平的なコミュニケーションに連なることができたのである。

一方儒学、就中朱子学の普及は、政事を世襲する身分——諸侯・卿・大夫に比定される階層——のなかにも、儒学的政治文化を浸透させる。世襲的支配層が、上書や対話といったコミュニケーションの回路を開いた時、士大夫型知識人の政治的主体性は、最も効果的に活性化され、両者の間に公論の空間が生成されるのである。

しかしそれは、一面で儒学的な理想の君子像に基づく仁徳の発現であって、西洋近代的な民主主義の萌芽とは、異なるコンテクストの中に理解されねばならない。上位者の仁徳に依拠した言路洞開、公論空間の拡大は、それを取り巻く政治状況の変化によって容易に影響を受け、壅塞されるのである。

月性は、この士大夫型知識人として自らの政治的主体化を模索する一方で、真宗僧としてその説法で、海防という国家的課題への対応を広く聴衆に訴えた。一八五五年以降の萩城下には、藩主以下士庶男女にわたる幅広い階層が、海防と言論という国家的課題に関心を持つ状況が現出した。これは、公共的論議の術を習得した知的エリートによって論理化された海防をめぐる論議が、真宗僧の説法というメディアによって拡散された結果である。儒学的教養と真宗説法との二重言語は、儒学的教養を持つ武士に対しては、国家や救世済民に対する使命感の自覚を促し、また、仏教―真宗教学に媒介された報恩・報国の思想は、広く民衆に国家への同調と献身を要請する。月性の論説・説法は、この両者に国家の主体としての自覚を促したものと言えよう。

しかし、この説法というメディアを通じて不特定多数に拡散される政治批判は、公論の飛躍的な拡大へとつながる可能性がある一方で、政治論議の大衆化という問題を孕んでいる。未成熟な知性による諸士横議は、時として国家の合意形成を阻害する要因ともなり得るし、さらに暴力による強制――テロリズム――が、その政治的手段として選択された事例は、枚挙にいとまがない。幕末期に横行するテロリズムは、一面で拡大する公論の副産物とも言えよう。

また、武士と民衆は、互いに対等な国家の責任ある主体の地位に置かれようとしていたわけではないことも、看過できない問題である。それは、当時萩藩を代表する知識人の一人である土屋蕭海が、幕藩領主として佐世家が月性の説法に期待するところを代弁した、「俗吏輩徒ニ威光を弄し、酷苛尓責候より万全の策」[75]との言が、端的に示している。高木昭作は、「近世の軍隊は、武装・非武装を問わずすべての集団をその構成要素とし、将軍の統制下に置くものであった」として、近世日本を兵営国家と評した(76)。徳川将軍の下での長い「平和」を経て、ペリー来航が海防軍役を現実のものとした時、幕藩領主層が、月性の説法を介して民衆に求めたものは、巨大な兵営を構成する一員としての、国家の動員に対する主体的な献身に他ならない。そして、幕藩領主たる彼らもまた、兵営国家の一員として、その軍役を遂行する義務を負っていたのである。

経書の文言を換骨奪胎して語られ始めた「国民意識」は、東アジアの政治思想・政治社会とともに、近世日本の特質のなかにも問い直されねばならない。

(1)　川村肇『在村知識人の儒学』思文閣出版、一九九六年、宮城公子『幕末期の思想と習俗』ぺりかん社、二〇〇四年、眞壁仁『徳川後期の学問と政治』名古屋大学出版会、二〇〇七年、松田宏一郎『江戸の知識から明治の政治へ』ぺりかん社、二〇〇八年、宮嶋博史「儒教的近代と日本史研究」清水光明編『「近世化」論と日本』勉誠出版、二〇一五年など。

(2)　朴薫「幕末政治変革と〈儒教的政治文化〉」『明治維新史研究』八、明治維新史学会、二〇一二年、同「東アジア政治史における幕末維新政治史と〝士大夫的政治文化〟の挑戦——サムライの〝士化〟」前掲『「近世化」論と日本』、深谷克己『東アジア法文明圏の中の日本史』岩波書店、二〇一二年。

(3)　藤田覚『幕藩制国家の政治史的研究——天保期の秩序・軍事・外交』校倉書房、一九八七年、宮地正人『幕末維新変革史』上、岩波書店、二〇一二年、横山伊徳『開国前夜の世界』吉川弘文館、二〇一三年など。

(4)　三谷博『明治維新とナショナリズム』山川出版社、一九九七年、二四頁。

(5)　同前二二一—二三頁、宮地前掲書二八—三〇頁。

(6)　アヘン戦争の日本への影響については、小西四郎「阿片戦争の我が国に及ぼせる影響」『駒沢史学』創刊号、一九五三年、佐藤昌介『洋学史研究序説』岩波書店、一九六四年、加藤祐三『黒船前後の世界』岩波書店、一九八五年、藤田前掲書、岩下哲典『幕末日本の情報活動——「開国」の情報史』雄山閣出版、二〇〇〇年、宮地前掲書など。

(7)　宮地正人「幕末・明治前期における歴史認識の構造」田中彰・宮地正人校註『日本近代思想体系一三　歴史認識』岩波書店、

一九九一年。

(8) 宮地正人『幕末維新期の社会的政治史研究』岩波書店、一九九九年、三谷博「公論形成　非西洋社会における民主化の経験と可能性」、同「日本における「公議」空間の形成」、ともに三谷博編『東アジアの公論形成』東京大学出版会、二〇〇四年、前田勉『江戸後期の思想空間』ぺりかん社、二〇〇九年など。

(9) 月性の伝には、親交の深かった土屋蕭海の「浮屠清狂伝」(大洲鉄然・天地哲雄輯『清狂遺稿』上、田中治兵衛、一八九二年所収)と、これに拠りつつ、月性を知る阪谷朗廬が評と註(一八七七年二月)を加えた蒲生重章の「月性伝」(蒲生重章『近世偉人伝』初編下、著者同、一八七七年所収)がある。その後、桂集蔵は『桂月性略伝』(妙円寺、一九〇九年、僧月性顕彰会蔵)で月性を僧傑・詩人・改革家・説教家・勤王討幕家・宗教家・遊説家として論じ、ここに現在に至る月性像の枠組みがほぼ示されている。しかし、忠君愛国の国家主義が昂揚してくると、月性もその言説のなかに「勤王僧」として語られるようになった(神根悊生『明治維新の勤王僧』興教書院、一九三六年、吉富治一『勤王僧月性伝』山田忍三、一九四二年)。

戦後は、関係史料の収集・整理に努めた立泉昭雄の研究(「月性の海防思想の展開について」『山口県地方史研究』一三、山口県地方史学会、一九六五年、同「「内海杞憂」の影響と新軍編制の意義」『山口県地方史研究』一九、一九六八年など)があり、一九六八年僧月性顕彰会が発足すると、その事業の一環として三坂圭治監修『維新の先覚月性の研究』(マツノ書店、一九七九年、以下『月性の研究』)が刊行された。また、海原徹は教育史の視点から月性を論じている(『明治維新と教育』ミネルヴァ書房、一九七二年、『月性』ミネルヴァ書房、二〇〇五年)。

(10) 本願寺史料研究所編『本願寺史』二、浄土真宗本願寺派、一九六八年、七一二頁、同三、一九六九年、九頁、児玉識「月性と真宗教団」前掲『月性の研究』所収、岩田真美「真宗排耶論に関する一考察——超然と月性を中心として」『龍谷大学大学院文学研究科紀要』三〇、二〇〇八年)、同「幕末期西本願寺と『仏法護国論』をめぐって——月性「護法意見封事」との相違について」『仏教史学研究』五三—二、二〇一一年)、同「幕末維新期の西本願寺と長州藩出身僧の動向——月性を中心に」『龍谷教学』四六、二〇一一年)など。

(11) 前田勉は、会読という儒学の読書方法に着目して、経典・史書の会読が「議論」する会衆を生み、それが、対等な人間関係のもとに政治的な論議を行う会読へと転換したことを明らかにした(前田前掲書、同『江戸の読書会』平凡社、二〇一二年)。本章では、この会読によって培われた対等な政治論議の経験が、会読の場という閉じられた空間から、さらに開かれた空間での対等なコミュニケーションとしての政治論議へと発展していく局面を問題とする。

(12)　児玉識は、月性の活動の特色を、法談という形で仏法とあわせて一般民衆に政治論を説いたことに求め（前掲「月性と真宗教団」）、岩田真美は、そこに一般の民衆に政治思想を浸透させるメディアとしての機能を指摘している（前掲「幕末期西本願寺と『仏法護国論』をめぐって」）。

(13)　桂集蔵は、これを「海防の急務は、独り国主及ひ藩士の双肩に荷はせ委ぬべきものにあらず、苟も日本臣民たるもの、男女の論なく老若の別なく、及ぶ限りの心力を茲［海防］に竭さざるべからざることを、法話説教の際は素より、座談笑話の中にも、常に其安危存亡を国主と共にすべきを説き諭し、民心固結の効弥々以て顕著なりしなり」（前掲書八―九頁）と論じた。また海原徹は、萌芽的と留保を付けつつ「近代的な国民観や国家意識」と評価した（前掲書一九七二年、七一―七二頁）。一方で上野大輔は、月性の『仏法護国論』が政治権力による民衆動員の思想と近い位置にあったことを指摘し、そこに「民衆を死に赴かせるイデオロギー」を抽出した（「幕末期長州藩における民衆動員と真宗」『史林』九三―三、二〇一〇年）。

(14)　関山和夫の研究によると、浄土真宗では、随行制度によって説教技術の修行を積んだ説教者が、全国各地を廻って激しい教化活動をしており、安芸を中心とした山陽地方・山陰地方・九州地方は、特にその活躍の足跡が残る地域である。また、近世中期には芸風娯楽通俗説教（節談説教、節付説教）が隆盛を迎えており、弁舌巧みな説教者は、人気俳優のような名声を得たという（『説教の歴史的研究』法蔵館、一九七三年）。月性の説法は、「言テ与レ泣ク共ニ、民皆感激シテ趨クレ之ニ」（前掲「浮屠清狂伝」『清狂遺稿』上、月性伝一丁裏）と、涙ながらに訴えて民衆を感激させるものであり、その手法は、話芸にも通じる説教者の演説に由来すると考えられる。

(15)　「将《セントシテ》ニ二東游一題スレ壁ニ」、前掲『清狂遺稿』上、二五丁表。西村富次郎「僧清狂伝」には「世或は清狂を知らざる者あり、然れども、世上苟も眼に一个字を解する者、誰れか亦左の詩を知らざるものあらん」（『日本偉人伝』弘文館、一八九七年、二二九頁）と見え、当時この詩の広く認知されていたことが窺える。

(16)　桂前掲書二―三頁。桂は、これを月性が長谷から送った書簡の大意として引用するが、その原文・作成日時および原本の所在については、管見の限りでは明らかでない。神根前掲書にも同一書簡から大意を採ったものがあり、字句に相違はあるが、内容を一にしていることから、その意を汲むことはできると判断した。

(17)　ここでの「士大夫」の語は、儒教的カテゴリーを通じて幕藩体制の身分的階層性を観察し理解したところの卿・大夫と士、すなわち重臣・家老と武士の意（『丸山眞男講義録』七　日本政治思想史一九六七、東京大学出版会、一九九八年、一八二頁）で用いられている。本章には、ほかにも儒学的教養を備えた知識人を「士大夫」と称する事例が出てくる。村上哲見は、中国における人間類型としての士大夫の要件として、天下国家の経営に対する使命感、経世済民の信念と、その使命をはたすためにも必要な知的洗練・人文的教養を挙げる。人文的教養とは、古典（経書）の素養と作詩文の能力である（『中国文人論』汲古書院、一九九四年、三五―四一頁）。このような士大夫像を標榜する知識人について、本章では士大夫型知識人と呼ぶ。

(18) 安政五年五月一〇日、妙円寺蔵。この過去帳の作成は、文中に一八六二年冬上木した土屋蕭海の月性伝を、翌春見せられたとあることから、それ以降のものである。

(19) 海原前掲書二〇〇五年、五四―五六頁。

(20) 「清狂草堂記附清狂説」（僧月性顕彰会蔵）、月性編『今世名家文鈔』六、竜章堂、一八五五年、三三丁裏―三四丁表。

(21) 海原徹は、一八三六（天保七）年冬、月性が日田咸宜園を訪ねた際、詩作を見た広瀬淡窓が、その孫弟子を「月性のごときは三舎を避く」と絶賛したことを紹介している。また、月性は梅花社入塾後間もなく塾主に次ぐ都講（塾頭）に挙げられたことから、梅花社においてもすぐにその詩才が認められたものと評している（前掲書二〇〇五年五四―五五頁）。

(22) 「送清狂師序」（益田家文書B一三―三八、東京大学史料編纂所寄託）所収。この送序は『遜斎文鈔』（中村鼎五校訂、擁万堂、一八七八年）にも収録されているが、改訂が加えられた部分も多く、本章は益田家蔵本に拠った。

(23) 「清狂草堂記」（一八四九年）、前掲「清狂草堂記附清狂説」所収。

(24) 佐藤前掲書、加藤前掲書、藤田覚『天保の改革』吉川弘文館、一九八九年、宮地前掲書二〇一二年など。

(25) 両親宛書簡、一七日朝付、福本義亮編『久坂玄瑞全集』マツノ書店、一九七八年、七八三―七八四頁。

(26) 斎藤拙堂については、中内惇「拙堂先生小伝」同編『拙堂文集』一、斎藤次郎、一八八一年所収、斎藤正和『斎藤拙堂伝』三重県良書出版会、一九九三年、『拙堂会報』拙堂会、二〇〇一年覆製、斎藤正和など参照。

(27) 前掲『拙堂会報』二所収。

(28) 月性がはじめて拙堂を訪ねた時期について、立泉昭雄「贈正四位月性上人年譜」（前掲『月性の研究』所収）は、一八四三年閏九月二八日としており、海原前掲書二〇〇五年もその説を採る。しかし、「鄙稿　寄二スル拙堂先生一ニ書」（僧月性顕彰会蔵）は、月性の閏九月二八日付拙堂宛草稿と、それを再送した一一月二五日付の月性の文に拙堂が批と短信を添えて一二月に返送したものを一括している。その内容および同書中の詩に「景慕多年独リ自傷ス、何レノ時ニカ共ニ得二ン会詞場一ヲ」とあることから、初訪は拙堂からの返信があった以降である。他に確認されている月性の訪津は、一八四五年二月、一八四六年一〇月、一八四七年六月、一〇月、一八五七年三月の五回で、おそらくはこの一八四五年二月が初訪であろう。

(29)『清狂遺稿』上、三〇丁表―同裏。
(30)「清狂草堂記」、前掲『拙堂文集』三、十一丁表。
(31)月性が拙堂の許で高い評価を得ていたことは、阪谷朗廬が嘉永年間（一八四八―五四年）に拙堂宅を訪ねた際の「坐客数十人、而《テ》僧最《モ》為《リ》二上客一、初《メテ》知《レリ》三其《ノ》為《ルヲ》二月性一」（前掲蒲生「月性伝」、前掲書六丁裏）との述懐からも窺える。
(32)毛利家文書特別取扱書類（以下（特）と略記）二三五、毛利博物館蔵（毛利家文書写真帳、山口県文書館蔵に拠る。以下同）。また、京都吉田神社の社家鈴木連胤家の蔵書である愛媛大学鈴鹿文庫のなかにも写本が伝存しており、同書が萩藩への政策提言に止まらず、同志間にも広く伝写されたことを窺わせる。
(33)『論語』泰伯第八。
(34)『春秋左氏伝』文公四年「諸侯敵《リテ》二王《ノ》所《ニ》一愾《スル》、而《テ》献《ズ》二其功《ヲ》一」に拠る。
(35)『詩経』小雅・北山、「溥天之下、莫《ク》レ非《ザル》二王土《ニ》一、率土之浜、莫《シ》レ非《ザル》二王臣《ニ》一」に拠る。
(36)『清狂遺稿』上、四〇丁裏。虎山・後藤松陰の評がある。
(37)当該情報の入手経路は不明だが、月性には九州遊学時の知人や萩藩士経由の情報ネットワークのほかに、俵物の下請問屋で遠崎村庄屋秋元家（鍵屋）のルートからも長崎情報に接する機会があったと推察される。秋元晩香は月性の竹馬の友である。
(38)『清狂遺稿』下、六丁表―八丁裏。小竹・拙堂・松陰の評がある。
(39)六月朔日萩藩領では台風により水害が発生し、被害は萩城内にも及んだ。これを受けて六月七日、敬親は藩政を統括する当職と江戸当役に直書を下す（毛利家文庫七一藩臣日記二「浦日記」二八、一八五〇年六月七日条、山口文書館蔵）。この直書は、七月二五日当役方演説書とともに家中へ示されている（同七月二五日条）。
(40)『修訂防長回天史』一、マツノ書店復刻版、一九九一年、二三七頁。
(41)前掲「内海杞憂」にも、「孟子曰、可《シ》レ使《ム》三制《シテ》レ梃《ヲ》以《テ》撻《タ》二秦楚《ノ》堅甲利兵《ヲ》一」と、それ民義を知れは、梃なを以て堅甲利兵を撻へし、況や我砲熕すてに備て、弾薬もまた乏からすんは、夷艦堅牢といへとも、夷砲猛烈といへとも、彼何ぞ敢て我と敵するを得んや」とあり、仁政が対外危機への備えとなることは、『孟子』梁恵王上をふまえたものであろう。
(42)後述する嚶鳴社中で、月性と親交がある。
(43)萩藩の「政府」は拙稿「萩藩文久改革期の政治組織――政治堂の創設と両職制の改編」（『史学雑誌』一〇九―一一、二〇〇〇年）図表Ⅵの機構図参照。

(44)　一例として、萩の杉梅太郎が肥後の宮部鼎蔵へ月性の詩を送り、「彼藩壮士之胆を潰したると相見へ候、月性和尚之詩作実に傑作と感心仕候様申越候」（杉書簡月性宛、安政二年六月二八日、僧月性顕彰会蔵）との反応を得た事例を紹介しておく。

(45)　林田愼之介は、幕末維新期を「社会的関心の強い言志の詩風が確立した画期的な時代」と評しつつ、その実態解明の不充分を指摘している（『幕末維新の漢詩』筑摩書房、二〇一四年、一一―一二頁）。『詩経』「大序」の六義に見えるように、古来漢詩には、政治批評の表現メディアという側面がある。その近代化過程における影響や作用の有無については、儒家の詩教や儒学的政治文化、また和歌との関係も含めて考察を深めていく必要がある。

(46)　渡辺浩『近世日本社会と宋学』東京大学出版会、一九八五年、一〇三頁。

(47)　宮城前掲書二七頁。

(48)　『清狂遺稿 下』三六丁表。

(49)　前掲「浦日記」三七、一一月二八日条。

(50)　前出月性の内藤に宛てた長詩からも、敬親が儒学的政治文化の強い影響下にあることが窺える。また、赤川忠右衛門が一八五七年に当職益田弾正へ呈した「赤川忠右衛門上書」には、「当時は御倹政之儀御要務にて、当君御好学、御実行何廉も無ニク御疎一、御自行を以御示し被レ遊レバ候由」（益田家文書B四―六六、東京大学史料編纂所寄託）とあり、敬親が率先躬行する君主たらんとしていたことが窺える。

(51)　草稿は、僧月性顕彰会所蔵のもの（部分）、同じく秋良文庫の蔵書印があるもの（写真版、僧月性顕彰会蔵、吉田樟堂文庫二三九一「月性建白書案（写真）」山口県文書館蔵）の二点が確認される。うち秋良文庫版表紙には、「本封事草稿ハ、頃日雑書匣裡ニ発見、上写ハ代筆、表紙並ニ附箋ハ月性自筆、欄外添削ハ秋良貞温君ノ筆也」とあり、そこに月性が起草し秋良が加筆した内容を窺うことが出来る。京都尊攘堂に伝存した「釈月性封事草稿」（京都大学付属図書館蔵）は写本と見え、秋良文庫本の本文に月性の附箋部分が加えられているが、秋良の加筆分は反映されていない。同志中へは、尊攘堂本の形で月性の文章のみが伝写されたものと推察する。

(52)　村上「月性と秋良敦之助」（前掲『月性の研究』所収）、海原前掲書二〇〇五年。

(53)　『吉田松陰全集』二、岩波書店復刻版、一九八六年、一七―一八頁。以下『松陰全集』。

(54)　海原前掲書一九七二年、村岡繁「松陰と月性」（前掲『月性の研究』所収）、村上前掲論文など。なお、松陰が兄梅太郎に宛てた四月二四日付の書簡にも、「上書も未た看了不レ仕ラ残念」（杉梅太郎宛、『松陰全集』五、三三三頁）とあることから、松蔭が獄中で読んだテクストは、尊攘堂本「封事草稿」に類するものと推察される。

(55)「護法意見封事」（一八五六年）には、二百余年太平を保った徳川将軍家の恩沢を蒙るものとして、「将軍の憂慮して、身命を殞す所の者の為に讐を報ゆるの心なくして可ならむや」とあることからも、討幕がその目的ではないことが窺える。これを改編出版したものが『仏法護国論』（『月性の研究』所収）である。その相違点や経緯については岩田前掲「幕末期西本願寺と『仏法護国論』をめぐって」参照。本章では吉田樟堂文庫三一三「月性事蹟資料二」（山口県文書館蔵）所収に拠った。

(56) 嚶鳴社については、これを藩学グループと見て私塾との対抗関係を強調する海原徹の研究（前掲書一九七二年）が通説としてあり、小川亜弥子は、それに洋学振興を担うコミュニケーション・ルートとしての性格を加えている（『幕末期長州藩洋学史の研究』思文閣出版、一九九八年）。前田勉は、そのメンバーが会読の場で鍛えられた者たちであったことにも注目すべきと指摘した（「長州藩明倫館の藩校教育の展開」笠谷和比古編『徳川社会と日本の近代化』思文閣出版、二〇一五年）。

(57) 中村百合蔵「嚶鳴社記」『周布政之助伝』上、東京大学出版会、一九七七年、一四頁。なお、萩藩では、一八四八年より明倫館再興及び学制改革事業に着手するが、この時昌平黌を模して正学を朱子学と定め、講釈にも朱子集註を用いることが定められた（「明倫館御書付並根沙汰控」『山口県史史料編』幕末維新七、二〇一四年、五七六頁）。

(58) 伊勢華（北条瀬兵衛）「杷山遺稿序」口羽徳祐『杷山遺稿』文求堂、一八八三年、一丁裏—二丁表。一八五八年、坪井九右衛門の招請によって萩を訪れた広瀬旭荘は、旧知の月性とともに、「政府」に在る嚶鳴社中の諸士ともしばしば酒席を共にしており、その席上での感想を、「萩在ル二政府一ニ者皆好ミレ学ヲ善クスレ詩ヲ、他邦所レ不ルレ及バ」（広瀬旭荘「日間瑣事備忘」、一八五八年三月一八日条『広瀬旭荘全集』日記篇七、思文閣出版、一九八六年、三四頁）と述べている。ここからも彼らが他藩に恥じない人文的教養を備えた藩学エリートであったことが窺えよう。

(59) 僧月性顕彰会に伝存する書簡類を見ると、月性の許へは嚶鳴社中の動向だけでなく、長崎からの情報なども届いている。その多くは杉梅太郎から伝えられており、土屋蕭海・中村道太郎との往復も多い。また、一八五五年一月六日付の土屋書簡には、「上人御頼之鋳砲之一件、参政［周布］へ相咄し候処、到而同意尓て、兎も角も相出べくと申居候、北条之説尓者、代官江書面を訴へ、政務座江願ふ方よろしくと申候」（月性宛、「土屋矢之助一」軸、僧月性顕彰会蔵）と見え、月性の政策提言に際して、嚶鳴社のネットワークがその上達ルートを助言している。

(60) 村上前掲論文、海原前掲書二〇〇五年。以下月性の講演活動については、海原同書一六一頁表参照。

(61) 土屋前注(59)書簡。

(62)　土屋弥之介一八五五年正月二十日付書簡、月性宛、前掲「土屋矢之助一」軸。
(63)　前掲『桂月性略伝』二一―二二頁。
(64)　吉田松陰一八五五年四月二四日付書簡、杉梅太郎宛、『松陰全集』五、三三二頁。
(65)　「与《フル》清狂《ニ》書」四月一〇日、『松陰全集』二、二一頁。
(66)　「月性帖二」軸、僧月性顕彰会蔵。
(67)　『松陰全集』五、三九八頁。
(68)　前掲「浮屠清狂伝」一丁裏。
(69)　桂前掲書は、月性の処罰を進言する家老に対し、「藩主微笑せられ、狂人の言は打捨て置くべしとて、不問に付せられたりしと云ふ」と載せて、「其狂に似たる者として罪せられざりしもの、亦清狂の清狂たる所以と、藩主の大度なるを視るに足れり」（二五頁）との評を加えている。
(70)　この「対策」（毛利家文書（特）二四五）は、「奉弾正益田君書」（萩博物館蔵、一坂太郎編『高杉晋作史料』一、マツノ書店、二〇〇二年所収、一一八―一一九頁）と、ほぼ同内容であるが、字句に若干の異同がある。本章では、明らかな誤字と思われる箇所の少ない毛利博物館蔵本を用いた。
(71)　萩藩において寄組とは、一門・永代家老に次ぐ家格で、大組以下の諸士が毛利家直轄の軍事力であったのに対し、寄組以上の諸家は家毎に自分備を編成して惣奉行に与力する自律性を持った軍事力である（上田純子「幕末の軍団」『武士の周縁に生きる』吉川弘文館、二〇〇七年参照）。
(72)　注(32)。この「内海杞憂」は、周防大島の防衛に関する政策提言という性格から、『孟子』や『論語』を引き、読み手に知識階級としての武士を想定した論理構成となっている。海防の具体策は、民兵を組織して土着屯田させ、銅錫製品の供出によって大砲を鋳造し村々に備え、郡内に製薬所を設け火薬を低コストで円滑に供給するというものである。
(73)　同前注(65)。
(74)　注(55)。
(75)　前注(62)。
(76)　高木昭作『日本近世国家史の研究』岩波書店、一九九〇年、一頁。

# 3　公論正義の敵
## ——長野義言研究序説

三ツ松　誠

### はじめに

本章では、井伊大老の腹心として幕末政治史上、極めて重要な役割を果たした国学者、長野義言の思想に注目する。埋木舎にあって将来の見えない人生に煩悶していた青年井伊直弼にとって、国学の師としての長野義言との出会いは特別なものであった(1)。そして公私の両面にわたる直弼と義言のただならぬ関係は、彼らが条約締結をめぐる安政期政局史の主役格になっても継続し、桜田門外の変が二人を分かつまで、比類のない深さを持つものであった。かかる二人の政治史上の位置付けについては、近年、研究水準を更新する発見が相次いでいる(2)。しかし国学者にしてはあまりに政治の現場への影響力が大きかったからか、かえってその国学思想に関する研究は、政治史の進歩に追いついていない、というのが現状であろう。そこで以下では、義言独自の国学思想の概要を紹介するとともに、その思想が、彼と直弼の政治上の態度に如何に反映されていたか、読み解くことを目指す。予め述べておけばその作業は、儒教的政治文化(3)と公議輿論重視(4)の時代思潮の広がりを横目に、彼らは何故あれほどまでに苛烈な姿勢で対立者を押しつぶす態度——その姿勢こそが、結局は幕府権威の瓦解を招く——を取ったのか、という問いに関して、義言独特の神学思想にその答えを求めるものになるはずである。

翻って鑑みるに、直弼の思想形成に深い影響を与えたはずの国学者義言の著作への注目は、十分なものとは言い難い現状にある[5]。義言の政治論「沢の根ぜり」こそ『日本思想大系』への収録[6]もあって、政治史家からも活用されてきたが、文法論や考証類への着目は数えるほどであり、ましてや「古学答問録」[7]に至っては、直弼からの評価の高さ故にその名こそ知られてはいるが、具体的な分析はほとんど見当たらない。最近でも、母利美和による最新の伝記[8]が、直弼の依頼に応じて「日本を皇国とする立場からの国体論を示した[9]」もの、あるいは「古学的宇宙観を著した[10]」ものとして、触れるに留まるのではないか。

義言の思想に関する研究としてまず掲げるべきは、おそらく今でも渡辺浩「「道」と「雅び[11]」」になる。渡辺によれば、自他を縛る普遍的な規範としての「道」を審美的に拒絶した歌学派国学者であった義言は、純粋な政治的術策として「道」を理解する。それ故「現に「政事」を預る者への反対者や、既成の安寧秩序の紊乱者も、またそれなりの公的な動機をもって、自主的に行為しうると解することができない。あるいは、解しようとしない[12]」。そのため、現体制に随順しない反対派は全て「悪謀方」とその手先とされ、安政の大獄、そして対抗テロリズムとしての桜田門外の変を引き起こすことになった、とされる。「政治への参画の偶然性にかかわらず、義言の国学思想は、本来的に、後の彼の「政策」・「戦術」を支持しうるものとして既に定立されていた[13]」として、義言の思想から安政の大獄の過酷さを説明している点で、純粋に政局史的な議論に足りないものを持つ、学ぶべき先行研究である。

しかしながら渡辺にとっての歌学派国学者とは、平田派国学者のような壮大な神学・宇宙論的思弁を欠いた存在である。後述するように直弼・義言主従は、コスモロジカルな関心を共有し、神々と人々の在り方の如何を問う学びに注力しているのだが、こうした姿は渡辺の議論にとっては視界の外であった[14]。安政の大獄の過酷さを義言の思想の影響の下で説明するにせよ、政治的行動を基礎づける規範意識の欠如から説明するのではなく、今や必ずしも剛毅果断な存在ではないことが明らかになった直弼について、こうしたコスモロジカルな思想が如何にその強権的決定を鼓舞したのか、という視点から検討しなおすべき時が来ているのだ。[15]

「古学答問録」こそ参照していないものの、義言の神学的素養に注目した議論として言及しなければならないのが、野口武彦の「地下に哭く骨」[16]である。これは管見の限り、義言の著作を最も多く参照して直弼と義言の政治的行動を扱った評論であり、直弼の思想的基盤が義言の国学であることを強調している点、後述する「禍津日神」についての義言の発言に着目している点で、特筆すべきものである。しかし掲載媒体の問題もあってか、個々の著作の内容検討が主たる課題とは看做し難く、解説に割かれた紙幅は極めて限定的で、例えば義言の政治論も、「気の毒なくらい凡庸」な「ごくありきたりの大政委任論にすぎない」と片付けられている。野口の叙述が義言思想の分析に与えた位置に納得できない以上は、これに学びつつも、自ら課題としなければなるまい。

かくして本章は、今後の研究の礎として、近年進展の著しい政治史的研究の成果に学びながら、義言のテクストと彼らの重要な政治的選択との対応関係を仮説的に読み解く、という課題を設定した次第である。以下、まずは義言思想の概要を紹介し、次いで政局に即した分析を試みたい。

## 一　義言国学の思想的構造

### 1　大垣の一夜[17]——直弼と義言

弘化三(一八四六)年二月、直弼は兄である直亮の世子となって江戸へと旅立った。大垣までたどり着き、本陣に滞泊するところに、近江志賀谷に塾を構えていた義言が見送りにやって来た。暫くは逢えなくなるということで、直弼はこの夜、「むしろ一つをも得へたて丶はあらし」と述べて義言を自らの二畳台の際にまで呼び寄せ、膝と膝が打ち合うほどの距離で語り合った。直弼は「天下の老職」に関する不安と覚悟を述べた後、義言に対し、今からどこに行ったとしても、決して今の住処を変えないでくれ、いつか目出度く対面して、今日の様に語り合うことを楽しみにしている、と伝えたという。この約束は破られることなく、直弼は晴れて藩主となったのち、義言をその側近として登用することになる。直弼の主体形成にとって義言の存在が大きなものであったことは間違いのないところであろう。

実際直弼はこの晩、政治を執り行うにあたって今後学問をどう生かすべきか、義言に答えを求めている。すなわち、かねて儒学や仏教を学んでいたが、今や皇国学びに進んだ身からすれば、釈迦も孔子も平凡な智者に過ぎず、我が神道の真実には比べるべくもない。しかし、それらの道にも時代に合ったところがあり、また良いことであっても、慣れ来ったところを改めて行うのは難しく、わが皇国の道が実践されるようになるには時間がかかるだろう[18]。こうしたなかでどう学業を用いるべきか、心得を詳しく聞きたい、と。これに対し義言は、政治は状況に合わせて行うことが肝要である旨を述べ、そして「吾古学を以て今の天地の理をわきまへ、天地の理によりて神代の道のまことなるをあきらめずは、たゞ学文売の商人ならむとこそ思ひ給へ奉れ」と述べて、古学に基づく「天地の理」「神代の道」の究明を強調した。直弼はこの回答に喜び、「この理り書て給へ」と述べたという。かつて出家を考えるまでに傾倒した仏教、あるいは世間一般にとっての「学文」そのものであった漢学、このいずれでもなく[19]義言の国学こそが、藩主、さらには大老の座が見えた彼の政治についての考え方の基盤になっていたということになる。

この直弼の依頼に応えた作品とは何か。年代的には、この翌年に提出されたという[20]「沢の根ぜり」が候補に挙がるのだが、これに先立って書き始められた「古学答問録」もまた、「天地の道理《コトワリ》」「神代の道《ノリ》」を課題とした「いと止事なき」「某君」の求めに答えるものであることが明記してある。コスモロジカルに世界を解釈しようとする二人の知的交流によってこれらの書は成ったと見てよい。うち、政治家としての実践を説くものが「沢の根ぜり」であり、その根底にある世界観を明らかにするものが「古学答問録」になる。いずれも「いと〳〵心ふかきくさ〴〵、世のひとしなみにはあらで、国家のためにも成ぬべきことなん多かりける」、あるいは「一方ならぬ大人のいさをにて、今迄の国学者流のひとしなみには侍らず、いと〳〵ちからを得し事すくなからず、そのうれしさは筆にもこと葉にもつくしがたくこそ」(21)と、直弼にとって深く心に刻まれた著作になる。以下、両書から義言の思想に迫っていきたい。

## 2　永世不動のみよさし――階梯的現存秩序の絶対化

先に取り上げるのは「沢の根ぜり」、そこに見られる義言の政治思想を分析する。

本居宣長を本朝の学びの先駆者として仰ぎ見る義言によれば、現在の「天下治平、国家安穏、上下楽む御恩沢」は、片時も忘れられない。故にこの御代が永く栄えることを祈るあまり、少しでも「皇国の道」に叶わない行いには我慢ができず、「こうあってほしい」と思うことを書き残してきた。それを（おそらくは）直弼の命に従って、まとめたものが、この著作なのだという。

では あるべき「皇国の道」とはいかなるものなのか。議論の基本線を示せば、それは宣長が示した「みよさし」論の一ヴァージョンだ、ということになる。義言は説く、アマテラスの「万千秋の長秋に、吾御子のしろしめさむ国なり」という「こと依し」によって皇国の政治は朝廷に託された。従って、「国家の根元は　朝廷也。行ひの根元は神事也」。「上神威をおそれて、御身に俊徳を帯び給へるが故に、王臣より下万民に至るまで、朝位をおそれて、更にそむく奴はなくして、自ら天下国家は泰平安穏なりし也」。そしてこれまた神の御心によって、次第に将軍家に万事を任せ、国々に諸侯を置く江戸時代の体制へと移り変わっていった。朝廷が一方的に物事を決めるわけではないこの姿は、高天原における諸神群議のやり方にも叶う、望ましい在り方である。かくして現存秩序は次のように肯定される。

［史料一］

大御神の神勅のまに〳〵、朝廷の天地の極み日月の共《ムタ》、うごきますべからぬ道理《コトワリ》にしたがひて、大将軍家には、永世天下の事を　御子孫に伝へ給ひ、諸侯は永世国を御子孫に譲り給ひ、士は永世君を奉じて子孫を保つこと、此まことの道をおきて、他に求むべき理はあらじ。

天皇—将軍—諸侯—士という階梯的秩序が「みよさし」によって成立したと見るところそれ自体は、野口武彦の言う通り、国学者に一般的な、凡庸な説なのかもしれない。しかし、天皇ならぬ臣下についてもまた、委任されたそれぞれの地位が永遠のものであることをコスモロジカルに強調する点は、おそらく注目に値する。

次いでより義言に特徴的な部分を見ていこう。神威に従う君主の威徳を重んじる義言は、天下国家を治めるためには神の道のままに行う必要があると主張し、そこで独特な心身と国家のアナロジーを用いる(22)。すなわち、人においては、まず「魂《たま》」があり、これが「心《こころ》」を成り立たせる(23)。そしてこの心が、全身を構成している「気《け》(24)」を使役する。上手くいけば、全身の気はよく心に従う。この仕組みが機能していれば、人は「悪《まが》」から離れることができる。だが、心では悪いと判っていながら、全身の気の側の「私欲」を抑えることができずに、心が「義」、つまりは正しさを失ってしまうことも多い。魂の教えるところに従って、全身の気に引き摺られることなく、心でその身を治めるべきなのである。

国家の統治について言えば、魂に相当するのが神霊、心が国君、気が臣である。したがって、臣下の「私」に従って従うべき神の教えを捨ててしまえば、災いがもたらされる、ということになる。つまり、神の意志に従って、主君が家臣に命令を出す、という一方的な支配秩序こそが、義言が理想とする「公」的な政治の実現なのであり、逆方向の回路(25)は、「私」として否定されることになる。義言は「今の世、下よりおこりて、国司をわづらはしめ奉るたぐひのあるは、みな下をいたむるにあれ、めぐみにあれ、政事をわたくしものにするよりおこる事なれば、たゞ上より乱をもとむるにことならず」とまで述べている。下々への配慮・下々の意見に基づく政治は、乱れの原因なのである。

かくして幕藩領主への大政委任の絶対化と、「私」なる政治の否定とが結び付いた結果は、次のようにまとめられる。

［史料二］

今の国君たちの中には、下より尊敬する事、古へにもこえたりと思召もあるべし。然るに政事、下の心にかなはぬ時は、或は蜂起して国をなやまし、下知命令も反故になすはなに事ぞや、国君もし　王公の命をもちて、私の御ふるまいだにまじらずば、たとひ政事、下の心にかなはずとも、国にあたなふ逆はあらじ。

又一たび命令有ける事を、つひに下よりそむく事、わが　皇朝の王命におきて、古へより八虐の外、いまだ有しことをきかず。たとひいま　朝廷の直命奉る事を得ずとも、公儀の命令則それ也。是を用ひて、その恨、その国君に至る事はよもあらじ。されば　国君その威徳をうしなひ給ふことは、国風にそむきて、政事を私ものにし給ふよりおこる事也。

下の意向に応じる義務を欠き、幕府からの命令にそのまま従う、権威的姿勢に基づく政治。これこそが我が国の道なのだ。

勿論、彼とて下々の苦しみを見過ごせ、配下の意見に絶対に配慮するな、といった極論を説くわけではない。しかしこれらの点についても、「下をめぐみて限りこえしめざること」、「臣下の心にもとひあきらめて、その命令の出る処をば、必ず一つに定るべきようはからひ給はんこと」が肝要だとされる。つまり、階梯的秩序における上位者の権威を揺るがさない限りにおいてのみ、こうした施策は肯定されるのである。部下への意見聴取も命令系統の統一のために重視されている(26)。

それに対して、世に名高い賢君諸侯の政治は、義言の理想からかけ離れた存在である。

［史料三］

後世諸侯に発明あるは、みな外国風にて、遺徳を重くする事はなく、たゞ下民をなづる方にのみ心をとゞめて、その臣下の威勢を軽くするのみなる故に、下々はその君を称して、その役人を軽しむるより、つひには国政厳重ならず、役人一人に恨みあれば、百姓集て国をわづらはしむる事に至る也。国をも保つ君位に在ながら、一身の名聞をのみこと〻して、国家永久の道を知らぬも、賢者の名を得るは、実に外国風の諸侯也。

中国かぶれの明君が仁政の美称を恣にすることは、階梯的秩序を揺るがす大問題だ、という訳である(27)。義言からすれば、領内をこっそり見て回って、自分の了見で改革を立案するような藩主は、「わがま〻の至り、万民の君たるかひなき」、「外国めきたる」「あさまし」い存在に他ならない。むしろ「今の世はいまの定めに従ひて、物ごと大やうに、利口発明をおもてにあらわさず、俗に言、大名らしうもてなし給ふが、ことなく国はをさめ給はん」。

このように義言にとって、変革と才覚ではなく、秩序と権威こそが、皇国の君主の目指すべきところであった。それをよく示す一節を掲げよう。

［史料四］

皇国は、その位をもと〻して、姓氏正しき家の徳にて、つぎ給ふ国なる故に、その器の人といへども、心にしみたる事しなければ、是をうけもつ才覚のすくなきもさる事也。外国は、その位にもよらず、姓氏にも、家にもよらず、たゞ才覚のすぐれたるが、国を治る定めなれば、その器の人の中には、才覚すぐれたるが多きもことわり也。されど位を基とせぬ国なる故に、子孫永久のひとある事なし。

### 3　日月星と顕幽魔——義言国学の宇宙観

さて、義言のこうした権威主義的な政治理解は、渡辺浩の如く、歌学派国学者に特徴的なある種の「無道徳」性に理由を求めるべきなのであろうか。すでに述べたように本章の立場は、必ずしもそれだけでは説明できまい、というものである。「古学答問録」はその名の通り、直弼の問いに義言が答える形式の著作なのだが、その内容は、天地の成り立ちあるいは神と人との在り方を神典を通じて読み出すという、国学宇宙論の一種である。二人は同書において、宣長の『真暦考』『古事記伝』のみならず服部中庸『三大考』や平田篤胤『霊能真柱』といった議論を前提に、それらを批判しながら、正しい神代の姿・皇国の道を探求しているのである。次に五巻分の目次を掲げておこう。

①大意／古書を解様／天地清濁論／天地初発之挍定《サダ》／天神隠身《アマツカミミヽカクリマセル》也之挍定《サダ》／夜見ノ国成初発《ハシメ》挍定／天底立と中事／常と底との差別《ケヂメ》／天ッ神者不甍《ミウセマサヾル》御之挍定《サダ》／邇々芸命御寿之事／言語及物名之初発

②二柱ノ大神島ヲ生賜ひし事／人の生る、所以《ユヱ》／天之益人又青人草と云事／人の死《ミマカ》る故の事／昼夜の初発の事／天之岩屋戸の事／月読命与二須佐之男命一一神と云非説《ヒガコト》／海の成る始の事附潮／潮の満干は月の出入に随と云事

③日ヲ天照大神申事之挍定《サダ》

④月之事／追継つぎて又聞え奉る

⑤星之事／禍津毘ノ神の挍定

同書において義言は、先学同様に『古事記』の記述に基づき、清浄な世界である高天原における造化三神の成立から天地の歴史を説き起こす。義言によれば、中心にあるのがアメノミナカヌシで、タカミムスビとカミムスビの両神は、高天原における顕事と幽事を分掌する。のちイザナギ・イザナミが子供を産むと、顕事はアマテラスが継承し、幽事はツクヨミが継承することになる。我々が目にする日と月は、彼らの働きの具現化である。

しかし渾然たる世界に成ったものは、高天原だけではない。イザナギ・イザナミが高天原の下方を凝固させて、この国土を成立させる。天からこの地にニニギノミコトが降臨すると、それまで区別されていなかった地上の顕事と幽事が分離される。この時、人（の現身）はニニギノミコト以降の天皇が管掌する顕界に所属することとなり、魂の所属する幽界（オオクニヌシが支配する）を見ることができなくなった。天皇はアマテラスが天地を日で照らすように、

この世をその徳で無事に治まるように仕向ける。

さらに、世界は天地だけからなるものではない。渾然たる世界から高天原や大地が分離する過程で、穢れた部分はこの大地より下方に凝固して、黄泉国となった。穢れによって成った悪神の住処である。悪神の眷属である天狗や木霊は、地上では分離された顕界と幽界の狭間――これが後で見る魔界である――に住み着くことになる。天空にあっては星の世界が、彼らの住処である。

こうした天・地・泉の三世界と顕幽分界という枠組みは、本居宣長・服部中庸や平田篤胤の議論と、同じ土俵に立つものである(28)。しかし中庸や篤胤が、西洋天文学説と神典を付会して、天・地・泉をそのまま日・地球・月と看做す(29)のに対して、義言は西洋由来の天体論を拒絶してこうした立場を採らない。大空を動く月は、日と並んで天の管掌物と看做され、大地の下方にある穢れた黄泉国とは別物扱いされる。義言にとって月と日は高天原の顕幽分界に対応する――月はツクヨミ、日はアマテラス――ものであり、これは地上にのみ顕幽二界を設定した篤胤説への異論になる。

かかる世界において人はいかに生まれるのか。義言によれば、それは究極的にはムスビの神の力によるものであり、夫婦の心が形なき気と交わって凝固して人の形をとる。母親の心が邪心にまみれていれば、胎児も悪い子になってしまうので注意が必要だそうだ。ただし、身に穢れがあればいくら心が正しくても災禍を招く点にも留意が促される。

逆に人は死ぬとどうなるのか。義言は、人は死ねば皆穢れた黄泉国に行く――悲しいことだが仕方がない――という宣長説をとらない。彼によれば、死んで身体が滅びれば顕界の心気は消えうせるが、身を守る霊《タマシヒ》は消え失せず幽界に残る。ただし現世の功績によって名を残し、霊も位のある神となる場合もあれば、現世で忘れられて卑小な木霊の類と化す場合もある。また、悪名ばかりを残す悪人は、霊魂のうち、荒魂ばかりが残って崇り神となってしまうため、善事に努めることが肝要である(30)。かくして義言は、次のように善事を鼓舞する。

［史料五］

神代にも死る事は彼是あれど。皆現世善悪耳云て。未来を願ふ事更になし。是によりて思へば。此世にて忠に勤め功残さむには。心弱く未来を願ふなども。無きこそよけれ。若少《イサヽ》かにても未来を思ふことあらば。惜《アタ》ら顕身はかよわくぞ成ぬべき是によりて思へば。今の世の愚人等の。重く勤むべき現世をば軽くし。勤べき業の大事をも思はず。一向に来世の極楽を願ふは。却て地獄を求むる端にぞ有ける

死後の救済に対してシニカルな諦念を示す宣長とは別種の現世中心主義がここにはある。他方、宣長を批判して、幽界の主たるオオクニヌシによる死後審判を唱えた篤胤説については、この世は仮の世と説き、現世での不遇を来世において埋め合わせる理論を構築していたことから[31]、救済宗教的性格を認められている。これに対して義言説は、現世での忠功がそのまま死後の神格化へと結びつくとして、来世に拘るよりも現世での行いが大切だと説く。ここでの義言の議論は、死後への関心においては篤胤と方向性を異にし、善への意志の強さにおいては宣長と対照的な性格が垣間見える。

## 4　神と悪魔——国学的善悪二元論の極北

こうした義言の性格がより明白になるのが、禍津日神に関する理解である。宣長神学は死後救済の欠如に加え、吉凶禍福が代わる代わる起きると説いて行為の善悪と禍福の対応関係を否定したことで有名であるが、禍津日神は、そこで重大な位置を占める。ここでは『玉くしげ』から見てみよう。

［史料六］

さて世の中にあらゆる、大小もろもろの事は、天地の間におのづからあることも、人の身のうへのことも、なすわざも、皆ことごとく神の御霊によりて、神の御はからへなるが、惣じて神には、尊卑善悪邪正さまざまある故に、世の中の事も、吉事善事のみにはあらず、悪事凶事もまじりて、国の乱などもをりをりは起り、世のため人

のためにあしき事なども行はれ、又人の禍福などの、正しく道理にあたらざることも多き、これらはみな悪き神の所為なり、悪神と申すは、かの伊邪那岐大御神の御禊の時、予美国の穢より成出たまへる、禍津日神と申す神の御霊によりて、諸の邪なる事悪き事を行ふ神たちにして、さやうの神の盛に荒び給ふ時には、皇神たちの御守護り御力にも及ばせ給はぬ事もあるは、これ神代よりの趣なり

後段で「悪はつひに善に勝ことあたはざる」ことを「神代」の道理と述べる宣長ではあるが、あらゆる邪悪の根元、荒ぶる禍津日神が存在する故に、悪事や乱れが生じることは防ぎがたい現実なのだという。儒者の説くような道徳的向上への志向は有害無意味なものとされ、「今の世の上の御掟を、よくつゝしみ守りて、己が私しのかしこだての、異なる行ひをなさず、今の世におこなふべきほどの事を行ふより外あるべからず」ということになる。他に出来ることは、せいぜい祭祀と身の罪穢れを祓い清めることに限られる(32)。

他方、コスモロジカルな考察を通じて神の功徳と日本・天皇の卓越性を理解すること、それからスピリチュアルな基礎づけを通じて、ナショナル・アイデンティティを確立することを、その学問の課題とした平田篤胤にとって、神々に恵みを受けたこの世界は、本質的に悪意に満ちたものではありえなかった（『霊能真柱』上）。

［史料七］

伊邪那岐の命。黄泉の国の甚《イト》も穢《キタナ》き有状《アリサマ》を見そなはし悪《ニク》まして。そのふれ坐《マシ》し汚穢《ケガレ》を疾《ト》くはらひ捨《ステ》むと。甚《イミジ》く所念《オモホ》し入坐《イリマ》し、御霊《ミタマ》に。かの汚穢の大御《オホミ》体《マ》をはらひ出《イヅ》る験《シルシ》とて。最初《イヤサキ》に禍津日の神は生坐《アレマセ》るなり。故《カレ》此の神は穢事《キタナキコト》を甚《イタ》く悪み賜ひて。汚穢《ケガレ》の有れば。荒《アラ》び賜ふなり。［中略］故《カレ》人として。穢き事悪き事を悪《ニク》み怒《イカ》らぬものなく。怒りては荒《アラ》ぶる事をも為《ナス》ぞかし。これ禍津日の神の御霊を賜《タバリ》有ればなり(33)。

彼はこのように禍津日神は悪神ではなく穢れを憎む神だと評価し、人々が悪を憎む心の本源とする。悪神の理不尽な振る舞いに翻弄されるしかないと説く宣長の議論は否定されて、人々には穢れや悪を排する主体性が本源的に備わ

っているとするための根拠として組み替えられたのである(34)。

では義言にとって禍津日神はいかなる存在か。彼は言う、「抑禍津毘の神の所為《ミシワザ》は。甚《イト》もわりなく。あぢきなき事耳《ノミ》にして。天地の道理に逆《サカ》ひ悪を助け。惣て世の理ならぬ凶悪事は。此神の御所為《ミシワザ》也」。つまり義言は宣長説の擁護者なのであり、彼にかかれば「篤胤が如きは。此神を悪神ならずと思ひて。遂には悪神の心にも随ぬべし。かゝる人に相交り口会する学者あらば。世には禍事のみぞ広ごりぬべし」。篤胤はまるで邪神の手先扱いである（「古学答問録」五）。

宣長と義言に違いを見出すとするならばそれは、積極的に悪を否定し、善を勧める、道徳的働きかけの強さである。「古学答問録」五から続けて見てみよう。

［史料八］

さて人の常に心得置べきは。此神は惣て善事を悪《キラ》ひ賜ふ御霊なれば。善人常に穢を忌清めて。実の道を務めば。此神近附べき拠《ヨシ》無くて。悪事を為《ナシ》賜はじ。然《サ》るは此神元黄泉の穢悪き物に因て成坐れば。然《サ》る処し無くば。来て処として心の随《マヽ》に荒び害ひ賜ふべくもあらず。

［史料九］

善人も又穢悪き処ならでも。時至りぬれば。道理の外に来る悪事も無かるなきにあらず。然《サ》る事有とも。速く身《ミ》滌《ソギ》祓して心を清め再び凶事に不レ触やうにすべし。聊悪事あればとて。心にしめて忘るゝ事無く。日頃物を厭せ世を恨みなどして。賑ひたりし家も淋しく。楽《タノシミ》の心も憂ひなどせば一度至りし禍は終に去果る事なく。弥継々《イヤツギヽヽ》に起りぬべき物ぞ。仮令ば一度生たる草は。いかに厭ひて苅去とも。根去らずては。猶生出るが如く。其上葉をのみ苅れば。根は弥大く成が如し。唯悪事は心よりして其根を絶べき也。

義言曰く、禍津日神は黄泉の穢れによって生まれた悪神なのであり、寄り付いて暴れないよう、穢れを避けて誠の道に励むべきなのである。穢れがなくても悪事がもたらされる場合もあるが、禊ぎ・祓いをして心を清め、凶事に触れないことが望ましい。心の中に入り込んだ悪事を振り払えないでいると、災禍は次々に広がってしまうぞ、と。穢れや悪を実体的に理解し、その根絶を強く促している点、彼の議論はただの精神論ではない。

そしてこの禍津日神論は、先述の「幽界・顕界・魔界」という独自のコスモロジーと深く結びついている。彼の「霊魂考」上によれば、天地の間には神の世界である幽界・人の世界である顕界の他に、天狗・木霊やモノノケが住む魔界がある。神の世界に比べて魔界は人間の世界に近いからか、この世界の眷属を人が目にすることもある。そして黄泉国からやってきた禍津日神が潜伏するのも、この魔界なのである。しかし幽界の神の祭り・顕界の政事《マツリゴト》が正しく行われていれば、幽界と顕界の気が盛んになって、魔界を蔽うことができ、悪魔が出現することもない。しかし幽顕の「マツリゴト」を怠ると悪魔が心のままに荒ぶって、世に禍が生じることになる、という。義言は正しい祭祀と政治を通じて悪魔の働きを抑え込め、と大真面目に主張しているのだ。(35)

このように義言は、宣長の禍津日神理解をコスモロジカルに肥大化させて、善悪二元論的な独自の神道神学を構築するに至った。正しい心と行いとで、禍津日神の側に属する凶事を回避できると説く義言の毅然たる悪と穢れへの拒絶の意志は、宣長における禍津日神の「荒び」に対する無力感とは、余りにも異質である。

## 二　政治過程のなかの義言思想

ペリー来航以後、めまぐるしい転変を遂げることになった政局は、義言にとって、その理論の正しさを試される場でもあった。ここまで見てきたその議論をまとめ直せば、次の通り。①天皇から将軍への大政委任を永遠不変のものとして、上位者に下位者が従う権威的な政治秩序を絶対化・固定化する。才能の重視や先例の改変は、皇国にとってふさわしくないものとされる。②世界は、アマテラス—天皇が管掌する顕界とツクヨミ—オオクニヌシが管掌する幽界とに分かれており、人間の肉体は前者に、霊魂は後者に属する。そしてこの二界の狭間には黄泉国から来た悪魔の眷属が住まう、魔界も存在する。太陽・月・星はそれぞれこの三界に対応する。③死後に神となるには、死後を気にせず、現世で忠を尽くすことが重要である。また黄泉の穢れによって成った禍津日神こそがあらゆる凶事の根元たる悪神なのであり、穢れや悪事を排除して正しいマツリゴトを実践することで、この神と悪魔の働きを抑えこむべきなのである。

以下では、このように確認した彼の国学思想が、幕末史の主役に躍り出た時期の直弼と義言の行動に如何に影響していたか、政治史的議論[36]の助けを借りながら、読み解いていきたい。

## 1　「外国流」と「皇国之風儀」——一橋派対南紀派

もともと義言からすれば、元寇すら退けた皇国にとって、「さのみもあらぬ外国船を沖にみてだに、国中こぞるに至らば、佞臣時をうかがふはしともなりなん[37]」、つまり外寇よりもそれをきっかけに国内秩序が崩れることのほうが心配事であった。嘉永六（一八五三）年、いざ「墨夷」が軍船を江戸湾近くに浮かべる事態に至り、幕閣から対策が諮問されると、直弼は二度に分けて建議書を上呈した。二度目の本命の建議書は、儒者の中川禄郎が上申した草案に基づくもので、出貿易・国力蓄積を説いていた[38]。吉田常吉によれば、義言はこの草案に朝廷への奏上・神々への報告という手続きを書き足したという。皇国の古いやり方に叶うこの手続きは、人心一致を実現するための手段と看做される[39]。義言の関心の焦点が、外圧そのものよりもむしろ、権威の行使に基づく国内秩序の維持にあったことが、見て取れよう。

だが義言の危惧は当たったようだ。外国の学問を有難がり、自ら領内を歩き回って、先例を破壊する男[40]——水戸の徳川斉昭――が、外国の接近を名目に、幕府の政治に容喙し始めた。打払いを強硬に唱えて、一時的な交易許可を説いた直弼らと大きく対立した。結局明くる嘉永七(一八五四)年、再来航したペリーを相手に日米和親条約は締結されることになるのだが、外圧がここで収まることはなかった。安政四(一八五七)年、アメリカの駐日総領事ハリスは、英国の軍艦の圧迫を引き合いに出して通商条約の締結を要求する。このときも幕府は諸大名に意見を問うた。直弼をはじめとした溜詰の譜代大大名たちは、消極的な条約許可とアメリカへの日本公使駐在を条件とした交渉引き伸ばしを提言し、幕府も翌年初めまでに条約締結の方針を固めたのであるが、水戸をはじめとした御三家や複数の外様大藩がこれに反対し、外国嫌いの京都の空気がこれに呼応する有様だった。

おまけに斉昭は、体が万全でない将軍家定の継嗣選びが取り沙汰されるなかで、息子の一橋慶喜の売り込みを目論んでいた。直弼らが期待する対抗馬は、若年ながら家定に血縁において近しい紀州藩主徳川慶福である。

義言はこの間、直弼に対し、イギリス艦隊五〇隻ごときは恐れるに足りないとしながらも、交渉に伴う「国家之騒動」や条約締結の結果「皇国之御法則」が損なわれることを危惧して、朝廷への奏上を実施するよう主張していた。勅命さえあれば一万人中九千九百人は従うだろうし、公儀が「私」に振舞ったことにはならず、後々恨まれることもないからである。外様大名への意見聴取によって、彼らが政治に介入し始める危険性もあり、速やかに朝奏してその意見に従うべきだ。これが安政四年一一月一六日時点での義言の言い分であった(41)。

年明け早々、老中首座堀田正睦は京都に向かい、朝廷に新条約への許可を求めて弁明を行った。しかし、三月の孝明天皇の答えは、これでは国威が立たない、御三家以下に命令を出して再度の衆議を行って報告せよ、という拒絶の返事であった(42)。

義言も直弼の命を受けて、この年三度にわたって京都手入れに当たった。最初の上京時に彼は、驚くべき「事実」を発見する(43)。すなわち、それまで井伊家に与えられてきた京都守護の仕事を斉昭が奪い取ろうと工作していること、そして斉昭が打払を主張しているのも全て息子の慶喜を将軍の跡継ぎに据えようという意図によること。将軍の相続は将軍家で決める、こんなことで勅命が出ては大変だ[44]――かくして斉昭による「言語道断」の「陰謀」との戦いこそが義言の目的となった。攘夷を唱えて斉昭の息子を擁立しようとする「悪謀方」が京都に蔓延る中、義言は関白九条尚忠に取り入り、将軍継嗣の条件を示す勅諚から、年長・英明・人望といった慶喜を指す三条件を削除させることに成功した。彼の主張は次の通り。

〔史料一〇〕

天下之治平は

大将軍家之御威徳に有之事に而、賢愚に而已有之儀に而は無御座、是実は皇国之風儀にし而外国と異る処に御座候、然るに今御血脈近き御方をおきて発明之方にと申候は、外国流にして、正統を可尊信　皇国之風儀には無之事に御座候間、主人には何国迄も御血脈近き御方に天下之人望は可有之と被思召候[45]

すでに見てきたとおり、これこそ正しき皇国の在り方なのであり[46]、将軍家定も四月、直弼を大老に引き上げ、自らの存在を蔑ろにするかのような慶喜期待論への対応を促すことになる。しかし一橋派の松平慶永や彼と組んだ伊達宗城らが「天下の公論」「天下の公議」を称して慶喜を推してくるなど敵は多く[47]、「皇国之風儀」を見失った海防掛[48]にもその仲間は少なくない。直弼は困難な状況の下で再度の条約勅許申請・継嗣の報告の準備に入った。

だが事態は急変する（以下は母利らの研究で大きくイメージが変わったところである）。アロー戦争終結の報が入り、功を焦ったハリスからの圧力は拡大する。英露の艦隊が来航して、軍事的圧力下で条約を締結することを避けたがった海防掛は、六月一九日、即時調印を促した。勅許を重んじた直弼は渋るが大老に専決権はない。諸役人のうちで味方となったのは若年寄の本多忠徳一人。老中も、即時調印派の堀田正睦・松平忠固を除けば、引き伸ばし以上の案を持たない。直弼は担当の井上清直・岩瀬忠震に可能な限りの引き伸ばしを指示することになる。だが、井上はどうしようもなければ調印してもよいかと反問し、直弼はその場合は仕方がないと述べたのだが、二人はこれで言質はとれたということで、すぐさま条約調印を実行してしまった。岩瀬などは、仕方がないと述べた直弼に向かって「最初からそんな了見ではとても行き届きませんから是非とも引き延ばす覚悟でやらねばなりません」と言い放っておいてのこの始末である。

帰宅した直弼は、側近宇津木景福の指摘で、このままでは勅許獲得を待たない調印になるだけでなく、天皇から指示があった諸大名への衆議も行っておらず、責任問題になると気が付く。古くは勅許を待たなかった罪は我が身で受けると啖呵を切ったとされてきた直弼であったが、実際の直弼は、もう間に合わないと、違勅の重みに耐えかね、進退伺を口にすることになる。幕閣内部の意見統一と勅許そのものは気にしてもおきながら、「衆議」の意義を直弼は忘れていたのだろうか。だが宇津木は、それでは将軍にも責任を負わせることになっていよいよ「陰謀之輩術中」に落ちてしまう。「国家之大政関東江御委任」なのだから、緊急事態だとしてどうにでも言い訳は可能だ、と直弼を励まし、側近連中で善後策を検討することになる(49)。覚悟を決めた直弼は、二三日、堀田正睦・松平忠固の反対派老中に責任をかぶせて罷免し、二四日違勅調印を名目に自分の息子を売り込みに来た斉昭とその一党を追い返し、二五日には徳川慶福の将軍継嗣選出を公表し、七月には斉昭らを規定日外の登城を理由に謹慎処分とした。直後、家定は死去する。

### 2　「悪」との戦い――安政の大獄

かくして直弼は条約問題・将軍継嗣問題に形を付けたかに見えたが、京都はこれではおさまらなかった。報告書のみにて条約締結を伝えられた孝明天皇は譲位をほのめかすほどに激怒し、一橋派も京都入説によって巻き返しを図った。斉昭の陰謀で「公武隔執(50)」となった状況を打開するのだと、義言はまたも入京するが、志士たちが長野を狙って怪文書をばらまき、[51]義言は「悪謀方」の動きの大きな広がりを認識する。

義言の説においては、将軍家への大政委任は日月――彼にとってこの表現は、神々によって差配される世界すべてを象徴する――とともに永遠のものなのであって、朝幕の分裂は理論上ありえない。違勅調印を責める勅諚などというものは、義言思想にとって理論的破綻を意味する。だが義言は、彼に近しい関白が天皇から疎外されていたこともあって、八月八日の水戸藩への密勅降下の事前察知に失敗する。これに気付いた義言が反応するには、それは天皇の思し召しから出たものではない、これも悪の勢力の工作によるもので主上は事態が分かっていないだけだ――つまり彼はもはや、現実を直視することができなくなってしまったのである。[52]

これまで見てきた義言の思想からこの現実を解釈すれば、天皇から将軍への大政委任という永遠不変の皇国のルールが、外国の圧力を利用した別の外国風の陰謀グループによって崩されようとしている、ということになるだろう。そして「佞臣起て朝庭に及び。世中乱て君臣の道断。或は乱に苦み凶年の飢にあひ。其元皆禍津備の荒ひより出る」(『古学答問録』三)。かかる禍津日神の勢いに対抗するには、強い心で悪事を根絶しなければならないはずである。かくして「悪謀之方勢ひ甚敷」状況に命の危険を感じながらも義言は、「せめて此悪逆之徒を根を断[53]」たねばならぬと、大弾圧を引き起こすことになる。

［史料一二[54]］

一此上は決而　勅諚等出候様之事は有之間敷、たとひ内々いか様之事有之候共、決而御驚被下置間敷候、関白職御存無之　勅命　宣旨等、可有筈に無之候へば、たとひ左・右大臣之働に而、一度被出候共、

主上之思召より出たる事は一つも無之候へば、いか程強く被仰立候而も、　主上には少しもかゝり候事は無之候、　主上をくらまし奉り候姦賊共に而候へば、弥引不申候はゞ、いか程強く罰せられ候而も、　主上之御疑ひ

晴候様不仕而は、真に天下之一大事、公儀御存亡にも係り候儀に付、返す〴〵も　御手強思召被下置候様奉願候、尚又ケ様之御時節には、まかつひの神、時を得て善方に害をなすものに而候へば、乍恐少しも御心配より御弱気之見えざる様奉願候、諸家中も勇立候様仕度、御勇気さへ有之、御勢さへ御強く被為在候はゞ、いかなる禍津毘も得寄付不申、此段返す〴〵も奉願候、風聞書等之儀はいかやうにも義言引受候間、必〳〵何事も御心に懸させられ不被下置様、呉々も奉願候

これは安政五年一〇月朔日、安政大獄にあたって直弼を義言が叱咤激励する書簡である。戊午の密勅は偽物であり、全ては「姦賊」の企みである。他方で自分たちは「善方」として位置づけられる。そしてこのような時節には「まがつひの神」が時を得て、「善方」にも害をなすという。これに対抗するには「御勇気」、強い「御勢」が不可欠なのだと説く。直弼に大弾圧を促した政治工作員義言のこの発言は、同時に、悪の勢力が災いを引き起こすその背後には禍津日神が控えており、これに抗して強く正しい心で悪と穢れを根絶しなければならない、と説く神学者義言の科白に他ならなかったのだ。

## おわりに

かくして直弼政権は、孝明天皇に違勅調印を弁解するにあたり、外禍に乗じて内乱を引き起こそうとする動きのなかで、息子を将軍継嗣にしようと企んだ——将軍暗殺の可能性さえほのめかされている——斉昭の姦計によるものだと責任転嫁し、「悪」の手先の大弾圧に邁進することになった。(55)

だが、身分を問わずに意見を戦わせて正しい議論を追求する政治文化が日本中に広がり、朝廷や諸大名への意見諮問によって幕閣外部からの政治介入の道が開かれてしまった今、「天下の公論」を掲げる反対派の声を、「威」だけで

抑え込むことには限界があったようだ。勅命を得られずとも公儀の命令を用いていれば自らの主君に恨みが及ぶこともあるまい、という「沢の根ぜり」における見通しは大きく外れ、水戸浪士らによって直弼は命を落とすことになり、和宮降嫁による公武合体を目指した――朝廷・幕府の一体性を疑わなかった理論の持ち主に相応しい姿勢である――義言も、藩内情勢の変化で殺害されることとなった。

通商条約をめぐる朝幕間の分裂という前代未聞の事態は、現存秩序を絶対化して下位者の批判を封じる大政委任論[56]を唱えた義言にとって、政治的敗北であると同時に、受け入れがたい理論的敗北をも意味していた。そして彼の如く絶対的な悪の実在を前提に世界を解釈した場合、相手を「悪」と看做したが最後、事態は妥協不能な根元的対立に単純化されかねない。かくして広範囲に及ぶ仮借なき対立派への弾圧は展開されることになったのではないか。しかしながら、国学者義言が嫌悪した「外国風」の政治文化を身に付けた諸主体のうねりを押しとどめることはもはや叶わなかった。硬直した政治姿勢への反動は大きく、直弼政権は宿敵たる水戸の脱藩者による実力行使で倒壊することになる。「天下の巨賊」たる直弼の襲撃を正当化した「斬奸趣意書」[57]は、直弼が「将軍家御幼少の御砌に乗じ、自己の権威を振はん為、公論正議を忌憚り候て、天朝・公辺の御為筋を深く存込候御方々、御親藩を始、公卿衆・大小名・御旗本に不限讒誣致し、或は退隠或は禁錮等被仰付候様取計」ったことを罪状として掲げていた。天皇の意志のみならず公論正義の名の下に直弼殺害を正当化していることは、直弼を虜にした義言の思想が時代状況のなかで果たした役割を考える上で、誠に象徴的なことのように思われる。

（1）　文学作品の素材としても好まれており、舟橋聖一『花の生涯』は、NHK大河ドラマ第一作目の原作にもなった。

（2）　長らく吉田常吉『井伊直弼』（吉川弘文館、一九六三年）、同『安政の大獄』（吉川弘文館、一九九一年）が標準的研究の地位を占めていたと考えられる。しかし一九七五年に中村達夫編で公刊された『公用方秘録』木俣家本は、自ら条約締結の全責任を被ることを宣言した井伊直弼の姿が偽りのものであることを明らかにしていた。詳しくは佐々木克編『彦根城博物館叢

書　七　史料公用方秘録』（サンライズ出版、二〇〇七年）。そして同編『彦根城博物館叢書　一　幕末維新の彦根藩』（サンライズ出版、二〇〇一年）、母利美和『幕末維新の個性　六　井伊直弼』（吉川弘文館、二〇〇六年）、鈴木栄樹「「京都御備」としての安政期の湖北通船路開鑿事業――彦根藩と小浜藩との対立を軸とした通説の根本的再検討を通じて」『人文学報』一〇四（二〇一三年）、福井県鯖江市教育委員会文化課編『間部詮勝と幕末維新の軌跡』（二〇一五年）、同編『安政の大獄の真実――幕末史における再評価』（二〇一六年）など、研究には大きな進展が見られる。本章の政治外交史上の諸事実に関する理解も、これらの議論に基づいている。

（3）　本書第一章をはじめとする朴薫の議論、あるいは渡辺浩『日本政治思想史　十七―十九世紀』（東京大学出版会、二〇一〇年）、前田勉『江戸の読書会　会読の思想史』（平凡社、二〇一二年）、池田勇太「明治国家と儒教」『歴史と地理』六九二（二〇一六年）などを参照のこと。

（4）　条約締結をめぐる諸大名の意見答申や国内諸階層の注目、政治参画を求める一橋派の動き、朝廷と幕府の意思の分裂。こうした流れが、幕府の政治的権威を掘り崩す形で公論空間を押し広げていった、という理解は、今日の通説であろう。具体的な議論の筋は論者によって異なるが、藤田覚『幕末から維新へ』（岩波新書、二〇一五年）、三谷博「日本における「公論」慣習の形成」同編『東アジアの公論形成』（東京大学出版会、二〇〇四年）、同『愛国・革命・民主』（筑摩書房、二〇一三年）、宮地正人『幕末維新変革史』上（岩波書店、二〇一二年）、同『歴史のなかの『夜明け前』――平田国学の幕末維新』（吉川弘文館、二〇一五年）など。

（5）　彼に関する研究史は、佐藤隆一「長野義言が伊勢国堀内家にもたらした情報」前掲『彦根城博物館叢書　一　幕末維新の彦根藩』が詳しい。

（6）　『国学運動の思想』（岩波書店、一九七一年）。以下、引用はこれに拠った。

（7）　皇學館大学の髙倉一紀教授から閲読を許された義言の門人嶋村紀孝旧蔵本、一橋大学青木文庫本（義言門人青木千枝の旧蔵書を収める）、彦根城博物館所蔵本を参照している。髙倉先生、一橋大学附属図書館、彦根城博物館の皆様にここに御礼申し上げる。

（8）　前掲母利。

（9）　前掲母利、三六頁。

（10）　前掲母利、一〇〇頁。

(11) 渡辺浩「「道」と「雅び」——宣長学と「歌学」派国学の政治思想史的研究——(一)～(四) 完」『国家学会雑誌』八七 (九・十、十一・十二)、八十八 (三・四、五・六) (一九七四—一九七五年)、うち特に (四) 完。

(12) 前掲渡辺 (四) 完、三九頁。

(13) 前掲渡辺 (四) 完、三二〇頁。

(14) 義言の思想をコスモロジーから再検討するという本章の視角は、三ツ松誠「長野義言の「霊魂考」」『東京大学日本史学研究室紀要』別冊 (二〇一〇年) から引き継ぐものである。

(15) 前掲『彦根城博物館叢書　七　史料公用方秘録』。

(16) 野口武彦『幕末気分』(講談社、二〇〇二年) に収録。引用部分は一〇四頁。このモチーフを拡大した同『巨人伝説』(講談社、二〇一〇年) は、フィクションの側に踏み越えてしまい、そのまま事実としては参照できないものになってしまった。史料に即して、再吟味を試みる所以である。

(17) この晩の事情は、彦根城博物館所蔵井伊家伝来古文書〇五〇二二五に拠った。義言がパトロンの堀内氏に伝えた手紙の写しである。

(18) 直弼はこの前段で『秘本玉くしげ』を必読書だとしているのだが、ここでも宣長古道論に合致する見解を示している。

(19) 彼における茶道の意味については、谷村玲子『井伊直弼　修養としての茶の湯』(創文社、二〇〇一年)、熊倉功夫編『彦根城博物館叢書　二　史料井伊直弼の茶の湯』上 (サンライズ出版、二〇〇二年)、同編『彦根城博物館叢書　三　史料井伊直弼の茶の湯』下 (サンライズ出版、二〇〇七年) が近年の研究水準を示す。

(20) 前掲吉田『井伊直弼』年表参照。

(21) 『大日本維新史料　類纂之部　井伊家史料』一 (東京大学出版会、一九五九年)、二〇八号、二一四号文書。以下、本史料集は『井伊家史料』と略称する。

(22) このアナロジーは、先述の大垣の一夜においても語られている。

(23) 義言の「霊魂考」では、「霊魂《たま》」は幽界に在って現世の身体に寄り添う神であるとされる。また、心は霊魂の働きによって「気《け》」が凝集し出来たエッセンスと看做される。前掲拙稿参照。

(24) 朱子学者の言う「気《き》」は万物の構成要素にしてそれ自体で運動する存在である。義言の言う「気《け》」は、この理解を読みかえて生まれたもののように思われる。

(25) 国の治乱は「下《シモ》の上《カミ》を敬《ウヤマ》ひ畏《オソ》るゝと、然らざるとにある」という『玉くしげ』における本居宣長の主張と、ここでの義言の主張は、一見すると似通ってる。しかし『秘本玉くしげ』で宣長は、下からの願い出が中間者によって遮られてトップに伝わらないことを問題視し、君主に対して憚りが多い環境を改めて、身分の低い人も発言できるようにするべきだと説いている。宣長の議論に比べると、義言は「上から目線」と評価してよいのではないか。下たる者を擁護するものとしての宣長政治論理解は、田原嗣郎『平田篤胤』(吉川弘文館、新装版一九八六年)、安丸良夫『近代天皇像の形成』(岩波現代文庫、二〇〇七年)に学んだ。

(26) 他方で儒者系のブレーンは言路洞開や諫言の重視を説いていたこと、前掲母利に詳しい。

(27) 仁政を掲げた百姓一揆が、中間者への攻撃をその論理としていたことを、義言はここで彼なりの立場からよく捉えているのだと言えよう。安丸良夫『日本の近代化と民衆思想』(青木書店、一九七四年)を参照のこと。

(28) 金沢英之『宣長と『三大考』――近世日本の神話的世界像』(笠間書院、二〇〇五年)、遠藤潤『平田国学と近世社会』(ぺりかん社、二〇〇八年)が、近年の研究水準を示す。

(29) そのために中庸や篤胤は、神典中の夜食国と黄泉国を同一視し、前者の支配者であるツクヨミと後者に惹かれたスサノヲを同一視することになる。義言はこれを批判する。

(30) 前掲拙稿で紹介した「霊魂考」上は、魂の働きを荒魂・和魂・幸魂・奇魂(所謂四魂説)に分けて、人の内側に鎮まって徳を守る和魂に対し、外に顕れて所為に功を有らしめるのが荒魂であるとする。しかし荒魂は過失が多く、悪事で徳を失うことにつながる場合も多いという。四魂説については『神道要語集』(神道文化会、二〇一一年)を参照。

(31) 篤胤説の中心が現世なのか来世なのかについては議論があるが、それぞれに重要な意義が付与されており、他者説との比較のなかで評価するほかないように思われる。

(32) 「直毘霊」による。

(33) 『霊能真柱』上、三十九丁オ―四十丁ウ。

(34) ただし篤胤説は、禍津日神とは別に枉神を設定するとともに、神々の振る舞いの多様性を強調しており、善神一元説とまでは言えないこと、前掲吉田麻子が強調する所である。

(35) 付言しておけば、[史料二]や「沢の根ぜり」の説明の前提にある「霊に従って心を正しく働かせなければならない」という義言の主張は、ここでの議論と構造を同一にしている。「霊魂考」上から引用すると、「本体乃霊は身中幽気の内に位《スミ》て。

身を守護《マモル》神なれば貴し。心は体中の生ヶ気の精なれば。顕気に住て是亦幽中の霊を見る事能はず。然而《サテ》心は霊の産霊《ムスビ》によりて生《ナリ》。霊の依《ヨサシ》のまゝに活用《ハタラキ》ながら。其霊を直に知《タヾ》ル事能《アタハ》ざるは。譬ば人は神の産霊《ムスビ》によりて生。神の依《ヨサシ》のまゝに活用《ハタラキ》ながら。其神を直に見る事能ざるが如し。又霊と心との気の裏に邪気あり。正直ノ心は霊心に通。私欲は邪に通。是故に心気盛に正直を守る時は。邪欲を蔽が故に。身に災害《ワザハヒ》無し。若心気不《ザル》レ正《タヾシカラ》事あらば。邪欲心の随《マヽ》に行ひて身を令レ乱べし」というものである。

(36)　特記なき限り、以下の議論は注(2)に示した方針に従っている。

(37)　「沢の根ぜり」上。

(38)　前掲母利は、この案では国力蓄積後の鎖国への引き戻しが考えられており、開国は戦争回避のための非常措置に過ぎない点を指摘している。条約調印に関する朝廷に対する弁解と、考え方は一貫している。

(39)　『井伊家史料』三、九四号文書。

(40)　藤田東湖「常陸帯」『水戸学全集』一（日東書院、一九三三年）。斉昭の事績を称える本書はそれなりの流布を見たようだ。「沢の根ぜり」における義言の外国風の君主への批判も、こうした斉昭イメージを念頭に置いているのではないだろうか。

(41)　『井伊家史料』十五、四八号文書。

(42)　『井伊家史料』六、一六、二五号文書。

(43)　『井伊家史料』五、一八七号文書。二月一五日付の側役宇津木六之丞宛書簡。

(44)　この二月はじめに義言は宇津木宛に、神慮を伺う方法が絶たれた最近では、朝議も「私意」で決められることがある、これが続いては王道の衰えだ、と嘆いている。ここで批判されるべき朝議の先例として挙げられているのは、安政元年の梵鐘改鋳令（水戸の先例に続くもの）発令を認めたことである。『井伊家史料』五、一七九号文書。

(45)　『井伊家史料』五、一九八号文書。二月二四日付の宇津木六之丞宛書簡。

(46)　直弼も義言あての二月二六日付の書簡で、「此節柄に付、明君を立可申と下より上を撰み候は全く唐風の中もの、況や我身の為に勝手ヶ間敷御撰出可申訳曾て無之事、不忠の至りに候」と述べ、堀田正睦も同意していたことを伝えている。『井伊家史料』五、二〇三号文書。

(47)　中根雪江『昨夢記事』下（八尾書店、一八九六年）、三五七頁。また宇和島伊達文化保存会所蔵「御書翰類　乙」一〇—七所収安政五年五月十四日付井伊直弼宛書簡。藤田正編『伊達宗城隠居関係史料』（創泉堂出版、二〇一四年）。

(48)『井伊家史料』五、一七二号文書。安政五年正月十八日付の老中堀田宛直弼建議書中の表現。
(49)前掲『彦根城博物館叢書　七　史料公用方秘録』(引用個所は一八頁)、前掲母利を参照のこと。
(50)「長野家譜略」下。東京大学史料編纂所二〇七五―一二九二。
(51)「大日本国有志存意書」『幕末政治論集』(岩波書店、一九七六年)。
(52)当の孝明天皇は、義言の入説を困ったものだとみなしていた。前掲吉田『井伊直弼』二九四頁。
(53)『井伊家史料』九、一六号文書、安政五年八月二一日付の宇津木六之丞書簡。
(54)『井伊家史料』一一、二九号文書。
(55)『井伊家史料』一二、四一号文書など。
(56)義言国学には、松本三之介『国学政治思想の研究』(未来社、一九七二年)の描き出す国学政治思想像が比較的よく当てはまる。
(57)万延元年三月。前掲『幕末政治論集』。
(補記)本研究はJSPS科研費26770216の助成を受けている。研究を進めるなかで、複数の研究会・学会で報告の機会を与えられ、有益な助言を得た。関係する皆様にお礼申し上げる。

# 第二部　東アジア近代の「交際」と新聞

# 4 プロイセン東アジア遠征と日本・中国
## ――近世近代転換期の日中外交比較の試み

福岡万里子

### はじめに

本章は、幕末期の徳川日本、及び同時期の清朝中国における対西洋外交のあり方を、具体的事例に即して比較考察するための試論を意図している。

一八五八年から六〇年にかけ、清朝中国はアロー戦争の衝撃の下で西洋列強四ヵ国（英・仏・露・米）と天津・北京条約を結んだ。これと相前後して徳川日本は、隣国に打ち寄せる外圧の脅威を強く感じつつ、同じ四ヵ国及びオランダと安政の五ヵ国条約を結んだ。諸条約により生じる新たな対外情況に対応するため、清朝では間もなく総理各国事務衙門が設立され、徳川日本では外国奉行職が設けられた。こうした新機構が動き始めたか否かの時期に、先行列強に追随して、中央ヨーロッパの王国プロイセンが、ドイツ諸国の利害を代表して外交使節団を東アジアに派遣した。使節団は徳川日本、清朝中国と相次いで条約交渉を行い、いずれも難航した折衝の末に、日本＝プロイセン修好通商条約（一八六一年一月）、中独修好通商条約（一八六一年九月）を締結した。

本章ではこれらの日独・中独交渉の比較考察を試みる。その際念頭に置いているのは以下のような問いである。両条約交渉に現れた徳川日本と清朝中国の外交の有り様は、どのような点で共通し、どのような点で相違するのであろうか。またそれを通じ、両国の外政の特徴として、どのような要素が垣間見えるのであろうか。

特に、幕末の徳川外交はその後体制の崩壊により断絶し、維新後の明治外交は、徳川外交の否定の上に成り立っていく。そこでは明治政府は、近代西洋型の国際関係標準に即応するべく、西洋列強との条約改正交渉、近隣諸国との関係の近代的再編、西洋的法制度の創出など、矢継ぎ早な新規政策を打ち出していった。一方清朝中国は、西洋列強からの要求に対応した新規の通商・外交関係を消極的にとりいれる一方で、それ以外の対外関係においては、従来型の朝貢・冊封関係を継承し、場合によってはそれを新たな文脈に置き換え修正しつつ、非対称な諸関係の維持を図っていった(1)。このように維新後、一九世紀後半を通じ、従来の近世東アジア的な国際関係秩序に対する対照的な姿勢を顕著にしていった日本と中国であるが、西洋列強からの外圧に見舞われた当初の両国の対応に、そういった相違は既に現れていたのであろうか。

幕末の徳川外交はペリー来航後十数年で清算され消滅し、抜本的な体制変革のなか、その諸特徴は新政府の外交には引き継がれなかったかのように、我々は一般に前提している。しかし、幕末外交を同時代の清朝外交と比較するならば、いくつかの共通点とともに、当然、多くの相違点が見えてくる。それらのなかに、維新の断絶を越えて継承されたような、近世近代転換期の日本外交の特徴のようなものが、浮かび上がってくるのではないか。そのような関心から、筆者は、上記の比較考察を行ってみたいと考えている。

以下ではまず、プロイセン使節団の東アジア到来の前史を一望した後に、比較の素材となる一八六〇―六一年の使節団の対日・対中交渉の経過を概観する（第一節1―4項）。その上で、日独・中独条約交渉を比較する場合の試験的な論点整理を通じ、いまだ十分に熟してはいないものの、近世近代転換期の日中外交比較へ向けた試みを提示したい（第二節）(2)。

# 一　プロイセン使節団の対日交渉と対中交渉

## 1　前　史(3)

プロイセン東アジア遠征は、一八五八年六月、イギリス・フランス・アメリカ・ロシアが清朝中国と天津条約を結んだとの報を受けて、プロイセン政府内で実施が実質的に決定された。天津条約により、「中国帝国 das Chinesische Reich の領土がこれらの国々の臣民による貿易に開かれたので、プロイセンも、かの地で生じた情勢変化からなるべく早く利益を引き出すことが重要であり、他の諸国の商人階級が市場を手中に収めてしまうまで傍観しているべきではない」との商務省の見解が、決定に当たっては強い影響力を持った。諸列強の対中条約同様の条約を、プロイセンもまたドイツ諸国を代表して結ぶこと、またこの機会に、やはり既に諸列強が修好通商条約を結んでいた日本・シャムとも同様の条約を結ぶことが、遠征の狙いとされた。使節団を率いることになった元アントワープ・プロイセン総領事のオイレンブルク伯爵（以下、オ伯とする）は、出発に先立ち、一八六〇年三月にパリを訪問した。当時パリには、アロー戦争の第一次戦役の折に英仏の全権公使として中国に派遣され、天津条約を結んだエルギン卿とグロ男爵が一時帰欧して滞在中であり、彼らに面会するのが目的であった。両者はそれぞれオ伯に、対中交渉について情報提供をしたうえで、今後中国で合流した場合の、条約締結に当たっての援助を約束した。

オ伯らプロイセン使節団員は一八六〇年五月にヨーロッパを銘々発ち、鉄道と蒸気船航路を乗り継いで、八月初旬にシンガポールで合流した。同港にはプロイセン軍艦二隻が既に到着しており、こうして一行の陣容は整った。一行は当初の予定では、最初に中国を訪問するはずであった。しかしシンガポールで情報収集をした結果、オ伯は第一訪問地を日本に変更することにした。当時はちょうど、アロー戦争の第二次戦役が中国華北部で始まろうとしていた。

すなわち英仏の連合艦隊は一八六〇年七月末に渤海湾に集結し、連合軍は八月一日に白河口の北塘から上陸、天津さらに北京へ向けて進軍を開始しようとしていた。その前後の情勢を、おそらくシンガポールの英字紙で情報収集したのであろう、この段階で訪中することは時期尚早とオ伯は判断したのである。

## 2　日独交渉の経過(4)

一八六〇年九月初旬、プロイセン使節団は江戸湾の品川沖に来着した。オ伯はプロイセン軍艦アルコーナ号上から、日本政府の「外国事務宰相」と見なした外国掛老中の脇坂中務大輔・安藤対馬守に宛てて書翰を送り、条約締結のための全権を帯びて来訪したことを告げ、江戸に宿泊所を用意するよう要望した。これに対して日本側は翌日に老中脇坂・安藤からオ伯に宛てて返翰を送り、条約交渉のために来訪した旨を了承したこと、(江戸の)芝赤羽根に宿泊所を用意したことを伝えた。かくしてオ伯一行は九月八日、港から隊列を組んで赤羽根接遇所まで行進し、宿所に落ち着いた。なお使節団の来日後間もなく、一行の下に江戸の米国公使館から通訳のヒュースケンが、仏国公使館から同じくジラール神父が派遣され、それぞれ対日交渉における通訳を申し出たので、オ伯は前者に依頼することにした。

同じく八日、外国奉行の酒井隠岐守と堀織部正が、目付とオランダ語通詞(森山多吉郎)らを伴ってオ伯らを赤羽根接遇所に訪問した。奉行らは一行を歓迎した上で、条約交渉の全権に任命されたことを伝え、交渉の開始を提案した。しかしオ伯は、「外務大臣」をまず訪問することを希望し、これを受けて日本側により、九月一四日に、外国掛老中安藤対馬守の役宅における応接が設定された。当日、使節団一行は、プロイセン小艦隊の士官らも連れて、江戸城至近の桜田門近く(現皇居前広場)に位置する老中役宅を訪問した。(5)会談は、プロイセン側通訳のヒュースケン、日本側通詞の森山を間に挟み、オ伯のドイツ語を、オランダ系米国人のヒュースケンがオランダ語に訳し、それを森山が日本語に訳すかたちで行われた。このなかで安藤は、条約締結と神奈川(横浜)開港以来の「人心不折合」を説明し、条約締結を断る意向を明らかにした。この後、外国奉行の酒井・堀がオ伯を赤羽根接遇所に頻々と訪問し、締結不可能の方針を重ねて説明した。オ伯は外国奉行が全権委任状を持参していないことを理由に彼らとの条約問題の交渉を避け、再度の外国事務宰相との会談を求めた。それに応じ一〇月二日に再び安藤の役宅で会談が行われたが、双方の主張の対立が確認されるにとどまった。

日本側が条約締結を拒絶した背景には、次のような国内的要因と対外的要因が働いていた。国内的には、開港後の物価騰貴と、五ヵ国条約の違勅調印及び安政の大獄を沸点とする政変を背景に、徳川政権の外交政治に対する世論の反発が著しく強まり、尊王攘夷を唱えるテロリズムが当時、活発化の一途を辿っていた。朝廷による勅許を得ない形で締結が断交された諸外国との修好通商条約は、正当性を持たないものと見なされ、激しい批判を浴びた。このような「人心の不折合」を鎮静化するため、幕閣はその頃、時の将軍家茂に、孝明天皇の異母妹であった和宮を降嫁させ、「公武合体」を演出するための交渉を、朝廷側との間で内々に進めていた。その過程で幕閣は、降嫁承認を渋る朝廷側に対し、「七八ヵ年乃至十ヵ年」後の鎖国引き戻し・攘夷実行を密約し、もって降嫁への内諾を獲得していた。この段階で新規に条約を結べば、この密約に矛盾すると朝廷側に受け取られる危険があった。およそ以上が、条約締結拒絶の国内的要因として想定できる。

対外的には、当時は諸列強と最初の通商条約が結ばれてから一定期間が経ち、それ以外の諸外国から、新たな条約締結の要望が寄せられるようになりつつあった。プロイセン使節団の来訪に先だっても、スイス、ベルギー、ポルトガルから条約締結の要望や打診が寄せられ、ポルトガルとは故あって条約を結んだものの、スイス・ベルギーに対しては条約締結を断っていた。と同時に両国に対し、今後第三国と条約を新たに結んだ際は同様に取り計らうとの書面約束を、幕府から交付してあった。さらに当時は、列強の駐日外交団から、別のヨーロッパ諸国も条約締結のため使節団を近く日本へ派遣する予定であると伝えられていた。以上の事情から、プロイセンとの条約締結は、その他一連の新たな締約の連鎖につながりかねなかった。それは、上記の国内事情からして、幕府としては是非とも避けたかったであろう。およそ以上が、条約締結拒絶の対外的要因として想定できる。

しかし結局、幕府は、交渉開始からおよそ半年後の一八六一年一月二四日に、プロイセンと修好通商条約を結ぶに至った。それは、ある種の交換条件に基づく、日本側の限定的な同意の結果としての条約締結であった。交換条件は主に二つあった。第一は、江戸・大坂・兵庫の一八六二年以降の順次開港開市という安政の五ヵ国条約に含まれていた規程を削ったかたちで、プロイセン条約が結ばれるという条件である。第二は、この条約の締結を最後として、（上記のスイス・ベルギーの二ヵ国は例外として）その他の諸外国との新規締約を当面凍結するという方針を、幕府が諸外国に報知することとし、それに当たり、江戸に駐在していた米国の弁理公使ハリスが助力周旋を行うという条件である。第一の条件は、幕府が当時、五ヵ国条約で問題となっていた開港開市規定の施行を延期するべく強く望み、諸列強に働きかけていたという事情を背景とする。プロイセン条約を、この規程を削った形で締結すれば、諸国に対する上記の延期交渉の有力な手がかりとなると日本側に提案することを、オ伯が発案し、ハリスが仲介者として外国掛老中安藤に提案し、日本側が最終的にこれを受け入れたのであった。第二の条件は、新規条約の連鎖的成立を懸念する日本側の意向を汲み取る形で、ハリスがやはり提案した。このように日独交渉においては、米国駐日代表ハリスが、日独間の可能な妥協点を探り出す仲介者として重要な役割を果たした。なお当時、同じく江戸に駐在していた英国の公使オールコック、フランスの代理公使ベルクールも、日独交渉には基本的に協力的な姿勢を示した。

加えて注意しておくべきは、最終的に結ばれた条約が、日本とプロイセンとの間の修好通商条約となり、後に結ばれる中独条約のような、日本とドイツ諸国との間の条約とはならなかったことである。オ伯はプロイセン東アジア遠征において、プロイセン及びドイツ関税同盟諸国を主体とする一連のドイツ諸国（総計三十数ヵ国）を代表して、中国・日本・シャムとそれぞれ条約を締結するという任務を帯びていた。日本との交渉において、オ伯はこの要望を、日本側がハリスの仲介によりプロイセンとの条約締結方針に基本合意してから、正式に表明した。すなわちこの合意を受け、外国奉行堀織部正と同・竹本図書頭らが、条約交渉の全権委任状を携えて、一二月一三日に赤羽根接遇所にオ伯を訪問して行われた最初の条約内容をめぐる交渉において、この意図が明らかにされた。その後一七日に、堀織部正は自刃した。原因は明らかになっていないが、このドイツ諸国の条約参加問題の浮上がきっかけとなったものと推測されている。その後日本側は、老中安藤が再びオ伯に役宅で面会して、ドイツ諸国の条約参加を断固退け、これにこだわるのであれば条約締結の件を白紙に戻すと表明した。これを受けてオ伯は要望を取り下げ、日本とプロイセン二ヵ国に限った条約が結ばれた。

日独交渉の概要は以上の通りである。この後プロイセン使節団は、海路、長崎を経て、一八六一年三月初旬に上海へ渡り、次なる課題・中国との条約交渉に臨むこととなった。

### 3　日独交渉中の中国情勢――アロー戦争第二次戦役から北京協約、総理衙門の設立へ

中独交渉の概要を検討するに先立ち、プロイセン使節団がシンガポールで第一訪問地を中国から日本に変更した一八六〇年八月から、日独交渉の期間を経て、離日して訪中するに至るまでの間の中国情勢を、大まかに確認しておく。

既述のように一八六〇年八月一日、英仏連合軍は、渤海湾に面する白河口の北塘に上陸し、上流の天津そして北京へ向けた進軍を開始した。間もなく新河で清朝軍と英仏連合軍が相見えたが、清朝軍の大敗に終わり、連合軍は大沽砲台次いで天津を占領した。天津でその後、北京朝廷から派遣された欽差大臣（桂良・恒福）と英仏全権エルギン、グロとの間に和議交渉が行われた。しかし交渉は、和約成立の直前になって中国側委員の全権の有無の問題で決裂し、英仏側は交渉を打ち切って軍の前進を命じ、（北京の北東近郊の）通州に到るまでは和議交渉に一切応じないと通告した。中国側はこれに対し九月八日、決戦的な上諭を発し強硬な姿勢を示した。

連合軍が前進するなか、九月半ば、通州で中国側欽差大臣（怡親王・穆蔭）とイギリス側代表（ウェード、パークス）の間に和議予備交渉が行われた。しかし北京での批准書交換問題をめぐって交渉は再び決裂し、交戦が再開された。交戦下で、パークスらは中国側に捕えられて捕虜となり、北京に檻送された。イギリス軍は九月一八日張家湾を占領、二一日英仏連合軍は八里橋の中国軍を撃破し、北京へいよいよ迫った。同日、中国側は円明園において御前会議を開き、翌二二日、咸豊帝は、主戦派である怡親王派の皇族・官僚らとともに熱河の離宮へ蒙塵した。二一日の御前会議で、咸豊帝の弟である恭親王が、新たに欽差便宜行事大臣に任命され、連合軍との交渉に当たることとなった。八里橋に駐留していたエルギン、グロと恭親王は、書面で停戦和議の交渉を行った。エルギンは、天津条約履行の誠実な意思表示（英仏連合軍軍前への委員派遣）とパークスら捕虜の引き渡しを要求したが、恭親王はともに難色を示し、これに対し英仏側は二五日、三日間を期限とした最後通牒を発した。一〇月七日から一九日にかけ、英仏軍は円明園を略奪・焼燬した。(6)

この間の一〇月五日、恭親王は和議を決意し、八日にパークスら捕虜を釈放した。英仏側の要求の無条件承諾を内容とする書翰が、ロシア公使イグナチエフ将軍の調停を経て、二〇日、英仏側に送られた。二四日、英国全権エルギンは、護衛兵及び士官・随員ら総計五〇〇人超を伴って北京に入城し、礼部衙門で恭親王と会見、北京協定に調印し、天津条約の批准書交換を行った。二五日、仏国全権グロは、同様多数の護衛兵・随員らとともに入城し、同様に北京協定調印・天津条約批准書交換を行った。この後、英仏側は、こうして確定された条約規程に基づく北京への公使館設置・公使駐劄の権利を翌春まで延期することとし、北京から引き揚げた。(7)

翌一八六一年一月、外国公使の駐京に備え、外国事務を処理するための機構を設立することが当座必要であるとする恭親王らの奏請に基づき、北京に総理各国事務衙門（総理衙門）が設立された。併せて地方の外交機構として、まず天津に辦理三口通商大臣が新設された。これは、アロー戦争の結果開かれた華北の三港（芝罘・天津・牛荘）を管轄する通商大臣として置かれ、内務府の高官であった崇厚が任命された。一方、華南の通商大臣として、一八五九年以降広東から上海に移設されていた欽差大臣が据え置かれ、江蘇巡撫であった薛煥が引き続きこれを務めることとなった。この上海欽差大臣（または上海通商大臣）が、アロー戦争後の華南の一連の開港地（上海・寧波・福州・廈門・広州・揚子江沿いの三港――鎮江・九江・漢口――・潮州・瓊州・台湾府・淡水）の通商事務を束ねることとなった。こうしてアロー戦争後、北京の総理衙門・天津通商大臣・上海通商大臣の三極から成る清末中国の外政機構が形を成した（「南北洋システム」と呼称されることがある(8)）。

## 4　中独交渉の経過(9)

プロイセン使節団は一八六一年三月上旬、上海に到着した。三月九日にオ伯は、恭親王宛ての書翰及び華北の英仏公使ブルース、ブルブロン(10)宛ての書翰を持たせて、随員のブラントを天津に派遣した。天津または北京での条約交渉の下準備をさせるためである(11)。なおオ伯は到着後間もなくから、上海に居留するドイツ人社会のほか、同港滞在中の英仏の外交・軍事関係者ら（中国派遣のフランス軍司令官モントーバン将軍、天津条約の交渉時にエルギン卿の通訳を務めたレイ、同じくパークス、中国派遣のイギリス軍司令官グラント、上海フランス領事など）と積極的に社交を行ったが、日本においてとは異なり、英仏側からプロイセン使節団に対中交渉の通訳を提供するといった話は出なかったようである(12)。代わりにオ伯は、マカオから中国語通訳を呼び寄せることとなり、四月になって、ポルトガル系のマルケスを雇用した。マルケスは、苦労して中国語を話す通訳で、そしてたどたどしいもののフランス語（及び英語）を話したので(13)、中独交渉は、中国語とフランス語を介して行うこととなった。四月初め、天津に派遣したブラントからオ伯に報告が届いた。それは、華北の英仏公使が、状況が落ち着き北京の恭親王ら周辺の勢力が基盤を固めるまで、七―八ヵ月の間、オ伯らが華北に来ないように促していることを伝えた(14)。なお英仏公使は、天津に到来したブラントが訪問した後間もなく天津を発ち、三月二五日に北京への駐在を開始したところであった[15]。

その後オ伯は、上海で親しくなった仏軍モントーバン将軍の紹介で、四月一〇日、上海欽差大臣薛煥が視察して行われた清朝軍の軍事演習を見学した[16]。一二日にはそれをきっかけとしてか、欽差大臣の居所を随員らと通訳マルケスを随伴して訪れる機会を得た。この席には上海道台（呉煦）も同席した。会談では、オ伯が天津または北京で皇帝政府に対して（条約締結の）申請を行うつもりであるとの意図を表明したものの、中国側はこの話題を正面から取り上げず、ただし華北への陸路は道中骨が折れることを饒舌に語った。条約問題についてはついでに、条約は中国に不幸な戦争をもたらしてきたので、任務の実現は困難にぶつかるだろうと言及された。四月二三日、オ伯一行は華北へ向けて海路出発した[17]。

四月末、一行が白河口まで到来すると、ブラントが天津からやって来て合流し、恭親王からのオ伯宛て書翰をもたらした[18]。それは条約交渉のため一行が到来した旨を了承し、（天津の）辦理三口通商大臣である崇厚と総理衙門大臣・幇辦大臣である崇綸とが皇帝により交渉委員として任命されたこと、彼らが天津で一行と交渉することを伝えていた。五月一日、一行はブラントが手配した天津城外の宿所に落ち着いた[19]。

この後の中独交渉は、基本的にこの崇綸・崇厚とオ伯らとの間で、会談ないし書翰による伝達を通じて行われた。会談は、崇綸・崇厚がオ伯の宿所を訪問して行うもの、オ伯が天津城内と見られる崇委員らの居所を訪問して行うものと、双方あった。ただし重要な案件（ことに北京への公使駐劄権をめぐる方針など）を新たに伝達するに際しては、崇委員らがオ伯宛てに（中国語の）書翰を送ってまず事柄を開陳し、その後に会談でさらに説明するという方法がしばしばとられた。一方、北京の総理衙門にある恭親王は、オ伯らと決して直接的な会談を行わなかった。ただし交渉で浮上する重要案件に関して、オ伯が北京の恭親王宛てに書翰を送り、恭親王がこれに返翰を送るなど、時に直接的な書翰上のやり取りが行われている[20]（その頻度は交渉が終盤になるにつれ増加していったようである。後述参照）。

その後、基本的に最後まで天津で行われた中独交渉で最大の焦点となったのは、北京への公使駐箚権（以下、駐京権とする）をめぐる問題であった。すなわち中国側は、プロイセンに駐京権を新たに認めることを強く拒絶した。ただし駐京権を含まない通商レベルに関する条約であれば締結できるという立場を、交渉の序盤からとった。そして通商条約にとどまる限り、条約相手国の多寡は強くは問題視されなかった（プロイセンのみならず一連のドイツ諸国の名において条約を結ぶというオ伯の要望は、交渉の序盤で、強い抵抗を受けることなしに受け入れられた）。これに対してオ伯は、諸列強と同等の条約を中国と結ぶべしという訓令を受けていたことから、駐京権の獲得にあくまでこだわった[21]。

中独交渉に際して、当時北京に設置されて間もなかった英仏の公使館がとった姿勢につき、大まかな傾向を確認すると、まず英国公使館は、中独交渉中、プロイセン側に対して非介入・非協力の方針をとり、この姿勢を最後まで基本的に保った[22]。仏国公使館は、交渉の中盤まで同様の姿勢をとっていたが、後述のプロイセン使節団員による北京侵入事件を経て、交渉の終盤になると協力姿勢に転じている（後述）。他方で、英仏公使館とりわけ仏国公使館は、中国側とは、中独条約問題をめぐってかなり情報交換をしており、中国側に対してアドヴァイザー的役割を果たしていたと言ってよさそうである。例えば中独条約問題をめぐる総理衙門の恭親王らの咸豊帝宛て奏請では、英仏公使（または公使館員）からもたらされた情報がしばしば引用され、プロイセンに対してとるべき方針を導く材料ないし根拠とされた[23]。

さて天津での中独交渉は、駐京権をめぐる双方の対立により、間もなく膠着状態に陥った。駐中外交団の助力も期待できないなか、オ伯は、交渉打開の可能性を賭して、北京に上り恭親王と直接交渉するという計画を、五月末以降検討しはじめた[24]。六月後半になり、仏国公使館員のクレコウスキから、〈仏国公使館の周旋にかかわらず、中国政府はプロイセンへの駐京権の拒絶を改めて表明し、熱河の皇帝からその旨の上諭が下された〉と伝える書翰が届くに及び、オ伯は企図を実行に移すべく、六月二一日に随員のブラントとベルクを先発として北京へ出発させた[25]。しかしこれに対して中国側は激しい拒絶反応を見せた。すなわち恭親王は、交渉の打ち切りを天津へ指示するとともに、北京・天津間の交通を厳戒態勢にし、軍隊まで出動させる構えを見せた。と同時にオ伯に対し、二人を召還しないならば強制的に北京から引き払わせることを、崇委員らを通じて通告させた。ここでも英仏公使館の助力は得られず、オ伯はブラントらをやむをえず天津に呼び戻した（一六月二八日）[26]。

七月初頭以降、天津で交渉が再開され、オ伯はついに、次のような譲歩案を崇委員らに提案した。条約に駐京権を載録するが、追加条項で、五年間は公使を北京に派遣しないことを規程するという案である。これに対して崇委員らは一〇年間を要求した。一方この頃になると、北京の仏国公使館が中独の仲介に動きはじめ、また恭親王も妥協の徴候を見せるようになる[27]。七月三日、クレコウスキが北京からオ伯に書翰をよこし、そのなかで、恭親王が、七ヵ条から成る一連の条件をプロイセン側が受け入れるのであれば、駐京権を載録した形で条約を結ぶ意向であることを伝えた。それは、①プロイセンが駐京権を一〇年間行使しないこと、②このことが条約の追加条項で明記されること、③批准書交換が一年後に上海で行われることを主要な条件として、そのほか、より細かい条件から成っていた。これに対してオ伯はクレコウスキに即座に返翰で、①以外は基本的に受け入れ可能であること、①については、一〇年間ではなく五年間、ないし批准書交換から五年間（つまり条約締結後六年間）が最大の譲歩可能ラインであることを伝えた。クレコウスキは間もなく五日に再び書翰で、オ伯の提案への恭親王の同意を伝えた[28]。

ところが八日、天津の崇委員らがオ伯に書翰を送り、この合意成立への流れをせき止めた。すなわち崇委員らは、条約草案を皇帝に呈示しなければならないこと、かつ内地旅行権、沿岸航行権、キリスト教徒の保護ほか、一連の条項をオ伯があきらめない限り、皇帝は条約を裁可しないだろうことを伝えた。さらに新たに浮上した批准書交換後五年間の駐京権不行使を規程する追加条項案についても、「五年の経過後、中国内地の騒乱が続いている場合は、中国政府は年限を延期できる」という文言を付け加える――すなわち問題の追加条項を骨抜きにする――ことを要求した[29]。

このように、この時期になると、プロイセン側に示される北京の恭親王の姿勢と、天津の崇委員らの姿勢とに、相当のズレが現れるようになった。この後、崇委員とオ伯らは、北京へ送る条約草案を用意するため、逐条的な条約案文審議を行った。この間、七月一三日に恭親王がオ伯に書翰をよこし、①駐京権の五年間不行使を追加条項に記載する案について、崇委員らが先に提起したと同様、国内情勢の如何により年限を伸ばし得るという文言を盛り込まなければならない、かつ②この点及び条約の全文が皇帝の裁可を受けなければならないので条約審議を早く終えるように、と伝えた。天津での条約案文審議は一七日に終了し、対立点についてはそのままにして、出来上がったものに、オ伯が恭親王宛て覚書と崇委員ら宛て覚書をそれぞれ付け、崇委員らがさらに自身の報告書を付けて、これら全ての文書を北京（さらに熱河へ、か）に送って判断を仰ぐことになった。恭親王宛て覚書でオ伯は、駐京権の件について以下のように伝えた。必要な場合の年限延長について、その際に十分な理由が呈示されるのであれば、プロイセン政府がこれを認可する可能性は十分にあるが、それを追加条項に明記することは受け入れられない、とである[30]。

この後七月二八日、これまで中独交渉の通訳を務めてきたマルケスが、難航を極めた条約案文審議の後、脳梗塞と見られる発作に見舞われ、半身不随となった[31]。翌二九日、崇委員らがオ伯に条約草案について長い書翰をよこした。それは問題の対立点についてオ伯の要求を拒絶するのみならず、すでに受け入れていたはずの他の諸点についても話を引き戻し、オ伯の譲歩を要求するものであった。同時に恭親王から覚書が届いた。それは駐京権の五年間不行使の年限延長の件について、必要な場合の中国側による年限延長の権利を追加条項に明記することを、重ねて要求するものであった[32]。

この頃が、オ伯らプロイセン側にとって最大の試練の時期だったようである。オ伯はマルケスに代わる通訳を確保する必要に迫られた。ちょうどその頃、北京の仏国公使館から第二書記で通訳のメリタンが天津を訪問中で、オ伯の宿所を訪れたところであった。そこでオ伯は北京の仏国公使に書翰で、彼を通訳として提供してもらえるよう嘆願した。要望は受け入れられ、七月末以降はメリタンが中独交渉の通訳を務めるようになる。彼は有能な通訳であり対中交渉者で、オ伯の意を受けて崇委員らと中国語で自在に意思疎通をし、以降交渉は俄然はかどるようになった模様である。オ伯はこうして、崇委員との交渉はメリタンに一任し、また彼の翻訳を付して恭親王に返翰を送った。そのなかで、駐京権五年間不行使の年限延長については、中国側から理由が示された場合に熟慮を約束する書面をプロイセン政府から恭親王宛てに送ることを申し出た。八月二日、恭親王はオ伯に返翰を送り、この条件を受け入れた。崇委員らもメリタンの周旋の結果、要求のハードルを再び下げたようである(33)。

こうして八月初旬に諸々の点で合意が成立し、一二日、仕上げられた条約草案とその他関係文書が、北京へ、そこからさらに皇帝のいる熱河へと転送するべく発送された(34)。その後二三日、北京へ行っていたメリタンが、咸豊帝崩御の噂をもたらした。二五日、その確報が伝わるとともに、排外派の親王が摂政に任命されたと伝えられた。条約裁可の知らせはまだ届いておらず、オ伯らは極度の緊張の日々を過ごした。二七日、崇委員らから、皇帝は二一日午前四時に崩御したが、一九日に条約を裁可していたという知らせが届けられた。この後、九月一日に勅定と裁可された条約書が天津に到着し、服喪の中、二日に崇委員らがオ伯の宿所を訪問して調印式が行われた(35)。

## 二　日独交渉と中独交渉——比較の論点

日独交渉と中独交渉はいずれも、列強の強烈な武力の発現（日本の場合は発現の脅威）が当面過ぎ去った後に交渉が行われた点で共通している。プロイセン使節団が引き連れてきたのは二隻の軍艦に限られ、膠着する交渉を動かすような示威的な効果を及ぼすにはいささか貧弱であった。日本と中国の首都及びその周辺には、既に条約を結び、公使や領事その他として駐在を始めた列強諸国の外交団が形成されつつあった。徳川政権及び清朝政府では、これら列強諸国への対応のため、一方では外国奉行職を設置、他方では総理衙門を設立し、増加する対外懸案への組織的な対応を模索しつつあった。かくしてプロイセン使節団は、これら揺籃期の日中の外政機構と、同様に形成期の列強外交団、それぞれのアクターたちの動静や出方を探りつつ、言わば「純然たる外交交渉」(36)を通じて、条約締結という任務の遂行を目指すこととなった。

以下ではこれら二つの交渉を素材または手がかりとしてこの時期の徳川政権及び清朝政府の外交のあり方を比較する場合、どのようなトピックが論点として浮上しうるかを考える。多様な論点がありえようが、ここでは以下三つのトピックに焦点を当ててみたい。①交渉の場所、②交渉における指揮系統、③交渉における執着点、である。なお以下では便宜上、各論点について中独交渉、日独交渉の順に論じることとする。

### 1　交渉の場所

中独交渉で特徴的なのは、中国側が中央政府の居所・北京での交渉を断じて許さなかったことである。北京の総理衙門にいた、外国側が中国の「外務大臣」と見なしていたところの恭親王も、オ伯とは決して、北京で直接的に面会しての交渉を行おうとしなかった。オ伯が駐京権問題の一挙打開を賭して実行しようとした進京の試みも、恭親王側の強烈な拒絶的対応と、列強の冷淡な非協力姿勢に逢い、挫折せざるをえなかった。

中国側はまた、北京での交渉を絶対的に避けようとするのみならず、天津を含め、華北での交渉を可能な限り避けようとしていた。オ伯ら一行は当初、華南の通商中心地として成長途上であった上海に到来し、上海通商大臣の薛煥らと幾度か接触・面会している。この薛煥には、一八六一年一月までに、恭親王の奏請に応じた形で、咸豊帝から、上海で通商を行う未締約の「小国」の条約締結要求は拒否し、その使節の天津への北上を阻止するようにとの上諭が下されていた。かつその際、諭旨では、それに当たっての援助を英仏米に依頼するよう指令し、もし未締約国使節が従わないでただちに天津に赴けば、薛煥にその責任を問うと厳命していた[37]。しかしオ伯らがこの意図に従う（またはそれをそもそも理解する）ことなく華北にやって来てしまったので、天津で、天津通商大臣崇厚が、新たに北京から総理衙門大臣の肩書きを付けて派遣された崇綸とともに、これに対応することとなった。このように中国側では、外国公使を政治的な中心地から可能な限り遠ざけておこうとする遠心的なベクトルが働いていたと見られる。

一方、日独交渉では、交渉の場所は当初から、徳川政権の座所である江戸であった。江戸で条約交渉を行うことについて、日本側は難色を示した形跡が見当たらない（少なくとも日独交渉の時期については、そう言える）。そして当時、外国側から「外務大臣」と見なされていた外国掛老中安藤対馬守は、江戸城至近の自らの役宅にオ伯らを招いて、直接に交渉を行った。前年から江戸に駐在していたアメリカやイギリス、フランスの公使たちも、この頃、安藤の役宅で会談を行った。安藤の配下には一連の外国奉行がいて、より実務的な外交交渉は、彼らのうちの担当者が各国の公使館（となっていた江戸の寺社）を訪ねて行われた。

なお日本でも、一八五〇年代前半の和親条約締結期頃までは、江戸やその近辺ではなく、従前からの慣習に沿って長崎（ないし外国使節が到来した現地——浦賀や下田など）で外国使節に対応しようという志向が強かったことは、附言しておく必要があろう。従って交渉の場所を論点とする際、時期をさかのぼっての比較も必要になってくるであろう。また外国掛老中安藤が外国公使を自らの役宅に招いて差し向かいで交渉を行ったことについては、尊王攘夷派が激しい敵愾心を燃やし、後に安藤が坂下門外の変にて襲撃される際の「斬奸趣意」の一要素となった[38]。ただし、外国使節の北京入りに強い拒絶反応を示し、交渉の場所を政治の中枢から可能な限り遠ざけようとする傾向を、清朝政府は長期にわたって保持した[39]のに比して、徳川政権は、問題が浮上してからかなり早期の段階で外国使節の江戸入りを許しているという相違は、否定することができない。これについては後の第3項で再論する。

ところで交渉の場所をめぐる日中比較に当たっては、仮に外国側が江戸の幕府を差し置いて京都の朝廷、天皇との交渉を求めていたとしたらどうだったのかという問題も、考えておく必要があるかもしれない。そういった事態がありえたかどうかはともあれ[40]、その場合は言うまでもなく、強烈な抵抗が、あらゆる方面から示されたであろう。それは当時の日本の政治外交上最大の懸案が、京都に近い大坂・兵庫の開港開市をいかにして回避するかという点にかかり、ひいては天皇が攘夷を主張し対外条約を否認し続けている状況をどうするかという問題であったことからして、そのように想定してほぼ間違いがないと思われる。そこからすれば、政治外交主体とそれを認証し権威づける主体が長らく二極に分裂し、その所在も江戸と京都とに別れていたことが、江戸がすんなり外交の場所となりえたことの一背景にあったとも言えるかもしれない。

ただしこの二極体制が解消され、天皇とその周辺に権威と権力が回収されていく明治維新の過程では、王政復古が宣言されるや否や早々に、天皇が諸外国公使を京都に呼び寄せ対等形式で謁見し（一八六八年三月）、天皇の居所が速やかに外交の場となっていった事実もまた、見逃すべきではないであろう。幕府勢力との権力闘争が目下進行中であった故に、外国公使との謁見（ひいてはそれによる天皇政府への外交権力回収の表明）が急がれたのであろうが、中国と比較した場合、この変化の早さは顕著である。その後天皇の外国人謁見は明治期を通じて無数に重ねられていくこととなる[41]。ちなみに清朝皇帝が外国公使と初めて朝貢形式によらずに謁見するのは一八七三年、時の同治帝が成人になった年のことであり、それに先だっては紛々たる論争が数ヵ月にわたって中外間、清朝内部で交わされた[42]。

## 2　交渉における指揮系統

ここでは、中独・日独交渉で、ドイツ側の要求や出方により、中・日の側で対応や政策が検討され、アウトプットされていった際の指揮系統や情報伝達の回路の問題について、考察を試みたい。

中独交渉については、これまでに中国側史料を実際に検討しえていないことから確定的には論じられないが、ドイツ側刊行史料に現れた中独交渉の経過（特に終盤）から判断される限りでは、中国側では対外交渉の指揮系統が統一されるに到らず、対外的な方針表明に当たって複数の回路が併存し、時に競合していたように見受けられる。

前述の通り、中独交渉でプロイセン側と直接的な交渉を行ったのは天津の崇委員らであり、北京の総理衙門にいる恭親王は決して直接的に面会しての交渉を行わなかった。なお中国側史料に基づく先行研究によれば、恭親王は背後では、総理衙門の他の高官らと連名で、プロイセンとの条約問題に関して熱河の皇帝宛てにしばしば奏請を送り、交渉の経過と方針を上陳していた。これに対して熱河からは時に、上諭が下されることがあった模様である。そして、この熱河の方針を受けてか受けずにかはともかく、北京の恭親王らから天津の崇委員らに指示が送られることがあった。また逆に、崇委員らから北京の総理衙門へという報告のルートもあった[43]。

このように記すと、プロイセン使節団に対して表明される中国側方針の背後には、〈天津の崇委員ら—北京の総理衙門の恭親王ら—熱河に蒙塵中の咸豊帝周辺〉という情報と指示の伝達回路があったかのようにも映じる。しかし実態は、より入り組んでいたものと考えられる。というのも第一に、当時制度上は、天津の崇委員らを含め、地方大官からの上奏は、あくまで皇帝宛てに作成され、皇帝に送られるものであり、北京の総理衙門に直接送られるということはないはずであった。もしそれらが総理衙門に送られる場合は、（朝貢国の管轄官庁である）礼部を通じて送られるはずであった[44]。すなわち機構上は、天津の崇委員らは、北京の総理衙門（恭親王ら）の下に直属してはいなかった。加えて第二に、中独交渉では実際、直接の交渉相手である崇委員らに最終的決定権がないのを見て、オ伯らが、（北京の）恭親王の見解を問い合わせるように促すと、崇委員らはこれに反発し、「彼［恭親王］はこの問題とは全く関係がない、我々は皇帝の全権代表である derselbe habe garnichts mit der Sache zu thun, sie selbst seien die kaiserlichen Bevollmächtigten」と啖呵を切る場面がある[45]。崇委員らと恭親王との間の微妙な関係をうかがわせる発言である。

中独交渉の終盤では、北京の恭親王らが妥協的姿勢に転じ、交渉の妥結を急ぐような気配さえ感じさせるようになる一方で、天津の崇委員らは非譲歩的な姿勢を崩さず、要求のハードルをむしろ高めたりして、両者の離反が露わになった時期があった（前記の崇委員らの発言はそうした時期のものである）。それは、北京と天津の物理的離隔ということにも増して、こうした指揮系統の分裂ということが背景となっていたのではないかと、現段階では推測している。

日独交渉の場合は、指揮系統の分裂といったことは基本的に見受けられない。この時期の徳川外交の指揮系統における実質的な意味での頂点にあったのは、外国掛老中の安藤対馬守（信睦、後に信正）と言ってよいであろう。彼は自らの役宅で、列強の外交代表らと、前述した開港開市延期問題を始め、重要度の高い対外問題の折衝を行った。また各国公使と応接することから必然的に、多国間に横断的に関わる外交交渉は、彼が統率することとなった。これに対し、その配下にあった一連の外国奉行たちは、さらにその配下に調役、定役、同心などの属僚を従えつつ、安藤の采配の下、各国への対応を担当者ごとに分掌しながら、より実務的な外交折衝及び案件の処理を行っていた。こうした外務官僚の集団は当時、外国方と呼ばれていた。外国方にはまた、「御書翰掛」と呼ばれる一課があり、その詰所は江戸城内で外国奉行部屋の隣にあって、調役・書物方、通弁・翻訳官などの専門的属僚を擁していた。このうち通弁・翻訳官は、オランダ語を主とする西洋言語を操り、対外交渉での通訳や、外国とやり取りする書翰の翻訳を行っていた。調役ないし書物方は、こうした通訳・翻訳をもとに、対外交渉のやり取りを記録する対話書を筆記するとともに、外国公使館へ送る書翰を起草した。それらの書翰は、草案が出来上がると、外国奉行や勘定奉行、目付など、老中・若年寄配下の有司の諸集団がそれぞれ順番に目を通して添削・修正し、さらに外国掛老中安藤によって最終チェックが行われ、翻訳文を添えて外国側に送られた(46)。

一方、プロイセンと条約を結ぶべきかどうかについて、政権としての最終判断が決せられる際は、老中一同及び諸奉行・目付など有司集団列席の下で評議が行われ、そのうえで将軍家茂に最終的な決定が委ねられた。家茂は、ハリスやオ伯らと直接交渉を行っていた安藤らの具申を尊重するかたちで、条約締結の方向で沙汰を下したようである(47)。

このように、当時の幕府外交では、「外務大臣」的な外国掛老中安藤をトップとして、外国方の諸役人が、かなり組織的な指揮系統と分掌体制の下、諸々の対外事務を処理していた。そして、重要な案件をめぐる外交方針の最終裁決に当たっては、幕閣一同の総評議を経たうえで、将軍による裁決という形がとられたものと見られる。

ただし同時に当時は、政治外交をめぐる徳川将軍家の専権が侵食され、京都の朝廷の意向――ないし朝旨の代弁を標榜した尊王攘夷派――が外交関係の帰趨を左右するようになる傾向が急速に強まりつつあったことも、付言しておく必要がある。時の孝明天皇は一八五八年の日米修好通商条約以降の対外条約を認めようとせず、むしろ条約の破棄と攘夷の実行を幕府に求め、それは特に一八六一年以降、朝旨をバックにした尊王攘夷派の伸長によって巨大な政治圧力となった。以降、一八六五／六六年に外圧に押される形で条約の勅許が下される頃まで、幕府の対外政策は、朝廷と諸々の勢力の影響下で、攘夷実行と対外協調の両極端の間を木の葉のように揺れ動くようになる。指揮系統もそれに従い混乱を来すこととなる。その意味で、安藤期の幕府外交は、その後の混乱期に入る以前のひとつの完成形であったとも言えるのかもしれない。

### 3　交渉における執着点

第三の論点として、中独・日独交渉で中国側・日本側がそれぞれ強いこだわりを見せた点を比較したい。

まず中国側は、既述のように公使の北京駐在権（駐京権）の問題に強烈なこだわりを見せ、これを可能な限りプロイセンに認めまいとした。一方で、ドイツ側史料に残された表現を用いれば、駐京権を載録する「政治条約」ではなく、通商の次元にとどまる「通商条約」ならば、新たに条約を結ぶことに問題はなく、また基本的に、その条約に一連のドイツ諸国が参加して締結相手国が増えても構わないという立場をとった(48)。

駐京権の拒絶ということは、おそらく、北京での条約交渉の拒絶という前記1項で見た経過とも関わることであろう。また外国公使が駐京する際は、相手国の君主に謁見して信任状を直接進上するのが西洋の通例であり、したがって北京宮廷における皇帝への謁見（覲見《きんけん》）の問題と直結していた。

この外国使節の進京・駐京・覲見の問題は、時期を少しさかのぼれば、これらに先だって問題化した外国使節の広州入城問題と併せ、アロー戦争そのものが引き起こされる根底的な原因となったものであった。村尾進によれば、アロー戦争は広州入城問題を背景として勃発し、またアロー戦争第一次戦役の後半を成した天津戦役、及びその後の天津条約交渉と上海税則会議の交渉は、清朝側にとり、外国使節の北京常駐をいかにして阻止するかという問題を核心とした(49)。しかしその末に結ばれた天津条約は、清朝の意向に反し、外国使節の駐京権、及び「中国の君主と対等な地位にある独立国の君主の代表として」の使節の覲見の権利を規定し（第三条）、また調印後一年以内における北京での批准書交換を定めた（第五六条）(50)。アロー戦争の第二次戦役は、清朝がこれらの規定を破棄しようと固執したことで勃発した。その後、北京に進軍する連合軍に押し込まれながら断続的に行われた中外交渉は、清朝側にとり、外国使節が覲見して国書を皇帝に直接手渡すのをいかにして回避するか、を焦点とした(51)。それら一連の大規模な紛争・流血・混乱を経てようやく、清朝政府は英仏に対して駐京権をかろうじて認めた。しかし咸豊帝は英仏全権らとの覲見を避け、連合軍の北京入城を前に熱河へ蒙塵し、その後ついに戻らないまま死去した。清朝政府にとってみれば、外国使節が進京して北京に滞在し、また覲見するのであれば、それは必ず、厳格に規定された一連の朝貢のプロセスとプロトコールに則って行われなければならなかった。それ以外の形での外国使節の進京・駐京・覲見は、これらの朝貢儀礼を破壊することで、徳の「光被」という清朝皇帝のアイデンティティないし存在意義を欠損させるものであった(52)。

さて「政治条約」「通商条約」の区別について言えば、清朝政府はアロー戦争後、英仏露米の四ヵ国とは、「政治条約」の関係を認めざるをえなかった。しかしその関係を認める国を最小限にしようとした。一八六一年一月に、上海で通商を行う小国群との条約締結を拒絶せよとの上諭が下されたという前述の経過は、その一環であろう。なお総理衙門ができて数年が経過した同治年間（一八六二—七四年）の清朝は、国家を「有約通商国」「無約通商国」「属国」に区別しており、有約の国は北京に行くことができる（駐京権を有する）という「外交」上の特権を賦与されていると捉えていたという。[53] ところで、特定の開港地で諸外国に通商を許すという状態は、もとより清朝が、一九世紀半ばの一連の対外紛争に先立つ近世段階から、長らく認めていたことである。[54] こうした、「西洋の衝撃」以前の言わば初期状態との連続性から、清朝政府は、数多くの通商国（互市国）が存在すること自体には、さほど問題を認めなかったのではないかと思われる。[55]

なお清朝は、特権的な外交関係を認めた上記の四ヵ国すらも、「通商」のレベルに押し戻そうとする一方、朝貢国の範疇で扱おうとする傾向が強かったようである。総理衙門の設立過程に関する坂野正高の研究によれば、一八六一年一月に同衙門の設立が裁可された際、発案者となった恭親王らは、その名称を「総理各国事務衙門」とすることを奏請し、また（清朝の皇帝直下の最高政務機関である）軍機処から外国事務を分離し、これを専門に処理する機関として、同衙門を立ち上げることを構想した。しかし咸豊帝からの上諭により、総理衙門と軍機処との関係は希薄なものとされるとともに、地方大官からの対外問題に関わる報告は、朝貢国の管轄官庁たる礼部を介して送られることとなり、総理衙門は事実上この礼部に従属せられることとなった。そして名称は「総理各国通商事務衙門」と改められた。「通商」の二字を挿入したわけで、これは、坂野によれば、外国との交渉を「通商」の範疇に入れ、対等の国家間の国交という建前を否定するものであり、総理衙門を礼部に付属させようとするのと同様の意味を含蓄する操作であった。名称についてはその後、外国側に対しては「総理各国事務衙門」という名称を用いながらも、対内的には総理各国通商事務衙門という名称を並行して使うという、言わば「ダブルスタンダード」の決着となった。[56]

これに対し、日独交渉で日本側が最もこだわったのは、どのような内容の条約であれ、条約を結ぶか否かという問題であり、なかんづく条約締結相手国の数の問題であった。条約締結の方向で合意が成立した後、日本側にとっては予想外に、総計三十数ヵ国のドイツ諸国が条約への参加を望んでいるという問題が浮上し、おそらくこれをきっかけに日本側交渉委員の自刃事件が発生した経緯は、締約国の多寡の問題の重大性を物語っている。

そもそも幕末の「開国」以前の徳川政権は、関係を持つ外国を「通信国」「通商国」に分けた上で、通信国を朝鮮・琉球の二ヵ国に、通商国を中国・オランダの二ヵ国に限定していた。そしてその他の諸外国とは関係を持たないのが古来の「国法」「祖法」であるという規範概念に基づく対外対応のパターンを形成していた。このいわゆる「鎖国祖法観」(57)は、徳川政権の諸官僚や諸大名、朝廷内を含め、幕末段階までに広く国内で共有されるようになっていた模様である。一方で一九世紀半ば以降、中国大陸の諸港が諸外国の通商のために開かれ、また北米大陸西海岸の開発が進んで太平洋横断航路の開設が米英諸国によって準備されるようになり、東アジア海域に到来する諸外国船はますます増加していく趨勢となった(58)。こうしたなか、四ヵ国以外とは関係を持たないという上記の慣習法は、徳川政権の対外対応の自由度を著しく狭める軛と化していったと言える。もっとも徳川政権内部では、この趨勢変化に応じ、上記の祖法は寛永期（一六二四—四四年、家光政権期）以降の産物であり、それ以前は活発な対外貿易を行っていた史実を指摘して、これを相対化しようとする動きが現れた(59)。そうした開国正当化論理に基づき、徳川政権は一八五八(安政五)年、米国総領事ハリスの求めに応じて日米修好通商条約を締結する運びとなった。しかしそれに先だち幕閣は朝廷に勅許を求めることとなり、これに対し、時の孝明天皇は強固な鎖国祖法観に基づいて勅許を断固拒否した。にもかかわらず幕府が条約の締結に踏み切ったことから、勅旨を奉戴するという形式の下で担保されていた徳川公儀の正当性は著しく損傷する事態となり、その後の幕末の動乱が沸き起こっていく(60)。プロイセン使節団が来日した頃の徳川政権は、こうした事態のなか、先に述べた「公武合体」策により、朝廷を公儀のコントロール下に（再び）回収し将軍家の正当性を回復するとともに、それまでは、徳川の非正当性の象徴たる条約の新規締結を凍結するという政策をとっていたと考えられる(61)。以上の背景から、締約国の多寡の問題は、当時の徳川政権にとってゆるがせにできない問題であった。

一方で、清朝政権の対外対応において頻繁に浮上する「朝貢」と「通商（互市）」の区別、及び諸外国との関係を上記いずれかの範疇に誘導しようとする志向性は、幕末の徳川外交には見出しにくい。前述の通り、徳川政権にとっては「通商国」の増加自体が大問題であった。また通商条約であれ何であれ、条約締結を求めてきた西洋諸国を「朝貢国」として扱おうとするような傾向は、幕末の徳川外交には管見の限り認められない。

加えて中独交渉との比較で言えば、首都（江戸）への公使駐在権の問題は、日独交渉では、条約を結ぶ方向に話が進んでから案件の一つとして浮上した。詳細は略するが、そのなかで日本側は一時、江戸への公使駐劄条項を削除してほしいと要望している。この問題は最終的に、日本プロイセン条約に公使駐劄条項を載録するものの、同時にオ伯が、帰国後に公使の派遣をなるべく遅らせるようプロイセン政府内で斡旋することを約束し、一八六三年一月とされた条約の発効後二―三年間は派遣されないのではないかとの見通しを表明する書翰を日本側に送ることで決着した(62)。

これは中独交渉で駐京権問題が最終的に解決された方途と類似してはいる。ただし清朝政府ほど徳川政権がこの問題について強い拒絶的観念を有していたかというと、そうとは言い難いように思われる。というのは、前述の通り公使駐劄権は外国使節の君主への謁見問題と直結しているが、外国使節の徳川将軍への謁見自体は、一八五七年に早々に実現していた。米国総領事ハリスの将軍家茂への江戸城での謁見である(63)。ただしこの問題は当時、徳川政権内でかなりの議論になった(64)。その際の議論の構造は、清朝との比較の点でおそらく興味深い主題であり、後日改めて詳しく検討したいが、大要のみ、ここで最後に言及しておこう。

ハリス出府問題が浮上した際の徳川政権内の議論の構図は、出府容認の消極派と積極派の対立であった。消極論は海防掛勘定奉行・同吟味役によって唱えられ、その理由は主に、①米使に出府を許せば「諸夷」が必ず同様の要望を申し立ててくるであろうこと、②「珍しき江戸」に参府すれば必ず方々を見て回りたがるであろうこと、③そのように「勝手」な次第となれば「御武威」というものが損なわれ、国持大名などの「心の内」が甚だ心配されること、などであった。しかし軍艦が乗り込んできた際は戦争を避けるため認めざるをえないので、未然のうちに認めることはやむをえないとされた[65]。これに対して海防掛大目付・目付らが積極容認論を唱えた。その理由は、①出府を許さず書面のやり取りで済ますのでは齟齬を生じやすく「却て不利」であり、「両国人ニ拘り候大事」は「打ち解け」て談判すべきである、②「和親之国」から派遣され在留している官吏の江戸出府に「不相当之義」はない、③出府を許せば「各国事情御訊問」にも役立つなど、甚だプラグマティックなものであった[66]。その後、出府・謁見容認の方向へ方針が傾いて以降の議論では、これまでの「外国御取扱」の諸先例、及びハリスから聴取された米国大統領への謁見の儀礼が参考にされつつ、待遇と謁見の礼式が新たに検討された。その際は、朝鮮通信使待遇の事例に関連し、「漢土附属之小国」の通信使と「方今亜国等え御接待之趣」は「起源」が異なるので、後者をより「御手重」に取り扱うべきである、と論じられた[67]。なお当時の徳川政権がこのように対外対応を国によって区別し、例えば朝鮮と「亜国等」とでは、後者をより丁重に扱うべきものとしていたことは、後の維新期以降の経過との関連で、注意しておいてよいであろう。

## おわりに

以上、本章では日独交渉と中独交渉の経過を、比較ということを念頭に置いて再構成したうえで、両交渉について、交渉の場所、交渉における指揮系統、交渉で執着した論点という三つの論点に絞り、試験的な比較を試みた。中独交渉に関する中国側史料の検討をいまだ行っていない状況の下では考察上の制約が極めて大きいが、以上に見た諸点に通底する傾向としては、最後に次のようなことが指摘できるように思われる。

まず当該期の清朝中国の対外対応においては総じて、非対等で遠心的な特徴を持つ従来型の「外夷操縦」政策を依然として明らかに保持しつつ、この方向に諸外国を誘導しようとする傾向が強く見られるように思われる。より具体的には、①外国使節は朝貢使節でない限り北京入りは許さず、可能な限り政治的中枢から離れた地で交渉を行う、②中枢の高官は可能な限り外国使節と直接の交渉を行わず、対外対応のため特に派遣された官僚がこれを行う、③諸外国は中央から離れた特定の港で通商を行っている限りこれを寛容に許される一方、進京・駐京・覲見を望むのであれば礼部がこれに対応し、あらかじめ定められている一連の非対等な朝貢儀礼を強く要求する、といった傾向である。これらはいずれも、清朝中国の従前の外政における朝貢国・互市国の扱い方に準じた対応と考えられる。

一方、同じ時期の徳川日本の場合、従来型の対外対応パターンとしては、「鎖国祖法観」に基づく「関係をそもそも拒絶する」という対応がありえた。しかし諸外国が競って条約締結を求めてくる情勢の下、その方針を維持できずに一時的にも放棄するに至った後は、そうして開始された諸外国との外交のあり方に規範となるべき先例はほとんどないに等しく、ほぼ白紙状態から、対外対応を模索せざるをえない状況にあったように見受けられる。そうしたなか、徳川政権は、無数に浮上してくる外国関係問題についてその都度新たに対応しつつ、日独交渉期には、かなり組織的な対外対応の仕組みを形成しつつあったように観察される。かつその外交のあり方は、華夷観念に基づくようなものでは決してなく、むしろ、対等な独立国との関係を前提とする西洋の国の外務省のあり方に、より近かったように思われる。[68]

なお近世日本対外関係史の研究史上では、近世東アジアでは各国の政体がそれぞれ「華夷秩序」を形成していたことを共通の特徴としていたと観念されており、近世日本の場合、それは「日本型華夷秩序」と呼ばれている。[69]しかし一九世紀半ばの「西洋の衝撃」を受け、そうした状態が過渡期に入るに当たっては、「華夷」的なるものは、中国と日本の対西洋外交において、上記のように、一方では非常に顕著に表れ、一方ではほとんど表面化しないという、極めて異なる発現形態をとった。これはどういったわけなのであろうか。徳川政権では、華夷観念は、「武威」の失墜を恐れて西洋に対しては特に発現しえなかった[70]一方、朝鮮を含めた近隣諸国に対しては表れた、などの可能性はあるかもしれない[71]。ともあれ、幕末段階でこのように異なる発現形態をとるならば、それ以前の近世日本・中国の「華夷秩序」と呼ばれているものについても、実証的手法に基づいたより厳密な比較考察が行われてしかるべきではないであろうか。

(1)　川島真「東アジア国際秩序の再編」三谷博・並木頼寿・月脚達彦編『大人のための近現代史　19世紀編』東京大学出版会、二〇〇九年、第十四章、茂木敏夫「中国的世界像の変容と再編」飯島渉・久保亨・村田雄二郎編『シリーズ20世紀中国史1　中華世界と近代』東京大学出版会、二〇〇九年、第二章参照。

(2)　両条約交渉のうち、日独交渉の方を、筆者は前著（福岡万里子『プロイセン東アジア遠征と幕末外交』東京大学出版会、二〇一三年）で、日独英米の史料に基づきつつ実証的に考察し、その詳細を明らかにした。中独交渉については、一連の先行研究が存在し、概要が判明しているが、日独交渉との厳密な比較に堪えうるような密度で詳細が解明されているわけではない。とはいえ現段階までの知見に基づき、日独・中独交渉の試験的な比較考察を行うのが、本章の趣旨である。

中独交渉を、筆者と関心を共有する清代中国史研究者（天理大学村尾進教授）と協力しつつ、高度な実証的裏付けをもって究明した上で、両交渉の厳密な比較考察を行うこと。ひいてはそれをプリズムとして、東アジア近世・近代の移行期という広い時空間を捉え直していくこと。こうした目標の下に、村尾氏と筆者は二〇一一年以降、共同研究を開始し、継続的に研究会を実施している。本章はこれを通じた情報交換と議論に多くを拠る。ただし文責は、本章の数多い欠点とともに、全て筆者に帰する。

(3)　本項について詳細は、福岡『プロイセン東アジア遠征と幕末外交』第一章及び同章補論を参照。

(4)　本項は福岡『プロイセン東アジア遠征と幕末外交』第三—五章に基づきつつ、必要に応じ拙著でも参照した一次史料にさかのぼって事実関係を確認しながらまとめた。

(5)　参照、杉本史子「江戸城と江戸」東京大学史料編纂所編『日本史の森をゆく』中央公論新社、二〇一四年、一九九頁。

(6)　「便宜行事」は「自己の裁量で事を処理する、全権を委ねられて事に当る」の意（植田捷雄ほか編『中国外交文書辞典（清

末編)』国書刊行会、一九八五年、一〇九頁)。

(7) 以上、矢野仁一『アロー戦争と圓明園』中公文庫、一九九〇年(一九三九年弘文堂版の再版)、そして同書及び郭廷以『近代中国史事日誌(清季)』第一冊(正中書局・商務印書館・中央研究院近代史研究所、一九六三年)に基づく共同研究会での村尾進氏による調査報告を参照しながらまとめた。また坂野正高「「総理衙門」設立の背景」(一)(二)(三)(『国際法外交雑誌』五一—四・五、五二—三、一九五二・五三年)も参照。

(8) 以上、坂野正高『近代中国政治外交史』(東京大学出版会、一九七三年)第七・八章、坂野正高「総理衙門の設立過程」(『近代中國研究』一、一九五八年)、上野聖薫「「南北洋システム」の成立——アロー戦争直後における清朝外政機構の再編についての一考察」(『文研会紀要』愛知学院大学大学院文学研究科、第一四号、二〇〇三年)より。

(9) 中独条約交渉については一連の先行研究がある。筆者がこれまでに参照しえた主な研究を、中心的な典拠としている史料によって分けると、①プロイセン側未公刊史料に基づく研究、②プロイセン側公刊史料に基づく研究、③中国側史料に基づく研究、④中国側史料及びプロイセン側史料を併用した研究などに分類できるであろう(① Quilitzsch, Siegmar, Rußland und der erste Vorstoß Preußens nach Ostasien 1859–1862. In: *Jahrbuch für Geschichte der UdSSR und der volksdemokratischen Länder Europas* 7, 1963. 対中交渉中にオ伯が本省に書き送った手書きの報告書翰を利用する。② Martin, Bernd, Die Preußische Ostasienexpedition in China. Zur Vorgeschichte des Freundschaft-, Handels- und Schiffahrts- Vertrages vom 2. September 1861. In: Kuo, Heng-yü und Leutner, Mechthild (hg.), *Deutsch-chinesische Beziehungen vom 19. Jahrhundert bis zur Gegenwart: Beiträge des internationalen Symposium in Berlin.* München 1991; 鈴木楠緒子「オイレンブルク使節団の訪中と条約締結交渉——文明間対話の軌跡」『史潮』新五二号、二〇〇二年(のち同『ドイツ帝国の成立と東アジア——遅れてきたプロイセンによる「開国」』ミネルヴァ書房、二〇一二年に収録)など。③上野聖薫「オイレンブルク使節団との条約締結交渉からみた清朝外交」『現代中国研究』第二四号、二〇〇九年。④ Eberstein, Bernd, *Preußen und China: Eine Geschichte schwieriger Beziehungen.* Berlin: Dunker & Humblot 2007, pp. 171–202; Steen, Andreas, From Resistance to International Diplomacy: Unwelcome Prussia and the Signing of the First Sino-German Treaty in Tianjin, 1859–1861. In: Mühlhahn, Klaus (ed.), *The Limits of Empire: New Perspectives on Imperialism in Modern China.* Berliner China-Hefte, Chinese History and Society, vol. 33, Wien & Berlin: LIT Verlag 2008; Steen, Andreas, Der Zwang zur Diplomatie: Kommunikation, Übersetzung und die Verhandlungen zum deutsch-japanischen Vertrag, 1859–1861. In: Leutner, M., Steen, A., et al. (eds.), *Preußen, Deutschland und China. Entwicklung-*

*slinien und Akteure*（*1842–1911*）. Berliner China-Studien 53, Berlin: LIT Verlag 2014）。

以下にまとめる経過は、これらの諸成果を参考にした上で、日独交渉と比較するに当たって言及の価値があると思われた交渉のディテールや、交渉の大まかな構造を、筆者がこれまでに改めて調査したプロイセン側公刊史料に基づいて新たに書き込みつつ、まとめたものである。とりわけ中独交渉の終盤については、先行研究では詳細が略されているが、最重要論点となった駐京権をめぐる交渉の山場に当たり、本章にとっては重要度が高いため、プロイセン側公刊史料に基づき交渉の詳細を再現する。

（10）天津条約の批准書交換のための英仏全権公使を務め、次いで北京に駐在する初めての英仏駐中公使となった。

（11）鈴木「オイレンブルク使節団の訪中と条約締結交渉」九五頁。Eulenburg-Hertefeld, Graf Philipp zu（hg.）, *Ostasien 1860–1862 in Briefen des Grafen Fritz zu Eulenburg*, Berlin: Ernst Siegfried Mittler und Sohn-Königliche Hofbuchhandlung 1901（以下、Eulenburg, *Ostasien* とする）, pp. 185–186.

（12）Eulenburg, *Ostasien*, pp. 184–211.

（13）Eulenburg, *Ostasien*, pp. 185, 200, 207, 258.

（14）鈴木「オイレンブルク使節団の訪中と条約締結交渉」九五頁。*Die Preussische Expedition nach Ost-Asien, Nach amtlichen Quellen*. Berlin: Verlag der Königlichen Geheimen Ober-Hofbuchdruckerei, Bd. 3, 1873（以下、PEO, Bd. 3 とする）, pp. 422–423.

（15）矢野『アロー戦争と圓明園』二五七―二五八頁。

（16）Eulenburg, *Ostasien*, pp. 204–205.

（17）PEO, Bd. 3, pp. 392–393; Eulenburg, *Ostasien*, pp. 206–212.

（18）ブラントが天津に携えていったオ伯から恭親王宛て書翰の返翰であるが、これはブラントが天津通商大臣崇厚に強要した末に獲得された。崇厚は当初、外交関係のないプロイセンの書翰は受け取れないとし、締約国の英仏公使を介して書翰をもたらすように主張したが、ブラントが北京を訪問して恭親王に直接書翰を渡すと脅迫したことから譲歩した。上野「オイレンブルク使節団との条約締結交渉からみた清朝外交」五二頁。

（19）Eulenburg, *Ostasien*, pp. 217–220; *Die Preussische Expedition nach Ost-Asien, Nach amtlichen Quellen*. Bd. 4, Berlin: Verlag der Königlichen Geheimen Ober-Hofbuchdruckerei 1873（以下 PEO, Bd. 4 とする）, pp. 8, 11, 32–33.

（20）Eulenburg, *Ostasien*, pp. 220–285.

（21）　一連の先行研究より。（通商）条約へのドイツ諸国の参加は五月一三日段階で既に中国側に了承されている（PEO, Bd. 3, p. 37; Eulenburg, *Ostasien*, p. 229）。ただし村尾氏のご教示によれば、条約相手国の多寡を中国側が全く意に介していなかったわけではなく、プロイセンがその他のドイツ諸国を統轄すること、また他のドイツ諸国が通商条約を越えた要求をすることのないよう、中国側はオ伯に念押ししようとしていた（『籌辦夷務始末（咸豊期）』中華書局、一九七九年、第八冊、二八五六・五七頁、二八六五・六六頁）。

（22）　オ伯は天津での条約交渉中、幾度かにわたって英国公使ブルースに書翰を書き、助力や情報提供などを求めたが、ブルースはこれに応えず、返事を書かないことすら多かった（Eulenburg, *Ostasien*, pp. 220–285）。

（23）　上野「オイレンブルク使節団との条約締結交渉からみた清朝外交」、及び Steen, From Resistance to International Diplomacy.

（24）　Eulenburg, *Ostasien*, p. 241.

（25）　Ibid., pp. 250–252.

（26）　Steen, From Resistance to International Diplomacy, pp. 21–23; Steen, Der Zwang zur Diplomatie, pp. 90–92; PEO, Bd. 4, pp. 48–65; Eulenburg, *Ostasien*, pp. 252–254.

（27）　Cf. Steen, From Resistance to International Diplomacy, pp. 20–25.

（28）　PEO, Bd. 4, pp. 73–76.

（29）　PEO, Bd. 4, p. 77.

（30）　PEO, Bd. 4, pp. 77–86.

（31）　PEO, Bd. 4, p. 87; Eulenburg, *Ostasien*, pp. 258, 266.

（32）　PEO, Bd. 4, p. 87; cf. Eulenburg, *Ostasien*, pp. 266–267.

（33）　PEO, Bd. 4, pp. 87–88; Eulenburg, *Ostasien*, pp. 266–271.

（34）　Eulenburg, *Ostasien*, p. 274.

（35）　Eulenburg, *Ostasien*, pp. 279–285.「排外派の親王が摂政に任命された」という情報は、怡親王派が六歳の幼帝載淳を奉戴して政権を掌握したことを指す。しかしその後、一八六一年一一月のはじめに咸豊帝の柩が帰京した直後に、幼帝の実母である西太后と恭親王派とが結んでクーデターを打ち、怡親王派を倒した。以降いわゆる「同治中興」の時代が始まる（坂野『近代中国政治外交史』第八章）。

(36)　参照、坂野正高「外交交渉における清末官人の行動様式」（原載『国際法外交雑誌』第四八巻第四・六号、一九四九年。坂野正高『近代中国外交史研究』岩波書店、一九七〇年所収）六四頁。

(37)　上野「「南北洋システム」の成立」三〇―三一頁。Steen, From Resistance to International Diplomacy, p. 17. 当該上諭は『籌辦夷務始末（咸豊期）』（前掲）第八冊二六九八―二七〇〇頁に収録される（村尾氏のご教示による）。

(38)　坂下門外の変の際の斬奸趣意書には、次のような一節が見える。「其上外夷応接の儀は、段々指向《さしむかい》にて密談数刻に及び、骨肉同様に親睦致し候て、国中忠義憂憤の者を以て、却て仇敵の如くに忌嫌ひ候段、国賊と申も余りある事に御座候」（吉田常吉・佐藤誠三郎編『日本思想体系56　幕末政治論集』岩波書店、一九七六年、二一二頁）。

(39)　中外交渉において、外国使節の北京駐在と覲見の問題（及び広東入城問題）は、一七九三年のマカートニー使節団の派遣の際に浮上して以降、アヘン戦争・アロー戦争期を含め、繰り返し紛争点となった。一八六六年のイタリア条約以降、清朝側は外国使節の駐京権を無条件で許すようになる（村尾氏のご教示による。併せて坂野『近代中国政治外交史』二七九―二八二頁を参照）。

(40)　プロイセン東アジア遠征の終了後にプロイセン政府から刊行された公式報告書には、日本の国内体制について次のような認識が示されている。「ケンペルは、日本の統治形態を、まさに無制限、無拘束の専制主義であるといっているが、それはまったく正しい。［中略］ミカドには、その最高の地位とそこから生じた称号賦与の特権を除くと、将軍を抑える権利は実際上なかった。将軍の意志は最高の法律であった」（中井晶夫訳『オイレンブルク　日本遠征記（上）』雄松堂出版、一九六九年。原文：PEO, Bd. 1, pp. 107-108）。ここからして彼らは、天皇を「宗教的な皇帝」、徳川将軍を「世俗的な皇帝」と見なして政治権力の一切が後者に帰属すると観察する、近世長崎の出島オランダ商館由来の日本認識を、この段階でも基本的に継承していたと見られる（参照、荒野泰典「二人の皇帝――欧米人の見た天皇と将軍」田中健夫編『前近代の日本と東アジア』吉川弘文館、一九九五年）。

(41)　ジョン・ブリーン「近代外交体制の創出と天皇」（荒野泰典・石井正敏・村井章介編『日本の対外関係7　近代化する日本』吉川弘文館、二〇一二年）。

(42)　後掲注(63)参照。

(43)　上野「オイレンブルク使節団との条約締結交渉からみた清朝外交」及びSteen, Der Zwang zur Diplomatie. 両論文は『籌辦夷務始末（咸豊期）』に加えて、台湾・中央研究院近代史研究所所蔵「総理各国事務衙門」の「布国換約案」を参照しており、恭親王と崇委員らの間の通信文は後者から引用されている。

(44) 坂野「総理衙門の設立過程」五八頁。

(45) PEO, Bd. 4, p. 84.

(46) 加藤英明「徳川幕府外国方——近代的対外事務担当省の先駆　その機構と人」（『名古屋大学法制論集』九三号、一九八二年。横山伊徳編『幕末維新と外交』幕末維新論集7、吉川弘文館、二〇〇一年に再録）、福岡『プロイセン東アジア遠征と幕末外交』第四・五章など。東京大学史料編纂所（旧東京帝国大学文科大学史料編纂掛）編『大日本古文書　幕末外国関係文書』（以下、『幕外』とする）の主に諸港開港（安政六／一八五九年）期以降の巻に収録される、幕府外国方から外国公使宛てに送られた無数の書翰案も参照。『幕外』の編纂に長年従事する東京大学史料編纂所教授保谷徹氏が作成された「（幕末の徳川幕府の）外交から見る政策決定過程（試案）」と題する見取り図（未刊行）も参照させていただいた。

(47) 『幕外』四三巻七一号所収の安藤とハリスの対話書（福岡『プロイセン東アジア遠征と幕末外交』二〇七頁）。

(48) ただし前注(21)を参照。

(49) 村尾進「咸豊初年に『夷氛聞記』と『海国四説』を読む——南京条約後、澳門から省城への「西人」の移動が意味することと」『史林』九七巻一号、二〇一四年、一〇六—一〇七頁。

(50) 参照、*Treaties, Conventions, etc., between China and the Foreign States*, vol. I, 2nd ed. (Shanghai: the Statistical Department of the Inspector General of Customs, 1917), pp. 407, 420.

(51) 村尾「咸豊初年に『夷氛聞記』と『海国四説』を読む」。

(52) 同前。

(53) 川島真『中国近代外交の形成』名古屋大学出版会、二〇〇四年、二二四—二二六頁。

(54) 参照、村尾進「乾隆己卯——都市廣州と澳門がつくる邊疆」『東洋史研究』第六五巻第四号、二〇〇七年、岩井茂樹「帝国と互市——16—18世紀東アジアの通交」籠谷直人・脇村孝平編『帝国とアジア・ネットワーク——長期の19世紀』世界思想社、二〇〇九年、廖敏淑「清代の通商秩序と互市——清初からアヘン戦争へ」岡本隆司・川島真編『中国近代外交の胎動』東京大学出版会、二〇〇九年など。

(55) この論点は福岡『プロイセン東アジア遠征と幕末外交』三三五—三三七頁、三七三—三七五頁でも言及した。

(56)　以上、坂野「総理衙門の設立過程」五一―六七頁より。併せて参照、川島「東アジア国際秩序の再編」一二三頁。

(57)　参照、藤田覚『近世後期政治史と対外関係』東京大学出版会、二〇〇五年。

(58)　参照、横山伊徳『開国前夜の世界』吉川弘文館、二〇一三年。

(59)　典型的な議論としては例えば、『幕外』一五巻二六五号、一六巻一七六号などに見える海防掛大目付・目付の老中宛て上申書を参照。

(60)　参照、佐藤誠三郎「幕末における政治的対立の特質」同『「死の跳躍」を越えて』都市出版社、一九九七年、第三章、三谷博『明治維新とナショナリズム』山川出版社、一九九七年、第四章、同『ペリー来航』吉川弘文館、二〇〇三年、第一〇章。

(61)　参照、福岡『プロイセン東アジア遠征と幕末外交』三六七―三七二頁。

(62)　同前、三〇八―三一三頁。

(63)　清朝皇帝（同治帝）への外国公使の謁見（朝貢形式以外での）が実現したのは一八七三年のことである。日清修好条規の批准書の交換を天津で済ませた明治新政府の外務卿・特命全権大使の副島種臣が、同治帝の親政に対して慶賀の意を表するためということで、紛糾した交渉の末に、一八七三年六月二九日、「鞠躬」（身をかがめる敬礼）三回での単独謁見を実現した。同日、露・米・英・仏・蘭の五ヵ国公使の鞠躬五回での列立謁見が続いた。なおこれらの謁見は、北京・紫禁城外の紫光閣――朝貢国の使節を引見するのに用いられてきた場――で行われ、場所の点でも対等形式の謁見が実現するのはその後一八九四年（文華殿での謁見）まで下る（坂野『近代中国政治外交史』二九三頁、白春岩「一八七三年における清国皇帝への謁見問題――李鴻章と副島種臣との外交交渉」早稲田大学社会科学研究科編『ソシオサイエンス』第一六号、二〇一〇年）。

(64)　ハリス出府問題をめぐる経過の詳細については、石井孝『日本開国史』（吉川弘文館、一九七二年）二三二―二四九頁が詳しい。

(65)　『幕外』一五巻一八九号、二七五号、三一八号などを参照。「　」内引用は一八九号より。

(66)　『幕外』一五巻九一号、二六五号、三一七号などを参照。「　」内引用は九一号より。さらに彼らは、「和親」を取り結んだ上は「真実四海兄弟之情を以て御待遇」すべきであると論じている（三一七号）。

(67)　『幕外』一五巻二七四号、二七六号、一六巻一七四号、一七五号、一七巻五号、二三号、七九号ほか。「　」内引用は一七巻五号より。

(68)　徳川外務官僚の対外政策議論では、外国なかんづく西洋諸国を「諸夷」「諸蕃」などと呼称する例が見受けられ、そうした面で華夷的意識はたしかにあった。しかしそのような傾向は、語彙のレベルや、対外交渉に関わる内部文書の形式的な面に、散発的に認められる程度であり、西洋諸国に対する対応の構造的・組織的な側面では、発現されていないように観察される。

(69)　近世日本対外関係史の研究史については、例えば紙屋敦之・木村直也編『展望　日本歴史14　海禁と鎖国』(東京堂出版、二〇〇二年)総説を参照。

(70)　参照、渡辺浩「「御威光」と象徴――徳川政治体制の一側面」『思想』七四〇号、一九八九年(同『東アジアの王権と思想』東京大学出版会、一九九七年に収録)。

(71)　幕末維新期の徳川政権の対朝鮮外交については、沈箕載「幕末期の幕府の朝鮮政策と機構の変化」(『史林』七七―二号、一九九四年)、木村直也「幕末期の幕府の朝鮮政策」(田中健夫『前近代の日本と東アジア』吉川弘文館、一九九五年)などの研究がある。併せて荒野泰典「明治維新期の日朝外交体制「一元化」問題」(同『近世日本と東アジア』東京大学出版会、一九八八年に収載)を参照。

(補記)　本章は以下の研究プロジェクトの成果の一部である。日本学術振興会科学研究費補助金　若手研究(B)「幕末維新期日本をめぐる国際関係史の再構築に向けて――東アジア比較・世界史の視点から」(課題番号 15K16816. 研究代表者　福岡万里子)二〇一五―二〇一八年度。国立歴史民俗博物館共同研究「近世近代転換期東アジア国際関係史の再検討――日本・中国・シャムの相互比較から」(研究代表者　福岡万里子)二〇一六―二〇一八年度。

# 5 明治初年の開化論と公論空間

池田勇太

## はじめに

一九世紀後半の日本における公論空間(1)の拡大が、研究者たちによって注視されるようになって久しい。しかし、歴史のなかに見出される公論空間とは、必ずしも現在の私たちが望ましいと思うような、開かれた公正な言論の場でなかったということは、留意しておかねばならないことである。このことはすでに織り込みずみのように思いがちだが、改めて調べ考えてみると、それはわかりきった話でもないし、いまに続く課題といっても過言ではない。一般論でいっても、ときに政治のなかで言論は闘争の武器であり、「正しさ」と結びついた言論は暴力にも転化し得る。異論が表に現れるとは限らず、また現れたとしてもそれらの言葉が真摯に扱われるとも限らない。しかしそれでもなお、言論が言論として意味を持つ空間は、単純に闘争の世界といって済ませられるものでもないのである。

本章で取り上げる明治初年の文明開化をめぐる言説のあり方は、そうした公論空間の観点から見たとき、一つの興味深い歴史を物語っている。この明治初年は公論空間が急速に拡大していった時期であるとともに、「文明」や「開化」の名のもとに社会変革を牽引する言説（本章ではこれを「開化論」と呼ぶ）が席捲した時代でもあって、ここに革命における思想闘争の存在を見ることは、十分可能といえるだろう。[2] だが他方で、この開化論は明らかに言論の自由の拡大を掲げており、時には自らに反対する考えも言論の場に取り込んでいった。このような文明開化の言論空間とはどのようなものだったのだろうか。本章では日本の政治言論が急速に拡大・活性化したことで知られる一八七四(明治七)年に先立つ数年間を対象に、[3] 文明開化の言説が世を席捲した時期の公論空間と開化論について述べていきたい。[4]

第一節では、開化論が帯びていた思想闘争としての性格を確認しつつ、開化論の性質を探っていきたい。特に、開化論が維新草創期の変革推進者たちの開化の語りを継承し、領主制・身分制の解体を推し進める言説であったことを論じる。[5] 廃藩置県後、開化論は華士族に対する攻撃を盛んに行い、[6] 領主制・身分制の廃棄を加速させた。武家支配の世を旧体制として否定する維新の歴史観は、この過程で生まれたものと見られる。

右の検討は、政治変動として始まった明治維新が、どのようにして広範かつ大規模な社会変革に至ったかという問題に迫る試みでもある。もとより文明開化はその媒介者の一つにすぎないが、一八七一(明治四)年の廃藩置県と前後して成長していく開化論の姿を明らかにすることは、維新変革を考えるうえで重要な作業といえよう。[7] この小稿では十分な議論を展開することはできないが、こうした観点からのアプローチは、従来政治史の周縁に位置していた文明開化研究とは少しく異なる文明開化像を描く試みになるはずである。[8]

第二節では、文明開化期の公論空間を検討していく。思想闘争の側面から開化論を見た場合、粗雑にいえば、維新変革を進める開化論とそれに不平を懐く反開化論との対立構図が想定されるはずであるが、一八七一年から一八七三年頃にかけての、いわゆる留守政府の時期の政治史は通常「開化の競合」として描かれ、反開化論は島津久光を除くとほぼ登場しない。[9] これは廃藩置県を成功させた政府に政治勢力として対抗する存在がなかったことが大きな理由だが、後の士族反乱に見るごとく、各地方において政府の施策への反感を抱いていた者は少数ではなかった。彼らの不平は言論上でほとんど表立つことがなかったのであるが、他方でいわゆる開化物と呼ばれる啓蒙書では、反開化の語りが多く拾い出されている。このような言論の状況は何によるのか、短いながら考察を加えてみたい。以下、本論に入ってこれを見ていこう。

## 一　開化論の形成

### 1　開化論の性質

明六社に集った洋学者たちのような知識人の言論は別として、通俗的な開化物[10]を瞥見してあらためて目に付くことは、開化論が維新変革を正当化する言説だったということである。例えば問答体の開化物は、廃藩、徴兵、外国貿易、学制といった政府の政策を話題に挙げ、それへの不満を口にする守旧的な登場人物を、開化を代表する人物が論破するという構造を取っている。そしてそこで強調されるのは王政復古の歴史観[11]であり、徳川社会の弊害を誇張して明治の新政を押し売りする論法である[12]。

こうした新政への不平を論難する開化論の闘争的性格は、問答体の啓蒙書だけでなく、新聞紙上にも見ることができる。例えば、左は一八七二年四月の『東京日日新聞』の記事である。

頃日坊間の風説を聞くに、駭然《ビックリ》函と云もの回達すと云。蓋し函中に驚くべき公告あるべしとの謂なり。何故にかゝる説を建るや。其所以更に疑ふべき事なり。如何となれば、今政府変革の秋に際して旧来の弊習を正し開明の良図を計る、皆人道に基き自由の理を賛け、此万民をして心平に情安からしむるの処置に出ざるはなし。既に此趣旨を体する上は、其施設する所は則民心の希望する所に随ひ、其改正する所は則民心の予期する所に依る。亦何ぞ更に可レ駭の公告あるべき謂あらんや。且言語洞開、民情上に徹して法令下に通じ、寸善一長とも御採用ある時に当り、我輩と雖も論ずべき理は極めて論ずるを得べく、弁ずべき事は極めて弁ずるを得べし。然るを如レ此虚妄の説を信じて窃に疑懼の念を抱くは、却て其愚に駭然《ビックリ》すると云べし。[13]

新政府の政策が人々にとって前例のない驚くべき法令を矢継ぎ早に繰り出すものであったため、市井では法令の廻覧を揶揄して「駭然函《ビックリ》」と呼んだのだろう。この諧謔に対して記者は大真面目に反論し、「愚」であると罵っているが、記者の論法自体は政府の動機の善意に依拠するものであって、政策の正当化としては論理的に成り立たない。ここにあるのは、政府の威光を背景に居丈高に異論を抑圧する開化論者の姿である。

右の記事についていま少し考えてみると、いまや政府は旧来の弊習を廃して開明を図り、自由の権利を与えて万民を安んじ、言路を開いて良い意見は採用されるのだという記者の言葉からは、開化論の淵源が見えるようだ。明治政府は王政復古以来、旧弊の否定を掲げ、身分に関わらず献言を受け付ける姿勢を繰り返し示し、かつ万民安堵などの言葉をしばしば用いた。開化論者たちは、こうした新政の理念を額面通りに受け取って欣然と維新変革に参入したのである。[14]建白書の爆発的流行[15]や、開化論者たちによる社会改良の投書が頻繁に新聞紙上に見られるのも、こうした維新の新政に乗じた人々の気分の高揚を無視しては考え難い。開化論には、旧幕府に取って代わった太政官政府の新しい政治を翼賛する政治的性格が、強く塗り込まれていたのである。

しかし、政府の政策への同調の有無が、なぜ賢愚や開化・固陋といった基準で語られたのだろうか。

初期の新聞紙に見られる社会改良の提案には、外国に対する「恥」の意識を語るものがまま見られる。例えば乞食について、「今文明のときにあたつて大に国体を辱かしむると云べし」[16]と問題視したり、浴場の悪習を論じては「若外国人をして聞かしめなば夷とや云ん、蛮とや云ん」[17]と羞恥心を煽ったりするなどである。これらは自己の意見を通すための方便という向きもあるが、開化論者たちにとって外国に対する恥の意識、そして強い愛国心は、改革を推進する原動力であったと見られる。

文明開化の発案者である福澤諭吉もまた、外国への対抗心を強く心に刻印していた一人だった。幕末の間に三度欧米に旅した彼は、早くから日本の置かれている地位を自覚していた。強烈な愛国者である福澤は、いかにもして日本を西洋人に侮られることのない国に変えたいと念願し、繰り返しそれを語っている。一八六六(慶応二)年二月、福澤は中津藩の島津祐太郎に「或云随筆」という文章を送り、そのなかで、「今の日本人も欧羅巴辺に旅をさしてヨク〳〵諸外国と我本国とを見較べなば、日本国の威を落さず世界中に対して外聞を張るの本趣意を解す可き乎[18]」と言っている。つまり福澤は、外国を知ることで、いま日本の国威を落とさないために何が必要であるか、悟るはずだと言っているのである。これを理解さえすれば、開国か鎖国かなど利害を論ずるまでもなく、「外国に引けを取らざる様、国威を張り、外国に砲艦の利器あれば我国にも之を造り、外国に貿易富国の法あれば我国も之を倣ひ、一歩も他に後れを取らざること真の報国ならずや[19]」と福澤は主張する。かかる自覚を内向きの攘夷論ではなく、「一国の文明開化[20]」という外に開かれた進歩のナショナリズムに結晶させたことが、維新変革における福澤の大きな仕事であったといえよう[21]。

外の存在を知る、知識が開けるということが、文明開化の一つの核心であった。問答体の開化物である『開化のはなし[22]』では、戸長の説諭を受けた老人農夫の頑兵衛が、はじめて夢から醒めたように感涙を流して開化への努力を誓う筋書きになっている。新しい時代に進むには、知るということがまずくぐるべき門と考えられたのである。そもそも「文明開化」という言葉は、もともとアメリカの地理学教科書である『ミッチェルの学校地理』にある civilized and enlightened の訳語で[23]、一般には civilization のことを意味していると考えられているが[24]、明治初年の開化論を読んでいくと、その思想の核心には、enlightenment——知識が開けていくという発想が置かれていたように思われる。各地における学校の設立が開化の程度を計るものとして盛んに報道されたのも[25]、その証左である[26]。新聞紙が「一朝片紙の新聞紙を兌する、八十年万巻の空文を講ずるより却て勝る」と褒めそやされ、頑固で智に暗い地方僻陬の人民に、新聞紙を読んで「新知を開き」「我を是とし人を非とするの田舎人たるを免れ、井蛙の識り、夏虫氷を疑ふの笑を免」

れよと地方官が諭告したのも(27)、その性格をよく示していると言えるだろう。

以上をまとめると、開化論は王政復古によって誕生した新政府を正当化し、政府の示した言論の洞開、旧弊の撤廃、仁政などの政治方針に同調する政治的立場に立ち、外国へ対抗する愛国心を基礎に、世界のなかで競争裡にある日本の姿を国民に自覚させようとする啓蒙の政治思想であった。

## 2　領主制の廃棄と開化論

では、なぜこのような啓蒙の思潮が廃藩置県後に大流行したのだろう。開国の方針をとった政府が一八七一年春までに攘夷派を弾圧したことや、幕府の倒壊から廃藩置県に至るなかで武家支配が崩されたこと、政府が開化政策を進め西洋人や洋学者を登用したこと、軍隊の洋式化が各藩でも進んだこと、文明開化のバイブルである福澤諭吉の『西洋事情』などが爆発的な売れ行きを示したことなど、さまざまな条件が考えられるが、ここでは右に検討した開化論の特質に留意しつつ、特に封建制の廃棄とからめてその成長を見ていこう。

徳川の旧臣たちが路頭に投げ出されてから日ならずして、諸藩においても門閥の廃止や世禄の削減・平均化が進められることとなり、諸階級は廃止されて華族・士族・卒に整理統合されていった。封建世禄の社会構造は急激に形を変え始めたのである。このなかで、山口藩の藩政改革を進めた井上馨は、一八七〇年三月、木戸孝允への手紙(28)のなかで、朝廷より各藩の兵数を定め、残りの藩士たちのうち役人以外は庶人にして、二〇年賦で禄を買い上げる案を示している。山口藩を擲《なげう》って朝廷の権力を確立しようとする井上にとって、世禄の大名家臣団はやがて廃止していかねばならない存在だった。

興味深いことに、井上はこの手紙のなかで次のように木戸へ書き送っている。

「宍翁［宍戸璣］と昨日又郡懸〔県〕封懸〔建〕の論彼より相発し、未だ大勢暁達せず、只々知事其藩永世、其臣は世臣と云論

出し、種々大勢を以論じ出し候得共、実正実頑固に御座候間、今一応御論破有レ之度候事。」（傍点は引用者。以下同じ）

「（略）杉［孫七郎］は頑固故、（略）一先浪華、東京出し候はば、弟幷い［伊］藤力を尽、外国人其他の事抔見聞も有レ之候はば、開化するもあらんと柏村、久保え論じ候処（略）」

「頑固」を「開化」させようという、これは開化論と同じ論法である。ここでは郡県制の徹底などが話題となって、藩や世禄という考えから脱け出ない「頑固」を罵倒している。

井上に見るように、維新官僚は開化論者の先駆けと言ってよいだろう。同じ一八七〇年の八月に広沢真臣が山口藩権大参事らに宛てた手紙[29]のなかでも、「近来世間開国論に余程進歩。各藩においても十に三四は真成郡県論を切迫に相論じ候姿。実に天下人心の進む、昨春よりは当春、当春よりは当中元、当中元よりは此節と、日に月に文明開化に進歩する奇々妙々」と述べている。人心の変化、特に開国論と中央集権の徹底を図る意見を文明開化に進歩するものと評価している。広沢は、普仏戦争が起こって前途のことを考えてみると、いつになれば欧州の強大国と真に対峙し、凛然と国権が立つのだろうかと切迫して思うようになったと述べ、山口藩も「真成郡県を目的」として「藩政の因習を一洗」すべく、諸藩も胸襟を開いて朝廷を輔翼し、「区々たる小天地を以て全国の進歩を妨害不レ致様有レ之度」と希望を伝えている。世界の形勢を見、列強と対峙できる国家となるため変革を進めねばならないという急迫した意識である。こうした維新官僚の観点からすれば、藩々の小天地に安住せず朝廷による国権確立の必要を理解するよう、人々を「開化」させる必要があっただろう。

このように、維新草創期における中央集権化の推進、それに伴う封建世禄の廃止といった変革は、開化論と地続きの論理を持っていた。世界の大勢を知り、知識が開ければ、外国に対抗するために自ら変化しなければならないことがわかるはずだという発想である。広沢の言葉にもあるように、一八七〇年には次第にこうした見地に立つ者が諸藩の間にも増加していった。それらはやがて廃藩の機運を生み出し[30]、廃藩置県による領主制の一挙解体という事態のなかで開化の語りが喧伝されるようになるのである。

### 3　武家支配の否定と外国人の視線

世界の大勢への知識が開けるということは、外国人（西洋人）の視線を知るということでもある。他の多くの開化論がそうであったように、華士族身分への批判も外国人の視線と無関係ではない。幕末維新期の外国人が書いた文章を見れば、傲慢な二本差し階級への厳しい視線は随所に窺えるだろう。岩倉具視は一八六九年四月に、イギリス公使パークスに対して廃刀の計画を打ち明けており、これはアメリカ帰りの森有礼が公議所で廃刀を提議するより早いのだが、この問題はかねてより外国側が強く要望していたことだった[31]。

政府内で早くから士族の「偸安坐食」を批判していた木戸孝允[32]は、メディアを通じた輿論指導にも意識を持っていた人物である。木戸の肝煎りでつくられた『新聞雑誌』では、一八七一年五月、山口藩における士卒合併の告諭書を掲載して、士族が国家の歳入の大半を世襲坐食し、四民から強兵の軍隊をつくることを妨げているという認識をひろめた[33]。八月には、山口藩知事毛利元徳が廃藩直前に「断然華士卒の名唱を廃し均く平民となし、其家禄は悉く大蔵省に収入し、公議の上相当の禄を賜」るよう献言した上書を紹介している[34]。同紙では特に「静妙子」という人物（長三洲と推定されている）が「新封建論」を著して、廃藩置県の断行に言論の側から加担したことが知られている[35]。横浜の英字紙『ジャパン・メール』は、廃藩置県後、「新封建論」を紹介し[36]、これにコメントを付して[37]、士族は「啻に国の歳入を徒食して、真の国軍を編制することを妨げ、国をして貧困ならしむる而已ならず、更に開化の道を梗塞」する存在であり、もし彼らが自己の勤労で生活を立て、剰余を産したならば国家は富むことだろうと論じた。この文章は翻訳されて『新聞雑誌』に紹介されており[38]、外国人の視線と維新官僚たちの改革論とが、共鳴しながら国内に士族の

「徒食」批判を展開していった姿を教えてくれる。

この時期の政府内では、急進的な禄制処分計画が進んでいた[39]。廃藩以前から岩倉具視は外国公使に中央集権の実現と禄制の廃止（削減）計画を打ち明けており[40]、廃藩置県直後には木戸孝允ら参議も、士族の家禄処分を三年以内に実施する見込みを外国公使に語っていた[41]。岩倉使節団出発後の留守政府では、一八七二年二月に、華士族の家禄を削減して残りを禄券化し、六ヶ年分を一割利付で一時支給するという禄制処分案を決定し、事業の裏付けとなる資金を外債で賄うため大蔵少輔吉田清成らをアメリカに派遣した。この計画は結局頓挫するのだが、このような苛酷で急進的な禄制処分を政府が計画する一方で、開化論による華士族の「坐食」批判が行われるようになる。

一八七二年三月、太政官出仕野口某の建議が[42]『新聞雑誌』に掲載された。このなかで野口は、華族が「凡庸惷愚《とうぐ》」にもかかわらず高位高官にあって恥じることなく、人もこれを怪しまないことを指摘し、さらに同じ罪を犯しても士卒以上と平民とでは処罰が異なると述べて、「嗚呼円頂にして方足、五官具して四肢備はる、同くこれ人なり。一寛一猛何ぞ其殊異なるや」と、同じ人間として扱いの異なることを告発している。そして次のように華士族の呼称を廃することを提言した。

臣退て之を熟考するに、決て制の得る者に非ず。無レ他、族の称呼あるを以てのみ。抑々客秋穢多非人を平民に復し、今茲の春卒を士に陞《のぼ》し、本月に至り僧侶に命じて華族に列す。夫穢多非人の平民たるべく、卒の士たるべく、僧侶の華族となすべくんば、華士族何ぞ独平民となす可らざらん。臣以為く、四民混同の時已に至ると。伏して冀ふ、廷議断然此時を相《み》て此機に投じ悉く華士族を廃せんことを。

身分が可動性のものなのであれば、華士族を平民とすることもできるはずだという右の主張には、旧来の常識を脱け出た開化論者の昂揚感が感じられる。野口は家禄をすぐに廃止することは難しいので、まず華士族の呼称を廃するのが易い選択だと主張したのである。

この野口の建議は時勢に便乗する者たちを焚きつけたようで、『横浜毎日新聞』には野口の建議をうけて次のような投書が掲載された。

華士族に於ては活業を知る者十に八九はなし。尸位素餐するのみならず、飲食に奢侈を極め、婦人に淫蕩を尽し、千金を土塊の如く放擲して、遊女歌妓に愚弄され、黠鼠の如き家令等に金銀家具を噛みつぶされ、消却するを知らざる也。ヶ様なる人を平民に列するは勿体なし。（略）懶惰にして国家あるを知らざる者、主人は勿論家令家扶の重役等を以前の穢多非人の如く別種になし、平民と列するを禁ずべし。以後過ちを改め己れに反して天分を知る者は平民に復するを允可すべし(43)。

遊蕩する華族とその家令たちという話は他の史料にも散見されるので、当時のステレオタイプ化したイメージだったのだろう。この同じ五月には、新聞紙の貼り出しをする木牌に華族・官員は家禄を返上するよう促す意見が貼り出され(44)、華士族を廃止する建白書も集議院に出されるなど(45)、華士族に対する言論の攻撃が盛んに行われた。右の投書からは当時身分制の破壊に際会した人々の興奮が推察できるが、維新変革の急激な展開のなかで、華士族に対する「尸位素餐」のイメージは反復・定着し、これまでの武家支配への否定的な言説を形成していく重要な要素となったものと考えられる。

右と同じ一八七二年五月の『日新真事誌』に、無署名だがジョン・ブラックの執筆と見られる論説(46)が掲載された。

欧羅巴の各国及び米国等の国力盛大に至りしは何らの政治を以てヶ様なりしや。（略）これ其国通商盛にして国内に豪富の商民充実すればなり。（略）抑日本の国風は封建割拠の勢ひよりして武士権を専らにし、無能無智といへども禄位を世襲し、妄りに誇大の風習にて、商民を見ること宛も奴隷の如く、商民も亦士には抗衡すべからざる賤民として国の安危興廃に関せず。（略）故に国民を保護し自主の権を許さざる束縛の政治にして、自ら人民短縮して民力の張らざる所以なり。（略）今や開化を進め日本の国力を張らんとする、先づ商民に自主の権を与へざる可らず。

欧米のような富強に至る秘訣は何か、それは商民にも自主の権を与えて国家を担わせることであるとして、これまでの封建・門閥制度を批判的に総括した言葉である。列強と対峙していこうとする維新変革推進者たちにとって、このような言葉は重く響いたであろう。すでにこれ以前より、人民に「自由の権」を与える改革は進められており、領主制を廃棄し、華士族の処分も進行中ではあったが、改めてそれらを言葉にすると、現在進行中の変革とは右の記事のごときものだった。

開化論は、日本が外国と対抗していくために自らを啓蒙し、社会改革を推し進める思想であった。廃藩置県を経て、開化論は士族の「坐食」を攻撃する輿論をつくり、これまでの武家支配を「束縛」と批判的にとらえ、士族以外の国民にも国家への貢献を求める言葉を生み出していった。その後繰り返し語られる開化論を凝縮したような右の論説は、およそこの時期に、旧秩序を批判的な言葉で総括し社会変革の方向を指し示す開化論の語り口が国内にひろまっていったことを推察させる。そして、その過程には、外国人の日本社会に対するものの見方が影響を与えていたということも想像させるのである。

なお、この論説の後半は、右のような変革の趣旨を理解しない者への批判となっている。

方今政府ここに注意するものにして、士民混一の令を布き、また巨万の財を費しもつて新に鉄道を造営し又電信線を諸国へ架したるは、（略）国民の便利を要し商業を盛にするの企なり。然るに商民に於ては政府の意を悟らず、宿駅行旅の止宿を減じ、或は駅夫の荷担少きを憂へ、又は飛脚の業を失はんことを歎き、これを妨障するに至るは、無智の愚民ならずや。

商民に自主の権を与え、商業の便益を計ろうとする政府の施策をそれと悟らず、苦情を鳴らして妨害を働くなど「無智の愚民」だと罵倒している。典型的な開化の語りといえるだろう。しかし、このように独善に基づき異論や抵抗を

「無智」「愚民」と罵る言論に対し、不平を含む側の言論は容易に表立たなかった。次節ではこの問題を考えてみたい。

## 二　文明開化の公論空間

### 1　鬱積する不平

ある日の『東京日日新聞』に、夜の間に南伝馬町の布告場へ政務に関することを書いて貼った者があるとの小さな記事が載っている。幕末にはよく見られた政治意見の表明であるが、記者はこれに評を付して「言路洞開の今日、建議なす事あらば公然と其筋へ訴出、情実を尽して可ならん」と冷ややかな態度を取っている。(47) はじめに述べたように明治初年は公論空間の急速な拡大期で、新聞紙だけでも一八七一年から一八七四年の間に少なくとも一四七紙が相次いで発刊されたと推定されている。(48) しかし時勢に乗る者と違い、これに不平を懐く者の声は、右の匿名の張《は》り訴《そ》のように表立った意見表明をしにくかった。自ら時勢に合わないことを知り、あるいは政府に異を唱えることがいかなる災厄をもたらすかわからないなかで、人々の不平は地下に伏流していったと見られる。以下ではこの時期における公論空間の状況を検討していきたい。

政策に対する異論が鬱塞しやすかったことには、複数の要因が考えられる。一つは、時勢に合わないと諦観する姿勢である。例えば洋学の興隆・漢学の衰微を嘆いたある建白では、このような意見は自分だけでなく「天下の儒生」が皆思っていることである、にもかかわらず口を噤んでいるのは、「訴ふるも必無採用、而して為之却て世人の誹を受と」思っているからだと言っている。(49) 実際、広島県では断髪を強制した県令に抗議を行った儒生が「乱心狂気」の名で囚獄されたという記事が新聞に出ている。(50) また、政府への批判を表に出すことは大きな危険を伴う可能性もあった。先に触れた『新聞雑誌』の「新封建論」や山口藩士卒合併の告諭書に対しては、鹿児島県でこれに憤然たる批判が書かれているが[51]、それに「旧邦秘録[52]」という題がつけられていたように、全国に印刷配布された『新聞雑誌』の論説に対する論駁は少数者の目にしか触れ得ない「秘録」であった。

そもそも政治的問題をめぐって言論を闘わせる習慣は、いまだ形成途中であった。徳川時代には、政治に与らない立場にある者が歎願以外で求められもせず政治意見を述べることは基本的になかった。幕末維新期には議論を闘わせることも流行しているが[53]、その実態については今後の検討を待つべきだろう。

なお、士族についていえば、維新変革が彼らの私的利害に直結していたために、声を高くして反論を唱えにくいという側面があったのかもしれない。封建・郡県をめぐる議論が版籍奉還の実施によって政治決着してより以降は、郡県の徹底を主張する意見が次々に出されて変革をリードしていったことが知られているが、実際は封建をよしとする意見も多かったと見られる。熊本藩庁の探索書に記録されている一八七〇年頃の豊橋藩の儒者とされる者の意見を見ると、次のごとく述べている。

封建の制の大益あること明了なれども、藩士の内より此議を主張すれば私欲を懐くの嫌疑あり。人々其嫌疑を恐て公然として献言する者無く、却て郡県の説を主張するのみ。微臣の如きは一意に報恩の事を図り皇国に補益有ん事を希ひ他の嫌疑を避るを知らず[54]。

なぜ士族は自らの特権を放棄したのか、という問いを仮に構えるとすれば、それは封建の方が彼らの利益であったからだ、というのがこの著者の答えになるのだろう。この意見は尾藤正英が指摘した、「国事」のためには自己犠牲を厭わない「武士的な公共的精神」の存在を想起させるが[55]、この著者の説明は少し異なっているようだ。封建論が表に出にくいのは私利を否定する思想が機能しているからだという見解は同じであるが、それは「公共的精神」なのだろうか。この著者がいうように、本当に国家のためを思うならば、正しいと思う方に就くべきで、それが己を利するか否かは関係ない。むしろ、それが己を利するから主張しないというのは世間を憚る保身術であって、「私」というべきであろう。したがってこの著者は、自らが嫌疑を受けることを顧みずに封建論を主張したのである。

いま一つは、政治に関する批判は内輪の言論に終わりやすい傾向があったということである。左は新政府の政策に不平を懐く福岡の商人が一八七二年春の県内神職の免職について遺しているコメントである。

一体御一新以後、朝恩を難レ有奉レ仰、御徳沢を奉レ蒙候者、匹夫に至る迄更に一人もなく、士農工商の四民日夜慷慨歎息而已に年月を送り居たるに、今般又々神職に災難来れり。王政復古の御政典と申は斯る苛酷の御政体を言ふにや不レ知。毎度御布告の御文面に御仁恤の三字ありて御仁恤の御現行なし。此三字は御文中の置字歟不レ知と雖も全く虚字なるべしと云ふ人もあり。又御文中に民の途〔塗〕炭を救はせ給ふとありて、頻に聚斂を重し高税を貪りて民を途〔塗〕炭に苦しめ給ひ、而て之を救と云其文字、我輩の可二考知一ことにも非ず。唯可レ恐の御政体、累卵薄氷の古語にして、行末思ひ遺〔遣〕られて涙数千行、遂に止まるを不レ知。是固陋者の説にして、開化進歩の人才衆には曾て合ざる愚論なりとて笑て東西に別れて家に帰りぬ。[56]

その新政に対する厳しい意見は見るごとくだが、この史料の著者は、お互いに意見を共有できる者同士寄り集まって意見を開陳しながら、それを言論で訴えようとはしていない。仲間同士の愚痴に紛らわせて終わるのである。

そして留意すべきは、彼らが自分たちを「固陋者」と自嘲していることである。この史料の次の記事でも、宗旨改めの廃止を評して「皇国も早夷狄の有」だと言い、最後に「万事唯西洋先生の御説とさへ言へば一言も抗する能はず。今若西洋大先生より日本皇后を当時御借用と申来らば、定て異儀〔議〕なく被二差越一にて可レ有レ之と言ふて、一座の固陋者大笑せり」[57]と記している。ここに見えるのは、自分たちが潜在的な多数者であることを恐らく知りながらも、時勢に合わず、言論上では「固陋者」と罵られている自分たちを茶にする感性である。それが政治に与らない分外の者たちの、鬱憤をはらす文化だったのかもしれない。

## 2　反開化論の扱い

さて、開化への批判は表立ちにくかっただけでなく、まれに言論の場に出ても「文明開化の広告塔」[58]である新聞紙上においては公平に扱われないことが多かった。

『横浜毎日新聞』が一八七二年二月に連載した「井蛙問答」という投書記事[59]がある。これは「俗論家」が門閥廃止・廃刀・士族廃止について批判する短い問いに、記者が長文をもって答える問答で、「前条の如き愚昧の説を唱ふる無識の邪論、我身に罪を重するを不知、答るに不レ足と雖ども試みに云ん」という記者の言葉にその姿勢は明瞭である。『横浜毎日新聞』では反開化の言説を載せる場合もこれを論破する傾向が顕著であり、例えば上滑りな開化を批判する投書を、それに答える「投書」と同時掲載（つまり投書ではない）し、「井の中の蛙大海を知らず」「皇国の真民らしき偏屈論を述べ、反て外国人の嘲笑を招く馬鹿の事触とも云ふべし」と口を極めて罵っている[60]。また、開化を謗る漢詩と和歌の投稿を、「当時文明開化の世には面白からぬ作に候得共、併其中に斯読めるは是則新聞ならん者と一寸御披露申上候」と載せ、後日その詩を批判する投書を掲載し、「孰れを至論とせん」と両説併記の態度を見せつつも、結局「御国体を辱めず将た人をして開化の道を諭す」のは後者だと軍配を挙げている[61]。

他紙に比べて投書欄での言論が盛んであった『日新真事誌』では、開化論も反開化論も公平に載せているように見える。高知県出身の徳弘千速は、投書欄を「紛々擾々、恰も共〔協〕議院の在るが如くなり」と褒め称え、しかし匿名であるのはよくないと「新聞議院の衆論」に諮っている[62]。そんな徳弘は士族の徒食や不行状を憂え、華士族を混合して平均禄を与え、「世襲の武士」、つまり常備軍を創るべきだという投書を行っている[63]。彼は日本刀の尊重も主張しており、一見その説は反動のように見える。果たしてこれを反駁する投書が匿名で寄せられ[64]、彼の議論を「抱腹に堪へず」と書き、「何ぞ尸位文弱の士族に禄世を与へるを得ん」という立場から種々批判しているのだが、徳弘の論をよく見ると、彼は徴兵の中心に士族を置くことを主張しているのであって、上下の尊卑を主張するような反動だったわけではない。再び徳弘は反論を投書し[65]、現行の自主自由も実は士気から出ており、いますぐに役立つ国軍を創るには士族を用いるのがよいことなどを主張している。こうした議論は高知の士族らしいものであって、彼が平均禄を主張しているように、門閥否定は織り込みずみでありつつも、士族の廃止には反対なのである。

その点で、島津久光をめぐる言論は興味深い。一八七三年四月に上京した島津久光の一行は、さながら大名行列の再現であった。第一報を入れた『横浜毎日新聞』では、「中将殿［久光］護衛の士孰れも長刀を帯び、或は半髪或は斬髪、勇気猛烈の士と見へたり[66]」と報じ、『日新真事誌』では「今度の入京は定めて開化進歩の目標ともなるべき形装ならんと察するに、按に相違すれば人々奇異の思をなせり[67]」と報じた。『横浜毎日新聞』には早速に投書が寄せられ、「護衛」という記事は誤りのはずだ、「若果して家禄の余を以て多く勇幹の士を扶持し之を挈して登京せば、島津氏に於ては郡封相央ばするものと云はんか、将た反状ありと云はんか」、このような報道は罪名を着せるというものだ、と言っている[68]。これは皮肉を込めた表現で、反動に対する牽制であろう。他方、『日新真事誌』では論説を掲げ、人々が疑惑し評するのを「皆之れ此卿の真意を知らざるの妄説なり」といい、島津の「愛国の至情」を強調して火消しに回っている[69]。しかし同紙の投書欄では、浪華の春田香が、島津の行動がいまだに旧政を慕う人々に誤ったメッセージを与え「進歩の礙碍復た少ならず」、もし一時的な権術でないとすれば「君の頑陋、旧習を固執し遽に洗滌するに忍びざる乎」と批判を寄せた[70]。春田によれば、いまだに「幕政を恋ふに似たるもの猶天下に半す」というのだから、その危機意識は深刻である。だが、これに激怒した下谷山崎町寄留の楠本正熙は、春田の投書に憤然たる長文の反駁を投書し、「若し維新以前の時世の如く尊王の野暮忠臣多からば必ず先生のよこつつら張斃し奉らん」と罵り脅迫している[71]。楠本は春田の身分を詮議したらしく、宮華族でもない「どこぞの馬の骨」の身で「畏こくも聖寵の良臣」を貶めるとは許しがたいと、身分尊卑の意識を露わにしている。まさに反動的な意見も含めて、『日新真事誌』では公平に両説を掲載していたといえよう。

『東京日日新聞』紙上では一八七三年八月以後、米麦輸出の解禁をめぐる論争が展開した。発端は、穀物価格の上昇に人民の苦痛を訴える報告が寄せられたことだった。この記事には記者が人民の誤解を解くべく米麦輸出解禁と物価について説諭を加え、「此等の論に至つては従前の眼を洗滌して而して平心宇内の形勢を洞悉する者にあらざれば知る処にあらず」と開化政策を支持する立場から叱咤している。[72]この記事を読んだ加藤景孝という人物は「民に代て哀訴する」投書を寄せ[73]、維新の恩恵を民は蒙っておらず、違式詿違条例などで束縛をうけ、各地で暴動も起こっているとし、自ら米穀を売却しない人民が大多数である以上高米価が利益とはならず、愛民の政を望むと訴えた。興味深いのは、この投書で加藤が「知識を博むる新聞にさへ無益の雑話、世に媚る類は之を載せ、激烈の人意に逆ふものは捨て取らず。暫く養黙の時と断然決定せしに」と新聞上の言論状況を難じていることである。加藤は同紙四六〇号に林逸平の投書[74]（朝令暮改、省寮の郷党、教化の不充分、外貌の開化などを批判したもの）が掲載されたことで、「少しは言路も開けたるにや」と感じて投稿したらしい。ここには時勢に沿わない政策批判の言論が新聞紙に掲載されにくいと意識されていたことが見て取れる。

　ただ、この時期の新聞で開化を批判する言説が少数派となっていたことは確かであるが、反開化論への攻撃姿勢が明瞭な『横浜毎日新聞』ですら開化を批判する詩を面白くないとぼやきながら掲載していたことも留意すべきであろう。考えられる理由の一つは、当時の新聞が言論の自由を求めていたことである。

　この時期の新聞には言論の制限があり、『横浜毎日新聞』に載ったある投書は「新聞紙の自在」を求め、英人ブラックの経営する『日新真事誌』には政体論や官吏を誹謗する文章が載るのに日本人の新聞紙にこれを論じれば官より責めをうける、と指摘した[75]。神奈垣魯文（仮名）も、現今の新聞紙は官の干渉があるため自由な言論ができていないことを批判した長文の投書[76]を書いている。開化に批判的な守旧的な投書も新聞が取り上げたのは、言論の閉塞を否定的に語る立場がそうさせたのかもしれない。

もっとも、政府に対して言論への干渉緩和を求めることと、ジャーナリズムが中立公平な立場をとることとは別問題ともいえよう。もう一つ考え得ることは、強者の余裕である。ここで目を再び開化物に転じてみると、そこには開化政策に対する不平がやや冗漫なほど書かれているのが目につくだろう。例えば横河秋濤『開化の入口』（一八七四年）では、旧弊愚論の代表者である遅川愚太夫《おそかわぐだゆう》に次のごとく語らせている。なお、開化物では通常登場人物に開化・固陋を表象するような名前がつけられており、愚太夫は洋装の紳士開化文明《ひらけぶんめい》の父親で、田舎で区長を務めている設定となっている。

御一新以来諸国の騒動がそこ〳〵治まるか治まらぬ中に、ハヤ宮や寺の御主朱黒印を引上げられ境内の穿鑿から山林の改め、其中へ向けて地券の書上から戸籍の調べ、雑税の取立から年貢の世話、扨々従前《これまで》の御政事とは大きに違ひ、片端から虱の子を潰すやうに迹から〳〵県庁の催促、戸長も伍長も手慣れぬ事に昼夜の苦労、扨々苦《せこ》ひめに遇ふことじや。其中でも学校の会計と此度徴兵の催促にはさつぱり困るがノンシ。全体御上様にはナゼ此様に下々の否がる事斗を考て重箱の隅を箸でせゝるやうに噂しう云はつしやるのであらうノウ。(77)

遅川愚太夫はここで村役人の置かれた状況を述べて、息つく間もない新政に対する愚痴をこぼしている。こうした意見は戯画化されてはいるものの、当時の人々の懐いていた感慨を反映していたと見られている。

思想史テキストにおける問答体の形式に着目した丸山眞男は、開化物までの日本の問答体では、「何が正しいかという結論は決まっている。始めから決まっていて、ただ問答体という形式でそれを表現している」と総括している。(78)その意味で開化物は反論を許さない一方的なコミュニケーションといってよい。ただ、丸山の整理を踏襲すると、近世期の学問著述における問答体のスタイルが、質問に教師が答える体の、短い問いに長い回答という組み合わせであったのに対し、開化物では弟子と教師の関係ではなく、質問もくだくだしく長い、なかば愚痴まじりの戯文になっているのが特徴といえよう。それは戯作調のくだけた語りによって多くの読者に面白く読ませることを意図していたからであるが、読者もまた平生の不満が語られていることで、あるいは少しく溜飲を下げ得たかもしれない。[79]

そして、冗談交じりに異論を組み込むような開化論者の態度を支えていたものこそ、開化論の啓蒙的性格であった。第一節で述べたように、開化論は知識を開くということをその核心に持っていた。つまり知識が開ければ同意が得られるという前提に立っていたから、「愚論」を縷々述べさせて「道理」によって論破するという余裕を示しえたのである。それは強烈な独善であり、強い自信が開化論者たちの立場を固めていた。その自信は恐らく大樹の陰に倚頼していることと無関係ではなかったはずだが、それでも公論空間は彼らの余裕ゆえにその開放性を失わなかったともいえるのである。

## おわりに

本章では、政治変動に始まった明治維新が明治初年に政治社会の大変革を展開していく結節点について、開化論の性質と公論空間の問題を中心に検討した。この変革を推進した多様な主体について開化論の一言で括ることは、粗雑にすぎるという批判もあるだろう。だが、このように大摑みに見ることで、文明開化を維新変革の展開に組み込んで語ることが可能になるはずである。開化の言葉は世界の大勢への意識を背景に国内改革を推し進めるものだった。それは身分制破壊の言論に見られるように、これまでの社会秩序を攻撃し、社会変革の機運を生み出していった。

明治初年における新聞・雑誌の相次ぐ創刊・普及は公論空間を急速に拡大していったが、それは全国に変革の言葉を拡散していくものでもあった。このような輿論形成と現実の政治情勢の前に、新政と時勢に対する不平・異論は潜伏し、それらはときに新聞紙面への投稿などで表立っても、あるいは不公平な扱いをうけ、あるいはただちに批判が寄せられるなど、言論上劣勢に置かれた。すなわちこの時期に急速に拡大していった公論空間とは、このような政治地図の上に展開したものだったのである。

ただし、開化の言説は、問答体の開化物に見るように、異論を自らのうちに含みこんで展開する面もあった。それは、開化論が言論の閉塞を嫌っただけでなく、異論・反論を愚かさや田舎者ゆえの不開化ときめつける独善性を持っていたからである。そのため「道理」によって割り砕いて説明し、知識を開いていく啓蒙の態度をとったのである。文明開化の時代は「開いた社会」(80)といわれるが、開化の公論空間もまた、いびつさを持ちつつも閉じられたものではなかったといえるだろう。

（1）本書「序論」及び三谷博編『東アジアの公論形成』東京大学出版会、二〇〇四年参照。

（2）文明開化についての研究は既に汗牛充棟の多きにわたっているが、維新変革の思想闘争の面から扱った研究は管見のかぎりあまりない。一八七四年前後について牧原憲夫『明治七年の大論争』日本経済評論社、一九九〇年がある程度である。

（3）一八七四年は、有名な「民選議院設立建白書」が出され、自由民権運動が始まった年であり、日本人が発行する新聞紙・雑誌でも本格的な政治論議が始まった大きな転換点である。牧原前掲『明治七年の大論争』はこの年を「論争元年」と評している。

（4）この時期の新聞の言論状況については稲田雅洋『自由民権の文化史』筑摩書房、二〇〇〇年、有山輝雄『「中立」新聞の形成』世界思想社、二〇〇八年が参考になる。

（5）身分制の解体については、横山百合子『明治維新と近世身分制の解体』山川出版社、二〇〇五年が身分をめぐる行政の展開を詳細に明らかにしているが、文明開化論の影響をどう考えるかという点では、大きな課題が残されているように思われる。

（6）深谷博治は『新訂華士族秩禄処分の研究』吉川弘文館、一九七三年において、「この期においてほど一般民衆が囂々として秩禄問題を論議し、華士族の寄生的生活を論難したのを見たことがない」と述べている。二三四頁。

（7）一八七一年になぜ文明開化の流行現象が澎湃として起こったのか、これまでの研究は必ずしも十分に検討を加えてこなかった。数少ないものとして、例えば宮地正人は『幕末維新変革史』下、岩波書店、二〇一二年のなかで、条約改正問題が「文明開化強制政策」の背景であるとしている（第四三章）。その向きはあるだろうが、文明開化熱はそのような目的合理性からは説明し難いし、本章で触れるように一八七一年の条約改正問題以前から文明開化の流行は開始していた。

(8) 政治史と文明開化を一体的に見ようとする研究では飛鳥井雅道『文明開化』岩波書店、一九八五年があるが、維新史の概説のようになってしまっており、十分に掘り下げた研究とはいえない。牧原憲夫『日本の歴史十三　文明国をめざして』小学館、二〇〇八年がこの面で注目すべき本であるが、論点が多岐に分かれ、むしろ核心が見えにくくなっているように思われる。

(9) この時期の政治史の描き方では、例えば笠原英彦『明治留守政府』慶應義塾大学出版会、二〇一〇年などが一つの典型といえるかもしれない。

(10) 吉野作造編『明治文化全集　文明開化篇』日本評論社、一九二九年に主要なものが入っている。

(11) 古代の天皇が治めていた時代をプラス・シンボルとし、中世の武家支配を悪しきものと否定して、王政復古と明治の新政を賛美する歴史観。開化論はこうした復古の論理を内包していることが一つの特徴である。

(12) ただし問答体開化物のはしりである加藤弘之『交易問答』一八六九年にこの傾向が見られないことは留意すべきだろう。徳川の武家支配を否定し王政復古史観で開化を語る思想は廃藩置県以後の言説である。

(13) 「諭言一則」『東京日日新聞』六一号、一八七二年四月二七日。

(14) 実際は旧幕臣の操觚者が多かったため、維新政権に対する立ち位置は単純ではなかったはずである。

(15) 牧原前掲『明治七年の大論争』。

(16) 「諭言一則」『東京日日新聞』八号、一八七二年二月二八日。

(17) 「諭言一則」『東京日日新聞』一一六号、一八七二年六月二八日。

(18) 福澤諭吉「或云随筆」一八六六年二月、慶應義塾編『福澤諭吉全集』二〇、岩波書店、一九六三年、一三頁。年代推定は慶應義塾編『福澤諭吉書簡集』一、岩波書店、二〇〇一年、五九頁による。

(19) 福澤前掲「或云随筆」一三頁。

(20) 福沢英之助宛福澤諭吉書簡、一八六六年一一月七日、慶應義塾前掲『福澤諭吉書簡集』一、六五頁。

(21) 池田勇太『福澤諭吉と大隈重信』山川出版社、二〇一二年、四四—五三頁。

(22) 曲肱軒主人『開化のはなし』初編第二回、一八七二年冬、前掲『明治文化全集　文明開化篇』七六頁。

(23) アルバート・M・クレイグ『文明と啓蒙』慶應義塾大学出版会、二〇〇九年、六三頁。

(24) 西村茂樹「西語十二解」『明六雑誌』三六号、一八七五年五月、山室信一・中野目徹校注『明六雑誌』下、岩波書店、二〇〇九年、二一五頁。

(25) 例えば「頃日若松県より報告に、文明開化の風靡然として行れ、僻境窮隅と雖も奎運駸々乎として相進み、近時小学設立の挙盛にて（略）」（『日新真事誌』二九二号、一八七三年四月二五日）といった記事がよく見られる。

(26) なお、渡辺浩『東アジアの王権と思想』東京大学出版会、一九九七年は、文明開化について、幕末維新期の日本において儒学の理想と西洋近代が重ね合わされ、「中華化」としての西洋化が起こったとしている。慥かに、学校教育の普及した西洋の「郁郁乎として文」なる姿を、開化政策が模倣したと見ることは説得的である。また渡辺は、「開化」という言葉を江戸時代の「開ける」という言葉から説明しており、いずれも異論のないところである。ただ、文明開化の基層にそうした「儒学的西洋」化や「開け」の流行があるとしても、開化論が儒学も含め閉鎖的な知的状況を批判して知識を開いていくことを奨励する思想であったことは間違いない。そして本論に述べたごとく、開化論の核心にはかかる知識の開明という運動が存在していたと見られるのである。

(27) 栃木県の諭告書、一八七二年五月。「江湖叢談」『東京日日新聞』八九号、一八七二年五月二七日。なお引用の表現は『新聞雑誌』の緒言を踏襲している。

(28) 木戸孝允宛井上馨書簡、一八七〇年三月二〇日、木戸孝允関係文書研究会編『木戸孝允関係文書』一、東京大学出版会、二〇〇五年、三四八―三五一頁。

(29) 権大参事各位宛広沢真臣書簡、一八七〇年八月二四日、「年度別書翰集」三八、山口県文書館所蔵「毛利家文庫」。

(30) 「真成郡県」を求める輿論形成がこの時期進んでいった過程については、松尾正人『廃藩置県の研究』吉川弘文館、二〇〇一年参照。

(31) 萩原延壽『遠い崖』八、朝日新聞社、二〇〇〇年、二二一頁。武士の武装解除を求める外交談判の様子は、ヒューブナーの『世界周遊記』に紹介されている。アレクサンダー・F・V・ヒューブナー著、市川慎一・松本雅弘訳『オーストリア外交官の明治維新』新人物往来社、一九八八年、二六頁。

(32) 木戸孝允「士族の方向を定むべきの意見書」一八七〇年、日本史籍協会編『木戸孝允文書』八、東京大学出版会、一九七一年復刻、一〇三―一〇六頁。

(33) 『新聞雑誌』二号、一八七一年五月。

(34) 「毛利山口藩知事上書ノ写」『新聞雑誌』九号、一八七一年八月。提出は七月一二日。松尾前掲『廃藩置県の研究』第四章

第五節参照。

(35) 松尾前掲『廃藩置県の研究』二四四―二五七頁。

(36) "Supplement to No. 6 of The Budget of News," *The Japan Weekly Mail*, October 14, 1871. 本史料は塩出浩之氏の御教示により知ることを得た。

(37) "The Abolition of The Feudal System in Japan," *The Japan Weekly Mail*, October 14, 1871. 引用は次注の『新聞雑誌』より。

(38) 『新聞雑誌』一四号、一八七一年九月。この文章は岡部啓五郎『開化評林』明治八年四月、吉野前掲『明治文化全集　文明開化篇』二三七―二三八頁に採録されている。当時注目された記事だったことが窺える。

(39) 深谷前掲『新訂華士族秩禄処分の研究』、及び落合弘樹『秩禄処分』中央公論新社、一九九九年。

(40) 萩原前掲『遠い崖』八、二一一頁。

(41) ヒューブナー前掲『オーストリア外交官の明治維新』一三五―一三八頁。

(42) 「太政官出仕野口某華士族ヲ廃スルノ建議」『新聞雑誌』三七号附録、一八七二年三月。ルビの送り仮名を本文に入れた。『袖珍官員録』明治五年二月改（国立公文書館所蔵「職員録・明治五年二月・官員録改」）によれば、野口の苗字を名乗る官員は宣教使十二等出仕に野口豊明、大蔵省租税寮権大属に野口時義、大蔵省出納寮権少属に野口直温、工部省鉄道寮権中属に野口真彦が見られる。建議中に公表以前の国家歳入を載せているところからすれば、大蔵省の二人のうちいずれかと見られる。

(43) 『横浜毎日新聞』四五七号、一八七二年五月二四日。

(44) 『日新真事誌』四七号、一八七二年五月二一日。

(45) 高知県士族梅谷忠二郎「(華士族ヲ廃スル之議)」一八七二年五月、及び滋賀県竹内成由「(華士族ノ等廃止等八ヶ条之議)」同年同月、内田修道・牧原憲夫編『明治建白書集成』二、筑摩書房、一九九〇年、三四―三五頁、四七―四九頁。

(46) 『日新真事誌』三六号、一八七二年五月八日。

(47) 「江湖叢談」『東京日日新聞』四〇号、一八七二年四月四日。

(48) 稲田前掲『自由民権の文化史』九六頁。

(49) 柏崎県士族星野鏡里「(孔孟之道地ニ墜ルヲ歎シ云々ノ議)」一八七二年七月、内田・牧原前掲『明治建白書集成』二、九九頁。

(50)『日新真事誌』二八二号、一八七三年四月一三日、投書。
(51) 松尾前掲『廃藩置県の研究』三五九—三六〇頁。
(52) 鹿児島県維新史料編さん所編『鹿児島県史料　忠義公史料』七、鹿児島県、一九八〇年、二二二—二二七頁。一八七一年九月の執筆である。
(53) 維新期に議論が流行したことについては、高橋是清の回想に次のようにある。
「ちょうどそのころ［一八七〇—一八七一年］のことであった。（略）当時は各藩において、智能弁舌の士が、他藩に遊説して、おのおのその所信を吐露し議論を闘わして、相手を負かすことをもって面目とすることが流行った。

ある時佐賀藩の有志が唐津に遊説に来るという知らせがあった。（略）藩と藩とは、今日では想像もつかぬほど、暗暗裡に競争をしていた。

そういうわけであるから、佐賀藩の有志が来るというしらせに、唐津藩では万一いい捲られでもしたら不面目の至りである。勝たぬでもよいから、せめて対等な議論をしてもらえばよいと大変な心配であった。（略）とうとう、その役目が私に廻って来た。（略）いよいよその日になると私は紋付羽織大小等を借りて唐津藩の侍になり済まして待っていると、佐賀藩の遊説員は三人でやって来た。そこで、接待員が御使者屋敷に案内して、手厚く接待した。

さていよいよ刻限が来たので私は単身御使者屋敷に乗込んだ。（略）やがて酒盛が済んで、いよいよ議論となった。ところが驚いたことには、その人が盛んに共和政体を主張する。当時は福沢先生の『西洋事情』が非常によく読まれて、その影響が随分強かったので、この人なども、共和政体が我が日本の国体と相容れぬことなど、思い及ぼうはずもなくただ一途に議論をするのであった。

私はアメリカへ行って共和政体、ことに村会や市会の選挙を実際に見て、その腐敗の程度も十分に承知していたので、そのことを話して日本においては共和政体の不可なるゆえんを痛論したら、その人も私の議論には屈した様であった。

しかるに意外であったのは、その人が鉄道敷設論を強調することである。（略）この議論には私も大に敬服して、一歩を彼に譲った。かくてお互いに非常に愉快に議論を終え、上々の首尾で引揚げた。」（『高橋是清自伝』上、中央公論新社、二〇〇一年、初出一九三六年、一一一—一一二頁）。
(54)「老生腐談」、永青文庫所蔵「探索書控　機密間之事　庶務掛」一八七〇年、熊本市歴史文書資料室所蔵の複製を利用。
(55) 尾藤正英「明治維新と武士」尾藤正英『江戸時代とはなにか』岩波書店、一九九二年、一九二頁。

(56)「維新雑誌」巻一五、福岡市史編集委員会編『新修福岡市史　資料編近現代1　維新見聞記』福岡市、二〇一二年、六一七―六一八頁。
(57) 同右。
(58) 稲田前掲『自由民権の文化史』九四頁。
(59)『横浜毎日新聞』三六八・三六九・三七一号、一八七二年二月一六日・一七日・一九日。この記事は前掲の「維新雑誌」巻一五にも採録されている。
(60)『横浜毎日新聞』四九七号、一八七二年七月九日。
(61)『横浜毎日新聞』三六四・三七七号、一八七二年二月一一日・二五日。
(62)『日新真事誌』第二周年四号、一八七三年五月五日。『日新真事誌』ではこの記事にコメントをつけ、氏名住所の不明な投書は受け付けないが、実名を出さないのは「事に因り需に応ずればなり」としている。もっとも、前節で触れた官員・華族の家禄返還を主張する張り札は「無名氏にて採用す可らざるものなれども、其の旨意憂国慷慨の志切なれば」と紹介している。前掲四七号。
(63)『日新真事誌』二八七号、一八七三年四月一九日。
(64)『日新真事誌』第二周年五号、一八七三年五月七日。
(65)『日新真事誌』第二周年一三号、一八七三年五月一七日。
(66)『横浜毎日新聞』七一三号、一八七三年四月二一日。
(67)『日新真事誌』二九二号、一八七三年四月二五日。
(68)『横浜毎日新聞』七二一号、一八七三年四月三〇日。
(69)『日新真事誌』第二周年一八号、一八七三年五月二三日。
(70)『日新真事誌』第二周年二一号、一八七三年五月二七日。
(71)『日新真事誌』第二周年三〇号、一八七三年六月七日。
(72)『東京日日新聞』四六二号、一八七三年八月一六日。
(73)『東京日日新聞』四八五号、一八七三年九月一二日。
(74)『東京日日新聞』四六〇号、一八七三年八月一四日。

（75）天下億兆蒼生より全国新聞紙著述者中に宛てた投書、『横浜毎日新聞』五一二号、一八七二年七月二七日。
（76）『日新真事誌』第二周年三九号、一八七三年六月一八日。
（77）横河秋濤『開化の入口』二編上、一八七四年、七丁。
（78）丸山眞男「日本思想史における問答体の系譜」丸山眞男『忠誠と反逆』筑摩書房、一九九八年、三〇八頁、論文初出は一九七七年。
（79）横河前掲『開化の入口』序文。
（80）丸山眞男「開国」丸山前掲『忠誠と反逆』、論文初出は一九五九年。

# 6　台湾出兵をめぐる東アジアの公論空間

塩出浩之

## はじめに

本章は、東アジア近代における公論空間の生成をもたらした重要な契機として、中国・日本の開港地ネットワークにおける英・中・日ジャーナリズムで、台湾出兵（一八七四年）をめぐって行われた報道と言論について分析するものである。

明治維新後の日本で、初期の新聞が公開の政治的コミュニケーション、すなわち公論の形成に果たした役割は、これまでさまざまな研究で指摘されてきた。特に一八七四年の民撰議院論争以後、新聞が自由民権運動との結合を通じて政論の場となってきたことが明らかにされてきたのである(1)。ただし従来の研究は多くの場合、国民国家としての日本というイメージを過去に投影して、暗黙のうちにこれを公論の場とみなしてきた。扱われる対象も、基本的に日本国内の日本語新聞に限られていた。

しかし筆者が別稿ですでに指摘したように、草創期の日本の新聞は、国内の日本語読者間でのコミュニケーションの場を提供しただけでなく、東アジアの開港地ネットワークを介して、自らの祖型である各地の英語新聞や同じく草創期にあった中国語新聞とのあいだで、必ずしも双方向的・対称的ではないが相互の日常的な参照関係を形成していた。さらにジャーナリズム間で流通したのは単なる〝海外情報〟だけではなく、日本の対外関係や国内政治に関する報道や言論も含まれていた。このようなジャーナリズム間の関係は、政府間関係とは異なるレベルで東アジア国際関係の一部をなしていたのであり、また加えて、日本および中国のジャーナリズムとそれぞれの政府との関係にも重大な影響を及ぼすものだった(2)。東アジアには、一国単位では完結しえない公論空間が生まれていたのである。本章では、日本の台湾出兵が惹起した日中戦争の危機が、このような東アジアにおける公論空間の生成を促す重要な契機となったことを明らかにする。

台湾出兵をめぐるジャーナリズムの活動については、すでに土屋礼子や團藤充己が『東京日日新聞』の報道と言論について分析を加え、後藤新は日本政府の新聞政策と国内の新聞報道との関係について明らかにしている。しかしこれらは、英語新聞や中国語新聞の報道・言論が日本の報道・言論に影響を与えたことを指摘しながら、考察対象はほとんど国内の日本語新聞にとどまり、報道・言論の内容に関する分析も十分とはいえない(3)。小野聡子は横浜の英語新聞の論調を検討しているが、「国際法を基礎とした報道」という一面的な理解にとどまっている。西里喜行は中国語新聞の論調を分析しているが、その関心は琉球の「所属」問題に限定されている(4)。本章は台湾出兵に際して、とりわけ日中両国の正当性をめぐって、横浜や上海、香港などで発行された英語新聞が報道・言論を主導し、その影響下で中国語新聞や日本語新聞が活性化した過程を明らかにし、東アジア近代の公論空間という主題への接近を試みる。

さらに本章のもう一つの狙いは、ジャーナリズムの言論分析を通じて、台湾出兵という事件自体を東アジア近代の国際紛争として捉え直すことにある。アヘン戦争以後、東アジアでプレゼンスを強めたイギリスをはじめとする欧米列国は、中国に次いで日本や琉球、シャム、朝鮮に条約による国交や貿易を求めながらも、東アジアの伝統的な国際秩序自体を改変しようとはしなかった。そのなかで日本が台湾出兵を実行して中国と対立し、両国の交渉がイギリスの仲介によって決着した一連の経緯は、東アジアに主権国家原理が導入されるうえでの重要な転換点となった。本章ではこの点について、特に英語新聞の主張に注目して明らかにしよう。

## 一　一八七〇年代前半の東アジア開港地ジャーナリズム

東アジアにおけるジャーナリズムは、イギリス人を中心とする欧米人によって始まった。欧米人の新聞発行は、一八二〇年代から広州の各国商人やマカオのポルトガル人によって始まっていたが、一八四二年の南京条約で中国がイギリスに香港を割譲し、上海など五港を開港すると、イギリス人商人の資本による新聞の発行が本格化した。まず香港では一八四二年にただちに新聞の発行が始まり、一八六〇年代以降は『チャイナ・メイル』（*China Mail*, 一八四五年）と『ホンコン・デイリー・プレス』（*Hongkong Daily Press*, 一八五七年）が有力となった。上海では最初に登場した『ノース・チャイナ・ヘラルド』（*North-China Herald*, 一八五〇年）が高い評価を集め、これに『セレスチャル・エンパイア』（*Celestial Empire*, 一八七四年）が対抗した。このほか福州でも、『フーチョウ・ヘラルド』（*Foochow Herald*, 一八七三年）などが発行された。これらの新聞は、イギリス香港政庁が一八五八年まで、政庁広報の出版契約を通じて同地の新聞を操縦しようとしたのを除くと、イギリスの国家権力から独立した論調を維持した。外国人に清朝政府の法規は及ばないため、中国への批判は自由に行われた(5)。

日本が一八五八年の安政五ヶ国条約によって横浜や長崎、神戸などを開港すると、一八六一年にイギリス人商人ハンサード（A. W. Hansard）が長崎で新聞の発行を始めたのを最初に、居留外国人の新聞発行が行われ、特に横浜はその中心地となった。横浜で明治維新以後に有力となった英語新聞は三つあり、第一はハンサードが一八六一年中に横浜に移って創刊し、一八七〇年以降はイギリス人ブルック（J. H. Brooke）が社主兼編集長となった『ジャパン・ヘラルド』(*Japan Herald,* 以下『ヘラルド』)、第二は『ヘラルド』の編集人(一八六五―六七年)だったイギリス人ブラック(J. R. Black)が、一八六七年にオランダ人商人ヘフト(B. N. Hegt)の協力を得て創刊した『ジャパン・ガゼット』(*Japan Gazette,* 以下『ガゼット』)、第三はイギリス人商人のハウエル(W. G. Howell)が一八七〇年に創刊した『ジャパン・メイル』(*Japan Mail,* 以下『メイル』)であった。これらの新聞がイギリスをはじめとする各国公使から独立の立場をとり、また日本政府の法規から自由だったことは中国と同様である。ただし『ヘラルド』や『ガゼット』が日本政府を仮借なく批判する一方、『メイル』のハウエルは一八七三年二月、ハウエルとの間に同紙を購入して諸外国に配布する契約を結んだ。欧米列国に対する自らの代弁者を求めていた政府は同年一〇月、日本政府に同紙への財政支援を求めた。なおこれらに加え、神戸には『ヒョーゴ・ニュース』(*Hiogo News,* 一八六八年)、長崎には『ライジング・サン・アンド・エクスプレス』(*Rising Sun and Express,* 一八七三年)があった[6]。

このようにイギリス人を主とする欧米人が中国・日本の各開港地で新聞の発行を始めたことは、開港地の流通ネットワークを基盤とする、東アジア大の情報・言論ネットワークの形成につながった。各開港地の新聞が他の開港地に流通し、さらにその記事を現地の新聞が転載・引用するという営為の繰り返しを通じて、開港地間における情報・言論の集散が日常的に行われたのである。ただしその言語は、基本的に英語が中心だった[7]。

さらに開港地における欧米人のジャーナリズムは、中国・日本におけるジャーナリズムの誕生をもたらした。まず中国における欧米人の新聞発行にはしばしば中国人が従事していたが、一八七二年頃からは中国人を主体とする新聞の発行が始まった。その代表といえるのが、第一に上海でイギリス人のメジャー(E. Major)が一八七二年に創刊し、蔣芷湘や何桂笙など中国人に編集方針が一任された『申報』であり、第二に香港で王韜が一八七四年に創刊し、中国人経営の新聞として初めて成功した『循環日報』である。ほかにも、一八七二年に『チャイナ・メイル』は陳藹廷を主筆とする『香港華字日報』を創刊しており、また一八七四年に上海で容閎が創刊した『匯報』は、現地の清朝官僚を出資者とし、中国人が経営・編集を担った。清朝政府は邸報（政府公報）以外の刊行を認めていなかったため、以上の新聞は、イギリス領香港や上海租界に清朝政府の出版規制が及ばないことを利用して発行された(8)。なお『匯報』は清朝政府筋からの非難を受けて二ヶ月ほどで廃刊し、後継紙の『彙報』はイギリス人商人を名義上の経営者兼主筆とした(9)。

次に日本では、徳川政権の蕃書調所が一八六二年にオランダ領東インド政府の広報を翻訳した『官板バタビヤ新聞』を端緒として、欧字新聞の翻訳や模倣を通じて日本人による新聞の発行が始まった。明治維新後、井関盛艮神奈川県令の後援で一八七〇年に創刊された『横浜毎日新聞』（以下『毎日』）の登場によって新聞の発行は本格化した。後に続いたのは、一八七一年から木戸孝允参議が部下の山県篤蔵に発行させた『新聞雑誌』、西田伝助などの文人たちが杉浦譲駅逓正の支援を受けて一八七二年に創刊し、岸田吟香が主筆となった『東京日日新聞』（以下『日日』）、前島密駅逓頭が一八七二年に創刊し、旧幕臣の栗本鋤雲が主筆となった『郵便報知新聞』（以下『報知』）などである。一八七一年制定の新聞紙条例が新聞を「文明開化」の担い手と位置づけたように、新聞を政府が育成したのは中国との大きな違いである。その反面、いかに同条例が「政法」への「謗議」を禁じていたとはいえ、政治に関する報道や言論は乏しかった。いっぽう一八七〇年頃に『ガゼット』の編集実務を離れたと思われるブラックは、ポルトガル人商人ダ・ローザ（F. Da Roza）の協力を得て、一八七二年に東京築地居留地で日本語新聞の『日新真事誌』（以下『真事誌』）を創刊した。日本人の新聞が政治を扱わないことを不満としたブラックは、左院の議事・議案や建白書を独占的に掲載し、また自身が日本政府の言論規制を免れていることを利用して、読者の投書やみずからの論説を中心とした紙面作りを行った。一八七四年初頭、板垣退助たちの民撰議院設立建白書を『真事誌』が掲載すると、国会開設の是非をめぐって、他紙をも巻き込んだ民撰議院論争が展開された(10)。

中国と日本のジャーナリズムは、開港地の欧米人ジャーナリズムに触発されて生まれただけでなく、さらに開港地の情報・言論ネットワークにも接続した。各地の英語新聞の記事・論説が中国語新聞や日本語新聞に訳載・引用されるだけでなく、中国語新聞・日本語新聞の記事・論説も英語新聞に訳載されて開港地ネットワークを流通した。加えて中国語新聞の記事・論説は日本人によって漢文として直接読解され、日本語新聞に訳載されたのである(11)。

以上のように、東アジアで開港地の英語新聞を中心に形成されたジャーナリズム・ネットワークのもとで、日本のジャーナリズムが生まれつつあったとき、台湾出兵は起こった。

## 二　台湾出兵前史と開港地ジャーナリズム

### 1　牡丹社事件と東アジア国際関係

台湾出兵は、一六世紀末から国家間の接触を絶ってきた日本と中国とが、日清修好条規の締結（一八七一年）によって国交を結んだ後、初めて経験した本格的な紛争だった。

台湾出兵の発端は一八七一年末、台湾に漂着した宮古島島民六六人が先住民のパイワン族に襲撃され、五四人が殺害された、いわゆる牡丹社事件である。パイワン族は沖縄人を部落への侵入者とみなし、彼ら自身の法に従って襲撃したのであった。生存者一二人は中国人官民の保護を受けて福州の琉球館に送り届けられ、一八七二年七月に琉球王国（那覇）に帰還した。鹿児島県参事の大山綱良は、琉球に滞在していた鹿児島県官の伊地知貞馨から事件の報告を受け、日本政府に台湾への問罪のための出兵を要望した。このとき日本政府は、琉球国王の尚泰を天皇のもとに琉球藩王として冊封する過程にあり、参議兼外務卿の副島種臣は台湾出兵に強い関心を持った。なお冊封は、一八七二年一〇月に実施された(12)。

一八七二年一〇月以降、アメリカ駐日公使デ＝ロング（C. E. De Long）は副島に対して、アメリカ廈門領事のリ＝

ジェンドル（C. W. Le Gendre）とともに台湾の領有と日本人の植民（移住と入植）を提言した。リ＝ジェンドルは廈門領事として一八六七年、アメリカ船が台湾に漂着して乗組員がパイワン族に殺害されたローヴァー号事件の対処にあたった人物だった。このときリ＝ジェンドルは清朝政府の閩浙総督にパイワン族の処罰を求め、また他方でアメリカ海軍は台湾に上陸して調査を行った。中国側はアメリカに台湾での軍事行動をやめるよう求める一方、「野蛮な先住民」は管轄外だと答えたため、リ＝ジェンドルは閩浙総督の承認のもと、中国軍とともにみずから台湾に赴き、パイワン族との間に私的な条約を結んだ。こうした経験をもとに、リ＝ジェンドルは副島に対して、台湾東部は中国の主権下にはなく、日本は出兵による制裁だけでなく領有や植民も可能だと説いたのである。副島は、リ＝ジェンドルを外務省顧問として雇い入れるに至った(13)。

副島は一八七三年、日清修好条規の批准書交換のため特命全権大使として北京に派遣されるにあたって、牡丹社事件について清朝政府に責任を問う使命を帯びた。清朝政府が台湾を領土と認めた場合には処罰と慰謝、および今後の善処を求め、逆に清朝政府が台湾への「政権」を否定した場合には日本に処置を任せよと要求するよう委ねられたのである。副島に随行した柳原前光らは、この使命を実行すべく総理衙門で会談を行った。中国側は、被害に遭ったのは「琉球国民」であって日本人とは聞いていないし、琉球は中国の藩属国だと疑問を呈する一方で、台湾の「生蕃」は清朝の支配に服しておらず、彼らの「暴悪を制」するのは清朝の「政教」が及ぶところではないと答えた。柳原は、清朝政府は「生蕃の地」を統治していないと答えたと捉えて、日本がみずから「処置」を行うと告げたが、中国側の明確な承認はなかった。なお、この会談に同席したかは不明であるが、副島の一行にはリ＝ジェンドルも加わっていた。副島は帰国後も出兵計画を進め、一八七三年末の征韓論政変で副島が下野した後も、計画は継承された。台湾出兵は、征韓より危険の少ない不平士族対策と位置づけられたのである。大久保利通参議兼内務卿・大隈重信参議兼大蔵卿による「台湾蕃地処分要略」は、一八七四年二月六日、閣議で木戸孝允の反対を受けながら承認され、佐賀の乱の平定から間もない四月以降に実行に移された(14)。

これまで台湾出兵をめぐる日中対立の要因としては、琉球の支配をめぐる日中の対立とともに、中国側が台湾の「生蕃」に対する人的な支配を否定したのに対し、日本側が台湾東部という領域を「無主の地」と捉えたことが、中華帝国秩序と主権国家原理の相違として指摘されてきた(15)。しかし東アジア近代という視点から台湾出兵を捉えるとき、同時に注意すべきなのは、一八七一年の牡丹社事件が孤立した事件ではなかったことである。そもそも一八四二年の中国開港以後、台湾にはイギリスをはじめとする欧米諸国の船が数多く漂着し、しばしば乗組員が先住民に襲撃あるいは殺害されていた。そしてローヴァー号事件の経緯が示すように、欧米諸国が清朝政府に先住民への処罰や対策を求めたのに対し、清朝政府は、中国の支配に服していない「野蛮な」先住民は管轄外だとして、一貫して対応を拒んできた(16)。しかし欧米諸国が中国との衝突を避けて台湾への介入を抑えたのと異なり、日本はリ＝ジェンドルという媒介者のもと、主権国家原理を盾にした介入、すなわち台湾出兵を実行したのである。

## 2　副島種臣の北京派遣と開港地ジャーナリズム

一八七三年に副島種臣らが北京に派遣された際、牡丹社事件が重要な争点だったことは、開港地の英語新聞を通じて知られていた。『メイル』は三月一五日、横浜を出港した副島の目的は牡丹社事件の制裁を清朝政府に求めることにあり、琉球が以前臣従していた薩摩の士族は、清朝政府が応じないならみずから制裁するつもりだと報じたのである。また同紙は、中国は自らの臣民に日本が制裁するのを許さないはずであり、中国が日本の要求に応じて処罰を行わないなら両国は深刻な紛争を抱えると予想した(17)。この記事は開港地ネットワークを通じて、『ノース・チャイナ・ヘラルド』（四月三日）に紹介されるだけでなく、『申報』（四月二日）にも訳載された(18)。

ただし日本語の新聞で副島の派遣と牡丹社事件との関係について論じたものは、ほぼ『真事誌』（三月二四日）に限られる。同紙は副島が目的とする牡丹社事件の「糺問」について、日本政府に「攻撃の謀」がなく、清朝政府に処罰を求めるだけならよいが、清朝政府に処罰はできないだろうと、暗に両国の衝突に懸念を示し、また琉球の日中両属は「甚不当」であり、解決を要すると主張した[19]。ほかには『日日』が四月一八日、『香港華字日報』が英語新聞の報道を紹介した記事を抄訳して、ようやく副島の目的に触れるにとどまった[20]。

さらに副島が使命を終えた後、『真事誌』（七月二八日）は天津からの「信報」に基づく「上海新聞」の報道として、中国側が「台湾半国は元来支那の支配にて其他は支那にて関係せず、因て暴殺の事は支那管轄外に付問罪すべき道理なければ、日本政府にて直ちに之を糺問するも支那に於て差支なき由を返答」したと伝えた。加えて『ガゼット』も「出所は忘れた」としながら、『真事誌』同様の内容に加えて、中国側が琉球は自らに属すると主張したと報じた。これらは、明らかに実際の日中会談に基づく報道であった[21]。

いっぽう興味深いことに、上海では『ノース・チャイナ・ヘラルド』（七月二六日）が、清朝政府が台湾の「野蛮な先住民」にみずから処罰することを承諾したと全く逆の内容を報じていた[22]。このことは『ガゼット』や『真事誌』の情報源が、実際にはリ＝ジェンドルなど日本政府関係者であった可能性を推測させる。『申報』（七月二八日）は、総理衙門が副島に対して琉球は中国の朝貢国だと主張し、副島が琉球は日本の属国だと応じたという日本の英語新聞の報道を紹介したうえで、清朝政府が出兵するのは、みずから「生番」を討伐せねば日本の主張を否定できないからだという解釈を示した[23]。『申報』はあくまで『ノース・チャイナ・ヘラルド』が報じたように、清朝政府がみずから征討に応じたという理解を前提にして、琉球の中国への臣従を維持すべく、その実行に期待を示したのである。

このように日中両国間で牡丹社事件が懸案となっていることは、台湾出兵以前から開港地ジャーナリズムでは周知となっていたが、日本語の新聞で明確にこれを報道・論評したのはブラックの『真事誌』だけだった。なお日本政府は征韓論政変直後の一八七三年一〇月一九日、新聞紙条例に代わる新聞紙発行条目を制定して、新聞への規制を整備した。新聞発行を許可制としたうえで、「国体」を批判し「国律」を議論するなどして「国法の妨害」をもたらすこと、「政事法律」に「妄に批評を加ふる事」、在官者が政府内部や「外国交際」の機密を漏洩することなどを禁じたのである。(24)

しかし台湾出兵までに、日本の新聞では三つの注目すべき出来事が起こった。第一に、一八七四年初頭の『真事誌』における民撰議院論争は、他紙をも巻き込み、投書欄を通じて日本語新聞を政治論議の場とした。新聞紙発行条目が匿名の投書を容認したことは、その一助となった。(25) 第二に、同年二月に起きた佐賀の乱の報道により、前年の政変が征韓の是非をめぐる対立の結果だったことは周知となった。そして第三に、台湾出兵の直前にあたる同年三月八日から一〇日の『真事誌』『日日』『報知』では、台湾出兵と征韓の双方に反対した木戸孝允の前年八月の建白が、坂崎斌（高知県士族）の投稿によって公になった。牡丹社事件の問罪を理由とする台湾出兵の可能性が、事前に明らかになっていたのである。(26)

## 三　台湾出兵の決定と英語新聞のイニシアティヴ

### 1　出兵の決定と横浜の英語新聞

日本政府の台湾出兵とそれによる日中の衝突は、東アジアにおける開港地ジャーナリズムの重大関心事となった。とりわけ各地の英語新聞による報道と言論は、中国・日本の新聞に対して主導的な地位を占めた。

一八七四年三月三〇日、横浜の『ガゼット』は、日本政府が台湾への出兵を陸海軍に命じたと報じた。(27) 三月一三日にリ＝ジェンドルが行った献策に基づき、日本政府は台湾出兵の計画を進めていたが、この時点では具体的な施策には至っておらず、もちろん出兵については何も公表していなかった。『ガゼット』の報道は正確さを欠いたとはいえ、出兵計画を初めて公にしたのであり、その情報源がリ＝ジェンドルらだった可能性は否定しがたい。日本政府が実際に台湾蕃地事務局を設置したのは四月四日であり、以後、政府は西郷従道を台湾蕃地事務都督に任命し、リ＝ジェンドルをその補佐とするだけでなく、アメリカ陸軍大尉ワッソンや同海軍大佐カッセルを雇い入れた。さらに、アメリカ船ニューヨーク号を兵士の輸送に用いることなども決まった。これらの施策は、基本的にリ＝ジェンドルの献策を反映していた(28)。

台湾出兵計画は、中国との紛争を懸念した英米の駐日公使から掣肘を受けた。イギリス公使パークス（H. S. Parkes）は四月二日以降、寺島宗則外務卿に台湾出兵計画に対し問い合わせを行い、特に日本政府が出兵について清朝政府に通知して承認を得たかどうか確認を求めた。寺島の回答は、通知はしていないが「蕃地」に中国の「政令教化」は及ばないというものであり、パークスは出兵の意図が台湾の占領と植民にあると推測した。さらにアメリカ公使ビンガム（J. A. Bingham）は四月一八日、アメリカは台湾を中国の領土と認める以上、自国の船舶や市民が出兵に参加するのは認めないと寺島に強く抗議し、また寺島を介してリ＝ジェンドル、ワッソン、カッセルに警告書を送った。すでに西郷らは長崎で出兵の準備を進めていたが、日本政府は四月一九日、出兵をいったん中止すると決定した(29)。

ビンガムによる抗議の直接の契機となったのは、四月一七日付の『ヘラルド』論説だった。同紙は四月七日以降、前年の副島訪中の際に清朝政府が牡丹社事件の「責任」を否定した経緯をふまえて、台湾出兵は「野蛮人」への制裁を名目としながら台湾東部の占領を狙うものだと指摘した。同紙は、不平士族の圧力を背景とするこの出兵はどう見ても金の無駄だと批判し、中国は制裁を認めても台湾領有は認めず、日本に撤退を求めるだろうと懸念を示した。そして四月一七日には、中国領侵犯の可能性がある台湾出兵にアメリカの船や士官が雇われたのを、アメリカ公使ビンガムは黙認していると批判したのである。なお同紙は出兵の中止が判明すると、日本外交は児戯に等しいと、さらに批判を展開した(30)。

『ヘラルド』以外の横浜英語新聞も、台湾出兵には批判的立場をとった。『ガゼット』は出兵の目的を「台湾島を中国と共同で占領すること」と推測したうえで、莫大な出費を要し、多数の人命を失う恐れがあるが利益は少なく、中国との敵対を招くだけだと懸念を示した[31]。またすでに日本政府と契約を結んでいた『メイル』も、台湾出兵は「薩摩士族」の圧力を抜きには理解できない「全くの狂気」だと批判し、副島が清朝政府から得た制裁の許可が継続的な台湾占領への許可を意味するとは思えず、出兵は日中戦争につながると主張したのである[32]。

## 2　出兵の決定と開港地ジャーナリズム

横浜の英語新聞による台湾出兵報道は、読者の一部である列国公使たちを通じて日本政府の出兵計画自体に影響を与えただけでなく、中国各地の英語新聞や中国語新聞の関心を集めた。

中国の英語新聞は、一方では横浜の英語新聞と同じく日中衝突の可能性を懸念しながら、他方でしばしば日本の台湾領有に対する期待を表明した。『フーチョウ・ヘラルド』は、前述した三月三〇日付『ガゼット』の報道を受けて、清朝政府が副島に対して牡丹社事件の「責任」を否定し、みずから処罰せよと述べたという「噂」を紹介したうえで、清朝政府の面倒を避けるための方便を日本政府が真に受けたと推測し、日本が台湾東部を占領すれば両国の衝突は避けられないと主張した。しかし同紙は他方で、もし台湾が日本領となれば、これまで台湾で「外国人」が受けた非道な扱いは改善されるかもしれないと期待を示した[33]。さらに『ホンコン・デイリー・プレス』は、中国が「国際法」を利用しながら、「主権」に伴う「権利」だけを求め、「責任」は無視してきたと批判し、もし日本が台湾を獲得すれば、日本の現状からみて、台湾はより有効な統治のもとに置かれ、中国の統治下ではできなかった資源開発が可能になるだろうから、自分たち香港の外国人商人にとっては望ましいとまで主張した[34]。日本の台湾領有に対する期待の前提には、台湾の先住民による欧米人への襲撃などに対し、清朝政府が一貫して対応を拒否してきた経緯があったのである。

以下でも述べるように、台湾を「主権」下に置く国家に、その「責任」として治安を求める主張は、東アジア開港地の英語新聞に共通していた。

いっぽう上海『申報』は、やはり台湾出兵に関する三月三〇日付『ガゼット』の報道を訳載したうえで、日本政府と清朝政府の双方に対する疑念を表明した。すなわち台湾は、清朝の支配に服していない「生番」も住むとはいえ、中国の「版図」「属地」であり、日本の出兵が「報讐」のためだけでなく、日本の英語新聞がいうように侵略が目的だとしたら問題である。清朝政府は出兵を許すのかどうか、その意図は下々の者（あるいは「華民」）にはわからないが、前に清朝政府が副島に許したのは「報讐」だけのはずであり、目的が異なるならば許可は取り消されるべきだ、と。[35]『申報』は台湾を中国領とみなす立場から、日本の台湾侵略への危惧を示しながら、同時に清朝政府の外交政策の不明確さに対しても、暗に疑問を呈していたといえよう。そもそも副島らに対する清朝政府の回答も、開港地の英語新聞を通じて広まったものに過ぎず、清朝政府がみずから明らかにしたわけではなかったのである。

日本語新聞では、三月三一日に『毎日』が「内外の風説」として出兵の決定を伝えたのが最初の報道であり、[36]その典拠はおそらく前日の『ガゼット』だった。日本政府はその後も出兵について何ら公表しなかったため、以後も日本語新聞の主な情報源は英語新聞だった。しかし西郷への都督任命などは各紙で伝聞として報じられ、さらに『日日』の岸田吟香は西郷の黙許を得て、従軍記者として長崎に同行し、みずからの取材による報道に取り組んだ。[37]

ただし出兵の決定について報道が始まった後も、これに対する論評は、ブラックの『真事誌』以外ではみられなかった。『真事誌』は、「野蛮人を罪する」ため多額の費用をかけて出兵するのは割に合わず、台湾の領有・植民も中国との紛争を招くとして、出兵は「世界人の笑たるを免れず」と正面からの警告を加え、また出兵の中止が明らかになると、「過失」を改めるのは「美事」だと、ただちに支持を表明した。[38]しかし他の新聞は、おそらく政府批判を避けるため、論評自体を行わなかった。『日日』は、台湾出兵は中国との敵対を招くと批判した『ガゼット』前掲論説を訳載したうえで、出兵はやむをえないとして「外人」の「臆説」を非難しながら、論理には見るべきものがあると評し、「固より此説を信ずるにあらず、唯以て世人に此説あるを知しめ、少く意を用ゆる所あらしめん」ため訳載したと述べていた(39)。みずからの主張と受け取られるのを避けながら、出兵に対する批判の存在を示したのである。

こうしたなかで台湾出兵に対する論評の場となったのは、すでに民撰議院論争で活性化していた投書欄だった。『日日』に投書した「臨江楼主人」は、政府が台湾への「不問」・朝鮮への「不征」という方針から台湾出兵へと「遽に変じ」、さらに「数日ならず」で出兵中止に至ったのを「無謀妄策」と批判し、「国家の重事」である軍事を「衆庶に謀」るためにも、政府は民撰議院を設立すべきだと主張した。また『新聞雑誌』に投書した「杞憂生」は、台湾出兵が「外国人の横議」で中止されたとの報道をうけて、「已を得ざる」出兵ならなぜ「外国人の議」で中止できるのか、政府には「一定不抜の策」がないのではないかと「憂慮」を示した(40)。台湾出兵の決定とその中止が、日本政府から公表されないまま横浜の英語新聞を通じて報道され、また英語新聞や『真事誌』の批判が明らかにされるなかで、日本人の新聞でも政府に対する読者の疑念が表明されたのである。

## 四　中国の撤兵要求と中国語新聞のイニシアティヴ

### 1　出兵の強行と中国の撤兵要求

長崎で出兵の準備を進めていた西郷は、出兵中止の決定に対して「士気」の「鬱屈」を理由に抵抗し、四月二七日、廈門領事に赴任する福島九成とともに、カッセルやワッソンを含む先発隊を出発させた。福島は五月四日、廈門の清朝政府当局に対し、「生蕃懲戒」を目的とする出兵を李鶴年閩浙総督に告げる西郷の書簡（四月一三日付）を提出した。大久保は西郷説得のため長崎に赴いたが、協議の結果、リ＝ジェンドルを帰京させ、カッセル、ワッソンを解雇することなどを条件に、「生蕃」制裁のため出兵し、「凶暴の所業を止め、我意を遵奉する迄は、防制の為め相応の人数を残し置」くことを認めた。西郷は五月一七日に長崎を発ち、二二日に台湾に到着した。このとき先発隊は、すでにパイワン族と衝突していた。(41)

清朝政府は四月一八日、パークスがイギリス駐清公使ウェイド（T. F. Wade）に送った電報を通じて日本の台湾出兵計画を把握した。総理衙門はウェイドに対し、日本政府から出兵の提案や通知はなく、また「生蕃」に中国の法を強いることはしていないが、台湾全土は中国領だと伝えた。総理衙門は五月一一日（同治一三年三月二六日）付で日本政府に照会を行い、前年の談判では台湾に派遣するのは軍隊ではないと聞いていたと述べたうえで、台湾は中国領だと告げて、出兵が事実かどうか、また事実ならなぜ先に照会しないのかを問いただした。この照会は、総理衙門雇のイギリス人マクケーン（McKean）を通じて、六月四日に日本外務省に提出された。いっぽう、李鶴年閩浙総督が西郷の書簡に対して返答した五月一一日付の文書は、五月二三日に台湾で西郷に手交された。その内容は総理衙門より強硬であり、台湾は中国領で、「生蕃」も中国の支配下にあり、日本の出兵は「万国公法」と日清修好条規に違反すると主張して撤兵を求めるとともに、琉球は中国の「属国」なので、「生蕃」への処分はすでに「地方官」に命じたと告げるものだった。さらに駐清公使に任命された柳原前光も、上海に到着した直後の五月三一日、中国側から強く撤兵を求められた。しかし日本軍は西郷都督のもと、六月一日に本格的な軍事行動を始め、四日にはパイワン族の制圧を達成した。六月下旬、台湾では西郷と中国側との会談が行われ、西郷は日本政府の命令がない限り撤兵はできないと回答したうえで、賠償金を条件とする撤兵の可能性を示唆した。(42) かくして日中関係は危機的状況に陥り、八月には大久保利通が特命全権弁理大臣として北京に派遣されるに至るのである。

## 2　出兵正当化の試み

出兵の強行をいち早く報じた長崎の『ライジング・サン』や、これを受けた横浜の『ヘラルド』および『ガゼット』は、一様に日中の衝突を予期する論評を行った。さらに『ヘラルド』（五月二二日）は、総理衙門がウェイドに伝えた内容を報じて、副島が許可を得たというのは誤りだったのか、それとも中国が日本の植民・領有という意図を知って態度を変えたのかと推測するとともに、日本軍は撤退を命じられるだろうと主張した[43]。いっぽう上海『申報』（五月一九日、二一日）は、廈門からの電報で日本軍の台湾上陸を知ると、出兵中止報道との矛盾により日本に強い不信感を示し、日本軍があえて「兵端」を構えるものなら、すでに軍備や兵士を十分に備えている中国軍は「征服」も辞さないと主張した。また香港『循環日報』は、台湾は中国の版図であり、「生番」も清朝の人民だと主張したうえで、日本の出兵は「生番」の制裁に名を借りた台湾の侵略ではないかと疑念を示した[44]。

日本側ではこの時期から、ジャーナリズムを通じて出兵の正当性を示そうとする動きが生じた。第一に日本政府は五月一九日付で、台湾出兵について初めて国内に公表した。出兵の趣旨は「土人」による「琉球藩人民」の殺害、および前年三月、小田県人民四人が漂着して「凶暴の所為」（略奪）を受けたことに対する問罪と今後の取締りのためと説明され、また前年に副島が中国で「談判」を行ったことも公表された（太政官第六五号達[45]）。

第二に『メイル』（五月二三日）は、日中衝突の可能性を指摘しながら、ある匿名の投書を掲載した。日本政府の内情を知る日本人と思われる、と『メイル』に紹介された投書者は、上海の「中国語新聞」（おそらく前掲の『申報』論説）に対する反論の形をとって、牡丹社事件をめぐる前年の日中談判について詳細に紹介し、日本の台湾出兵はすでに中国に通知済みであり、その目的は「台湾人」の制裁であって中国と戦争する意図はないと主張した。『メイル』自体は『ヘラルド』や『ガゼット』と同じく台湾出兵に批判的だったが、おそらく日本政府が同紙との契約を盾に、投書の形で出兵の正当性を示そうとしたのだと思われる。なお投書者は、この制裁は他の強国が台湾の「野蛮人」とその領域を征服するのを防ぐためであり、中国も協力すべきだとも主張した(46)。

第三に日本人の新聞では、出兵支持の立場から台湾出兵問題に関与しようとする動きが生じた。特に『日日』は、五月二五日付の紙面で前掲の『メイル』匿名投書を訳載する一方、同日、蕃地事務局に情報提供を求める建議を行った。すなわち「一時渋滞」を経て公表された台湾出兵に対して、「人心」の「疑懼」は消えず、特に中国など「海外各国の議論」が各々の立場から「紛諍を庶幾」さえする結果、「廟論を悉せざる者」が「囂々の巷談を信じ」、「不測の患害」が生じつつあると警告したうえで、蕃地事務局の「確報」をもとに「信説」を広め、「中外の疑情を掃清」したいと要望したのである。さらに同紙は翌日の論説で、出兵支持の立場を明確にした。台湾に対する日本の問罪を「西人」は「私闘」とみなし、「唐人」も「我軍を拒」んでいるという「草野訛伝」があるが、同紙は「已に探訪を台湾に馳せ情実を中外に探」っている以上、「正理を皇天に挙揚」せざるをえないと主張し、「清国欧西の評討」に注意して、その「虚論」に惑わず「公議に審採」すると述べたのである。『日日』は蕃地事務局の許可を得て「蕃地事務局録事」の掲載を開始し、出兵は中国との衝突を招くものではないとして、「我が信」と「廟算大謨」を信じよと呼びかけた。なお六月一〇日以降の同紙では、西郷に同行した岸田吟香が台湾から送った記事も掲載された(47)。

つまり『日日』は、日本政府が出兵の趣旨を公表したのを受けて、中国語新聞や英語新聞などの批判に対抗すべく、政府からの情報や独自の取材を通じて出兵の正当性を示そうとしたのである。このような『日日』の変化は、単なる政府への接近というより、出兵支持を通じた政治問題への積極的な関与を意味したといえよう。同紙は台湾の「経略拓地」を批判する「西人の意見」には賛意を示しており、出兵は「問罪」のみが目的だという前提で支持していたのである(48)。

また『報知』も、『日日』に追随して蕃地事務局からの情報を掲載するとともに、やはり出兵の正当化を試みた。『報知』は、「台湾問罪」に清朝政府が「抵抗」しているという「飛説」は「過半は洋人の口吻に出る」と信憑性の乏しさを主張するとともに、蕃地事務局の許可を得たみずからの報道は「確乎たる」ものだと自負した。加えて同紙は、前掲の『申報』論説（五月一九日、二二日）を訳載して、「洋客の流言」が日中の対立を招いていると評し、日中両国が「面晤熟議」すれば、「事情判然」して「親睦」に至るはずだと述べた[49]。『報知』は、台湾出兵を日中の対立要因にしているのは英語新聞の報道だとみなして、出兵の正当性を訴えたのである。

### 3　上海『申報』による撤兵要求の公表

しかし台湾出兵に対する清朝政府の対応は、六月中には開港地ジャーナリズムで周知の事実となった。李鶴年が西郷に送った撤兵要求は、日本上海領事館にも福建省から送付され、五月二八日に上海の地方官を介して届けられていたが、六月二日、上海『申報』ではその要旨が掲載された。そして決定的だったのは、同紙が六月八日、西郷と李鶴年との往復文書をそのまま公開したことである[50]。李鶴年らは当時、日本の行動を欧米列国公使に通知し、各国の「公論」により中国を優位に置く方策を清朝政府に提案しており[51]、『申報』に情報を提供したのも清朝政府当局者だったとみるべきだろう[52]。これらの記事は開港地ネットワークを通じて速やかに伝播し、さらに総理衙門から日本政府への照会書も、六月二五日に横浜『ガゼット』に掲載された[53]。いかに日本側で出兵は中国の承認ずみだと主張しても、現に清朝政府が台湾全島を中国領と主張し、台湾現地で日本軍に撤兵を要求していることが公になったのである。

『申報』は李鶴年の撤兵要求を、日本の侵略から「国体」と「辺疆」を守り、また両国の関係悪化を防ごうとするものとして、「華民」の立場から称賛したうえで、日本がこれに応じねば中国も出兵せざるをえないと主張した[54]。前述した清朝政府への疑念は一応解消し、撤兵要求を支持したのである。ただし日本が中国にはない「鉄甲船」二隻を保有しているという英語新聞の情報に接すると、『申報』をはじめとする中国語新聞は強い危機感を示した[55]。この情報は、清朝政府が開戦に踏み切らなかった一因とされる[56]。

東アジア開港地の英語新聞は、中国側の撤兵要求をうけて日中戦争の可能性を予期したが、それだけでなく、各紙は一様に中国の台湾統治に対する批判を表明した。日本の出兵に対する評価には、地域によって違いが見られた。

上海の『ノース・チャイナ・ヘラルド』や『セレスチャル・エンパイア』は、中国は台湾の主権に伴う「義務」「責任」を果たしてこなかったと批判したうえで、日中の軍事的強弱に関心を寄せた。これら上海の英語新聞は、日中戦争によって貿易に大きな影響はないと観測したためか、必ずしも戦争の回避を求めなかった。ただし『セレスチャル・エンパイア』は、日中戦争によって中国で反乱が起こった場合の外国人の安全には懸念を示した[57]。いっぽう香港の『チャイナ・メイル』は、やはり牡丹社事件の処分を行わなかった中国を批判しながら、戦争回避のために日本の撤兵を求め、両国の紛糾は「徹底的にアジア的」「完全に東洋的」で、ヨーロッパの文明人には理解できない馬鹿げたものだと評した[58]。

横浜の英語新聞は、中国の台湾統治を批判しながら、出兵の正当性がどうあれ、日中戦争は避けねばならないと主張した。『ヘラルド』は、台湾出兵という愚行は予想通り中国から撤兵を求められたうえ、琉球の帰属問題にも波及したと指摘し、「野蛮人」の制裁に名を借りた侵略戦争を強く批判した。しかし国際法を根拠に撤兵を求めた李鶴年の文書に対しても、中国は台湾への「主権」に伴う「義務」である中国人入植者や外国人の保護を行わず、「野蛮人」を法に服させることも統治を行うことも怠ってきたと批判した[59]。いっぽう『ガゼット』は、台湾の管轄を主張しながら「野蛮人」を統治していない中国に、日本の出兵に不平を述べる権利はないと批判し、制裁のための出兵は正当と認めた。しかし台湾植民計画については「純粋に愚か」だとして、日本に内閣（ministry）といえるものはあるのかと強く非難し、撤兵せねば日中戦争の可能性があると懸念を示した[60]。このような横浜英語新聞の姿勢の背後には、上海とは対照的に、日中戦争が貿易にもたらす打撃への懸念があった。『ガゼット』は、日本にいる外国人が日本政府の台湾出兵政策を批判するのは、自分たちの望みに反する政策だからであり、日本人が政府への黙従を日本のためと思っているのは誤りだと主張した[61]。

## 4　日本語新聞の台湾出兵論議

日本語新聞でも、中国側の撤兵要求に関する英語新聞や中国語新聞の報道が続々と訳載された。『報知』は六月一四日、日本上海領事館に送られた撤兵要求を訳載したうえで、総理衙門が最近外務省に送った文書で、前年に日本の台湾問罪を認めたのは事実だと述べたという情報と矛盾するとして、「外国新聞紙中屢々此反対の説あり、看官宜しく信ぜ□《ざ》る可し」と主張した。しかし六月二〇日以降、『報知』自身や『真事誌』『毎日』は西郷と李鶴年の往復文書や総理衙門の照会書を訳載し、中国側の態度には疑問の余地がなくなった[62]。『日日』は西郷の李鶴年宛の書簡を訳載しながら、撤兵を要求した李鶴年の返書は訳載せず、また問罪のための出兵を正当とした『ガゼット』の論説を訳載しながら、併載されていた総理衙門の照会書は訳載しないといった操作を行った[63]。この操作は、おそらく『日日』が主張の一貫性を保とうとした結果だったが、これらの文書が他紙に訳載されていた以上、ほとんど意味のないものだった。

日本語新聞の投書欄では、すでに述べたように台湾出兵に関する論議が活性化しており、各新聞で「征湾の可否を論ずるもの枚挙に遑あらず」という現状に対して、ある投書者が楠木正成に言及しながら、「朝議非なりと雖も既に決するの後敢て私議せざる」のが「臣子の分」だと、本気とも皮肉ともつかない批判を行うほどだった[64]。撤兵要求をうけて、投書者たちは日中戦争の危機を認識した。『報知』に投書した飯田道一は、日本政府は清朝政府に「熟告確議」の上で出兵したと思っていたが、李鶴年の撤兵要求が事実なら「皇国の安危」に関わると述べ、暗に日本政府への疑念を示した[65]。いっぽう『真事誌』に投書した大井憲太郎（「馬城某」）は、台湾を中国領とし、琉球を属国とする中国側の主張に反論を加えた[66]。この反論もまた、撤兵要求の存在自体は否定のしようがなかったことを示すといえよう。

また『真事誌』は、高知県士族で陸軍士官学校生徒の弘田貫次郎らが、撤兵要求の報道を受けて左院に提出した二通の建白書を掲載した。七月五日付の建白書は全士族を兵役に就けるよう提言したうえで、「台湾の罪」よりは「朝鮮の無礼」を問うべきだったと嘆きながら、日中戦争の危機に備えて、征韓派旧参議の復職か民撰議院の設置が必要だと主張した。さらに七月一〇日付の建白書は、撤兵要求の内容は「昨年新聞紙上に公布」された副島と清朝政府との談判に矛盾するとして、これが日本政府の「曲」なら副島を斬首して中国に謝罪すべきであり、逆に「支那政府の曲」なら「支那全州を蹂躙」し「皇帝の皮肉を寸断分食」せざるをえないと主張した。台湾出兵が招いた日中の敵対を、征韓に代わる好機とみなしながら、日本側の正当性には疑問の余地を認めたのである。この時期には各地で士族による義勇兵志願が行われたが、左院に提出された建白書では、征韓論者や封建論者の一部にも出兵批判や非戦論がみられたことは、牧原憲夫が指摘する通りである。なお『ヘラルド』は一〇日付の建白書を訳載し、「皇帝の皮肉を寸断分食」のくだりを取り上げて、日本が文明化しつつあると信じている人はショックを受けるだろうと評した。さらに上海の『セレスチャル・エンパイア』はこれを転載し、日中戦争の可能性を予測するにあたって、日本における「非常に強い愛国的感情」の存在を示す建白書だと注意を促した(67)。

このように英語新聞や中国語新聞の翻訳記事を通じて日中対立の認識が広まるなか、民撰議院設立建白書の草案執筆者である古沢滋は、立花光臣の筆名で『報知』に投書し、「新聞の自由」を論じた。古沢は、「新聞の自由」に対する日本政府の「束縛」は「横浜神戸等」の「外国人の新聞」には及ばないとして、日本に内閣はあるのかと批判した前掲の『ガゼット』論説を引用した。そして外国人がこれほど日本政府に対して「横文字」で「勝手次第の評論」を行っているのに、「我が竪文字の新聞」は「役人衆の忌諱に触るる」ことを書けないとは「余り内外不引合ひ」だと不満を示し、「竪文字も横文字も」ともに「自由人民」のための「立派なる自由の文字」となるよう求めた(68)。英語新聞の台湾出兵に対する報道や論評の内容だけでなく、日本政府に対する公然の批判という行為自体が、日本語新聞の言論空間に強い影響を及ぼし始めたのである。

台湾出兵の「軍機」に関わる、あるいは外交に支障を及ぼす情報が国内の各新聞で流通するのは「不都合」とみなした蕃地事務局は、七月一五日に各新聞に対して、「軍機等」に関わる報道を禁ずる口達を行った(69)。しかし台湾出兵や日中間の交渉に関する英語新聞や中国語新聞の報道と論評はその後も訳載され、投書欄では出兵の当否をめぐる論議が続行された(70)。こうしたなかで『日日』は、台湾出兵に対する批判の広まりを時機を失したものと評し、みずからも「非戦論者の一人」だと告白しながら、もはや日本が出兵によって中国と「葛藤」を生じた以上、「戦を以て国議の決する所、人心の向ふ所と看做し、敢て一言を吐て之を沮まず」と表明した(71)。同紙は出兵を中国が認めない現状を受け入れ、日中戦争の回避を望みながら、あくまで政府批判を避けようとしたのである。

## 五　日中戦争の回避と日本語新聞の変容

### 1　北京における日中交渉とその決着

日本政府は七月中に中国との戦争回避のための交渉方針を検討し、出兵を「東洋航海者」の安全のためとして正当化し、出兵の費用を賠償金として中国に出させることを条件に、台湾の占領を放棄して撤兵する、ただし中国側の出方次第では開戦も辞さないという方針を固めた。大久保はみずからの志願で、「和戦」の決定権をも有する全権弁理大臣に任命され、八月六日に横浜を出発して、九月一〇日に北京に到着した。この間、清朝政府は台湾に李鴻章軍などを派兵していたが、日本側（柳原）に対しては撤兵を求めながらも開戦の可能性には言及せず、他方でウェイドに対して軍備の不足を理由に、イギリスなど列国の介入や軍艦の購入を求めていた。しかしウェイドは、欧米人には日本の台湾統治を歓迎する意見や、中国の条約義務不履行に対する不満があると指摘して、中立的な仲裁を提案し、また軍艦の購入よりも列国海軍による中国海岸・河川の中立化が有効だと提案した。清朝政府がこれらの提案を退けたのは、九月一二日のことだった[72]。

九月一四日に始まった日中の交渉は、台湾全島の領有を主張する中国と、中国が「生蕃」を統治していない以上「蕃地」は「無主」だと主張する日本とが互いに譲らずに膠着した。ウェイドらの仲介により、日本が求めた出兵費用を、中国が賠償金ではなく「難民」への慰問金として支払うという案で両国はいったん歩み寄ったが、日本が二〇〇万両《テール》を求めたのに中国が難色を示して、「蕃地」の主権問題が蒸し返され、一〇月二三日、交渉はほとんど決裂した。しかしウェイドの調停で、両国は一〇月三一日、北京議定書（日清互換条款及互換憑単）の調印に至った。「蕃地」の主権を問わず、撤兵の条件として、日本が出兵して「生蕃」に「詰責」したのは人民の保護のための「義挙」だと中国が認め、「難民」への慰問金として一〇万両、日本軍が台湾で設けた道路や建築物の費用として四〇万両を支払うとともに、中国が「生蕃」への「法」を設け、今後の航海の安全に責任を持つことを約したのである[73]。この決着により、主権国家原理を盾にした日本の台湾領有計画に終止符が打たれただけでなく、中国も欧米列国が求めてきた台湾の治安への責任を認め、華夷秩序観に基づく支配に変更を余儀なくされた。ただし日本が中国は琉球を日本の属国と認めたとみなしたのに対し、中国に琉球との宗属関係を断絶したつもりはなかった。日本が一八七九年に琉球併合を強行すると、両国の関係は再び緊張するのである。

## 2　日本語新聞と東アジア公論空間

大久保の北京派遣決定は横浜の英語新聞によって直ちに報じられ、また総理衙門は八月二日以降、列国の介入を期待して日中の往復文書を各国公使に送付した。しかし日本政府はほとんど情報を公開せず、特に大久保の北京到着以後、日中交渉の状況は中国でも外部に伝わらなくなった。各地の新聞は、時に交渉決着や決裂の噂を報じながら、戦争の有無が明らかになるのを待ち続けた[74]。この間にみられた注目すべき現象は、日本語新聞の投書欄を中心とする政治論議のいっそうの活性化である。とりわけ『日日』（八月一六日）に投書した「天山真人」は、大久保の北京派遣の趣旨が新聞に全く掲載されない状況を問題とし、「堂々の正説を確守して和戦の議を決する」日本政府が「景況を秘」するはずはなく、「人民憂国の念」が不十分なためだとして、特に新聞には「支那葛藤の状を探聞し明細に之を公報」する責任がある、さもなくば開戦に至っても人民には戦う理由もわからないと主張した。政府による情報統制の可能性を指摘しながら、ナショナリズムの観点から新聞の主体的な報道を求めたのである。ブラックの『真事誌』（九月九日）も、戦争になれば軍費などを負担するのは「日本民人」なのだから、日本政府は「人民を親信」して「支那の言ふ所を世に告げ」よと、同様の観点から政府に情報公開を求めた。また『新聞雑誌』（九月八日）は、清朝政府が「其自ら為す所義に協ふと思」って日中間の往復文書を「各国公使及び諸種の新聞紙」に公開したのに、日本政府が一度も同様の「報示」をしないのは、「日本政府の方都合よからぬ」からであろうと批判した。なお日本政府は九月二八日、台湾出兵に対する中国の異議と大久保の派遣をようやく公表した（太政官第一二七号達[75]）。

この時期の日本語新聞では、いわば東アジア大の言論空間への認識が生まれつつあった。台湾における中国兵の集結を報じ、日本に台湾放棄を求めた『チャイナ・メイル』の記事を訳載した『報知』（八月一九日、二二日）は、『香港華字日報』にも同種の論説があるとして、「全く支那人の作なるべし」と推測し、その日本批判に「激怒」を示した。しかしそのうえで同紙は、「彼既に此の説をなす、我信ぜずといえどもまた知らざるべからず」と出兵批判の存在自体に注意を促した[76]。また『日日』（八月二一日）に掲載された匿名の投書は、「香港上海等の新聞紙」の日本報道が台湾出兵以後、「甚だ精細」になったと分析し、日本から帰国した中国人の観察を紹介した上海『匯報』の記事を、香港『循環日報』に転載されたものから訳出した。記事は日本の権力が「国王」ではなく「太政府」にあり、政府が

「西人」を雇い「巨費」を費やして「富強」を追求する結果、みな「新政」を恨んでいると述べたうえで、台湾出兵の発端は、ある者が政府に、台湾は簡単に取れて利益があると唆したことだと伝えていた。投書者はこの記事について「少しく忌諱に渉る」と断りながら、すでに上海や香港で「数千人」どころではない人々が読んでおり、「今是を忌むも耳を掩て雷を避くるに類す」と指摘した(77)。日本政府への批判を含むことを意識しながら、中国側の日本に対する見方を知らねば、日本が置かれた状況は把握できないと訴えたのである。

さらに『報知』(九月三日)に投書した「素位酔史」は、日本語新聞もまた日本人だけのものではなく、世界の言論空間の一部をなすという見方を示した。新聞とは「遠く万国に訳伝する者」だという認識に基づき、「忌諱を犯」し「異論紛集」「講習討論」するのはよいが、「諛言佞辞」と「暴詬罵言」は「断じて不可」だと説き、特に「暴詬罵言」は、『ガゼット』などが「事実に就て」日本政府を批判するのとは異なり、「新聞紙を以て、皇国野蛮の醜名を、天下万国に播く」ことになると主張したのである(78)。前述した弘田貫次郎らの投書が『真事誌』から『ヘラルド』に訳載された事例をみるならば、このような見方は当時の開港地ジャーナリズムへの観察をふまえたものであったといえよう。翌九月四日に『報知』が掲載した「猫尾道人」の論説も、『ガゼット』に訳載されて、「素位酔史」の見方を裏付ける一例となった。その内容は、日中開戦に際して日本の開港地から中国人を退去させることの非現実性を論じながら、中国人は日本の事情について、日本の新聞より詳細な「横浜の英仏新聞」で把握しているかもしれないと指摘するものであり、それ自体、開港地ジャーナリズムに対する認識として注目される。「猫尾道人」は、この後『日日』の主筆となる福地源一郎の筆名と推定される(79)。

他方、日中開戦の危機感が高まるなかで、琉球の帰属を問題視する投書も現れた。『報知』(一一月二日)に投書した「柳丘漁夫」は、琉球は「近頃全く我帝国の冊封」を受けるまで日中両属の「曖昧なる国」だったが、琉球の「人民僅か七十余人」の被害のために日本が中国との戦争の危機に至った以上、琉球は「藩籍を奉還」して国王尚泰がみずから従軍すべきだと主張した[80]。琉球は日本の属国だが、日本とは異なる国家だという認識を持ちながら、台湾出兵の発端が牡丹社事件であることを理由に、琉球を完全に日本の一部とすべきだと主張したのである。これは日中交渉の決着を機に琉球併合の断行に向かった日本政府と、基本的に同じ立場だったといえよう。

### 3　戦争の回避と開港地ジャーナリズム

日中交渉の決着が明らかになると、各地の開港地ジャーナリズムは一様に戦争の回避を歓迎しながら、さまざまな評価を行った。

上海の『申報』は、日中が互いに譲歩して和平に至ったことに喜びを示した。中国が「生蕃」をみずから「懲弁」しなかったのも、日本が「生蕃地界」を中国領ではないとして出兵したのも誤りだったと批判したうえで、中国が支払った金額が出兵費用にはるかに及ばないことに注目しながら、戦争による商業や民生の犠牲を回避したのは、両国にとって幸福だと評価したのである。さらに『申報』は同様の事件が再発しないよう、この機会に「生番」を「王化」に帰すれば、「数十万金」の元が取れて、台湾の資源も開発できると期待を示した。また同じ上海の『彙報』は、日本に戦争の準備はできていなかったが、それは中国も同じだとして避戦を称賛し、今後は「因循虚飾之習」を「一洗」して「富強之策」を図るべきだと説いた[81]。これら中国語新聞は、和平自体は全面的に支持しながら、清朝政府への批判や要望を明らかにしたのである。

右に掲げた『申報』の主張には、中国に台湾統治の「責任」を求めた英語新聞の論調が強く影響していたと思われる。実際、『ノース・チャイナ・ヘラルド』は日中の和平に対して、日本が中国に「野蛮人」の制裁を求めたのはそれ自体正しいと認めたうえで、さらに日本が従来の欧米列国と異なり、実際に中国に要求を認めさせたことを評価した。それは「最も若い文明国」日本が、「儒教および近代外交の教養」とは異なり、「素朴」にも「過ちは償われるべきだ」という原則に従ったことによる成果であり、北京の列国公使もこれまで棚上げしていたさまざまな要求を中国に行うだろうと同紙は述べた。『セレスチャル・エンパイア』も、中国で被害に遭った漂流民のための賠償要求という、これまでヨーロッパ諸国にできなかったことを日本が達成したと評価しながら、もし戦争になっていたら日本が勝利しえたかは疑問だと述べた[82]。これら上海の英語新聞は、日本が正当性に固執して中国との衝突を引き起こしたことが、結果として東アジア開港地の欧米人にとって利益となったと歓迎したのである。

横浜の英語新聞は、いずれも制裁の目的に限って日本の出兵を認め、避戦を歓迎した。最も好意的だったのは『ガゼット』であり、同紙は日本が中国に出兵の正当性を認めさせ、台湾の今後の安全を保証させたのを外交の成功と評価したうえで、もし前年に中国がみずから制裁を引き受けていたら日本の出番はなかったと指摘した。いっぽう『ヘラルド』は、台湾の「野蛮人」に「責任」を持たなかった中国も、「制裁」だけなら「文明世界の是認を得られた」のに台湾領有を試みた日本も称賛には値しないと改めて批判したうえで、中国は「世界に臆病さを示した」のを今後後悔するだろうし、日本もマラリアで多くの死者を出したうえ、賠償金は出兵費用のごく一部に過ぎず、領土も取れなかったので自慢はできないと主張した。『メイル』も同様に日中双方の問題点を指摘したうえで、両国は互いに譲り合って戦争を避けたと評価し、日本は今後、国内問題に注力すべきだと訴えた。同紙と日本政府との契約は、七月以降、他の二紙に把握されて批判を受けるなかで、すでに有名無実化していた[83]。

日本語新聞では、日本政府が一一月八日、中国から償金を獲得したという大久保の電報を伝えると（太政官第一四五号達）、ただちに『日日』が岸田吟香の「祝辞」を掲載した。岸田は大久保が「独立自主国の権理」「天理人情の至当なる処置」を中国に認めさせ、日本の「栄誉を欧美各国に博」したと評価したうえで、「此一挙に付ては彼我の人民議論紛起し、内外の謡言囂然として朝野に満ち」たと、おそらく開港地ジャーナリズムの台湾出兵論議に言及しながら、この電報があった以上は、出兵を批判した者も日中の和議を「僥倖」とはみなさず、大久保が「条理」を中国に認めさせた「委曲苦心」を想像せよと説いた。さらに岸田は、最も「称揚」すべき成果は、琉球が「判然として我が版図に帰し」たことだと主張した。[84] 日中関係が緊張するなかで、問罪に限った出兵支持から「非戦論」へと傾いていた『日日』は、戦争の回避を経て、改めて出兵とその決着を支持しただけでなく、出兵批判に対抗する姿勢を取ったのである。この直前、『日日』は一〇月に日本政府に「太政官記事印行御用」を願い出て認可を受け、一一月より唯一の政府買い上げ新聞となっていた。[85] この『日日』のいわゆる「御用新聞」化は、必ずしも政府機関紙化を意味したわけではないが、同紙の台湾出兵に対する支持を強化させる一因にはなったと思われる。

いっぽうブラックの『真事誌』も、日中交渉の妥結を日本の成果として称賛した。同紙は避戦について日本の天皇・政府・人民に祝意を表し、中国に償金を払わせたのも「一大美談」だと評したうえで、日本の「民心」が「一に帰し」て自国を守ろうとしたため、自国に「報国の念ある者を見」ない清朝政府は「勝つ能はざるを知」って屈したと捉え、これは「戦て得る所」より大きな成果だとして、今後も「上下一致の情」を失わないよう求めた。[86] 理由は不明だが、『真事誌』は台湾出兵や日本政府の情報統制に対する従来の批判を繰り返すことなく、避戦の要因として日本におけるナショナリズムの形成を見出して評価したのである。

従来みずからの意見をほとんど公表してこなかった『毎日』も、日中交渉の決着を受けて、これを歓迎する論説を発表した。ただし同紙は避戦への支持を通じて、台湾出兵には批判的見解を示した。同紙は、大久保が中国との「隣誼」を保ち、かつ「皇威を海外に」示したと和議を支持したうえで、大久保は出兵に当初から反対だったと述べて、にもかかわらず「国と休戚を共に」すべく「善後」のため中国に赴いた大久保は「憂国柱礎の大臣」だと称賛した。さらに同紙は、「台湾の挙」と「満清異議」をうけて殺到した「義憤慷慨」「精鋭勇武」「禦侮愛国」の投書に対して、「兵は凶器戎は大事なり、豈《あに》上帝の心邦家の意ならんや、蓋《けだし》已を得ざればなり」と主張した。[87] おそらく『毎日』は、日本政府が不平士族の圧力のなかで台湾出兵を決行したことに対し、軍事力の行使は政府の本意ではないという論法によって間接的に批判したのである。

投書欄では、やはり日中の和議は一様に歓迎されたが、同時にしばしば、日本政府に対する批判が展開された。『毎日』(一一月二一日)に掲載された匿名の投書は、日本政府が当初公表しなかった償金の額などの詳細を横浜の英語新聞で知ったとして、戦争になれば徴兵・徴税の義務がある「日本国民」が「横文新聞で此大慶を詳知するとはチト不都合」ではないかと疑問を呈した。台湾出兵当初から疑問視されていた、英語新聞の情報と日本政府の公表情報との落差を、改めて指摘したのである。なお政府は一一月一七日に至って、北京議定書の全文を公表した(太政官第一二六号布告)[88]。

出兵とその決着についても、投書欄では公然の批判が行われた。『日日』(一一月一四日、一五日)に掲載された矢口勇の投書は、政府は「企望僥功の徒」の圧力に抗しきれず台湾出兵を決定したとみて、「不得已の三字」は「巨害」をもたらすと主張した。また『報知』(一一月一八日)に掲載された岩津友好の投書は、『日日』を「政府の弁解所」と揶揄しながら、中国は「舌鋒の戦に負けて僅に五〇万テールの損(但し得ものあり)」、つまり台湾出兵の正当性を認めざるをえなかった反面で、出兵費用にはるかに及ばない償金で台湾を確保したのに対し、日本は「舌戦勝つて金足らず」だと評し、これは「政府を誹る様」だが「誠の信実心」だから「御腹を立ず御免あれ」と説いた[89]。

### 4　日本語新聞の政論新聞化

台湾出兵が招いた日中対立の収束と並行して、日本語新聞では政論新聞化の傾向が強まっていった。その中心となったのは、『日日』の福地源一郎である。同紙は前述した「御用新聞」化と並行して、木戸孝允など政府要人と近しい福地を記者に迎え入れていた。福地は同紙に一〇月中旬より「外交小言」を連載した後、一二月には主筆として社説の執筆を開始した。論説を日常的に掲載すること自体、日本語新聞では画期的だったが、加えて福地は、必ずしも政府批判を目的としないと同時に、必ずしも政府を代弁せず、あくまで独立の立場を標榜して、政治問題を積極的に論じた[90]。福地の論説は、他の日本人の新聞に大きな影響を及ぼすだけでなく、早くから横浜の英語新聞に訳載され、それを通じて上海『申報』などにも訳載された[91]。なお他方で、これまで日本語新聞の政論を主導してきた『真事誌』のブラックは、同じ一二月、左院顧問への雇用を名目として、日本政府により同紙の経営から退けられた[92]。

このような政論への傾斜もまた、日本人の新聞が東アジア開港地の言論空間の一部をなすなかで起こった。『毎日』（一二月二日）は香港の中国語新聞が、日中の和議に際して中国の軍事力の不備を「慨嘆」し、日本が琉球に次いで朝鮮を従えるという懸念を示して、中国は「自強」のため「吏風」を正せと主張した論説を訳載したうえで、「自国の弊を直言して諱まず」と、公然の政府批判に注目を促した。続けて同紙は、日本では「国弊を明言」すれば「違式」「罰金」など「種々の責道具」があるので「兎角直言は通ぜず、諛辞は行はれ勝ち」だと、言論規制とその下での政府批判回避を批判し、またこのように「支那にも奮発漢」があるから、日本は「朝鮮征伐なぞ断然止め」て国内問題に専心すべきだと主張した[93]。台湾出兵以後、開港地ジャーナリズムの相互参照関係が活性化するなかで、日本のジャーナリズムは自国政府への批判を忌避せず言論活動を行うことを強く望むようになり、中国語新聞にもその範を見出したのである。

## おわりに

東アジア開港地に形成された、英語新聞を中心とするジャーナリズム・ネットワークでは、台湾出兵の勃発以前から、牡丹社事件によって日中両国間にパイワン族の制裁という争点が生じていることが周知となっていた。さらに日本が求めた制裁を、中国が管轄外として拒否したという理解も共有されていた。これは開港地の欧米人から見れば、中国は台湾の「主権」を主張しながら「責任」を否定するという既知の問題の延長上にあった。上海や香港の中国語新聞は、牡丹社事件をめぐる日中交渉について、清朝政府への批判を避けながらも積極的に報道し論評していた。いっぽう日本における日本語新聞では、この問題に関する報道や論評は、イギリス人ブラックの『日新真事誌』を除いてほとんどみられなかった。

日中ジャーナリズムの相違をもたらしたのは、新聞に対する両国の法的規制状況の相違だけでなく、新聞を公開の政論の場として捉えるか否かという姿勢の相違であったといえよう。しかし一八七四年、民撰議院論争と佐賀の乱が立て続けに起こる中で勃発した台湾出兵は、東アジアのジャーナリズム・ネットワークが英語新聞、中国語新聞、日本語新聞の全てを巻き込んで活性化する重要な契機となった。

日本政府が出兵を決定すると、各地の英語新聞はただちに日中の衝突を予想し、特に横浜の英語新聞は、日本政府が制裁だけでなく台湾の領有や植民を企図したことを強く批判したが、同時に各地の英語新聞は、「野蛮人」の統治に対する「責任」を否定した中国に同地の管轄権を主張する資格はないと主張した。中国が主権国家の原則に従わないことを不当であると同時に従来通りと受け止める一方、日本の行動をこの原則に固執して紛争を惹起したものと捉えたのである。いっぽう中国語新聞は、台湾は中国の領土だとして日本の出兵を批判しながら、清朝政府に対しても副島らに問罪を認めた理由について、暗に疑問を呈した。

日本の新聞は、日本政府の公表する情報が限られるなかで、英語新聞や中国語新聞の報道・論説をいずれも頻繁に訳載した。しかし台湾出兵に対するみずからの見解を明確に示した新聞は、出兵は無用で戦争をもたらすと反対したブラックの『真事誌』と、制裁のための出兵に限って支持した『日日』にとどまった。『日日』は「清国欧西の評討」に日本政府の公式情報で対抗し、出兵の正当性を訴えようとした。しかし現に中国が台湾全島を領土と主張し、日本の撤兵を求めていることが『申報』などを通じて公表され、開港地ジャーナリズムで周知されると、出兵による日中関係の悪化自体は否定のしようがなくなった。

開港地の英語新聞は、中国の撤兵要求に対してはその正当性を否定しながら、日中戦争が回避されるか否かに関心を寄せ、特に横浜の英語新聞は日本の撤兵を強く求めた。日中交渉の結果、日本が撤兵にあたって中国にパイワン族への制裁の正当性を認めさせると、英語新聞は欧米人の立場からこれを歓迎した。中国語新聞では避戦と撤兵を歓迎するとともに、清朝政府にパイワン族への統治や中国の「自強」を求める意見が表明された。

この間、日本語新聞の投書欄では、台湾出兵の当否や日中戦争の是非に関する論評が活発に行われた。投書者たちは、英字新聞を訳載記事を通じて、あるいは直接に重要な情報源としたのに加え、日本政府に対するその公然の批判にも触発されていた。日中交渉の決着への過程で、日本語新聞では東アジア単位の言論空間への認識が生まれるとともに、政府批判をも忌避しない言論活動への関心が高まっていった。

以上のように台湾出兵という国際紛争を通じて、東アジアでは政府間関係とは異なるレベルで、開港地ネットワークを通じて国境や言語を超え、日本人と中国人、欧米人の相異なる政治的主張が交換される言論空間が生成した。この公論空間の特徴を、三点に整理しよう。第一に開港地の英語新聞は日中双方に生まれたジャーナリズムと接合して、情報集散の中心的位置を占めた。このコミュニケーションは一定の双方向性を持っていたが、日中関係自体が欧米列国の環視下にあったためもあり、英語新聞は言論面でも強い影響力を持った。第二に台湾出兵をめぐる論議の内容はそれ自体、前提となる台湾主権問題と琉球帰属問題を含めて、欧米列国のプレゼンスのもとでの東アジア国際秩序の急激な変容を反映していた。第三に日中のジャーナリズムは、ジャーナリズムの機能という面でも英語新聞に強い影響を受けた。日中双方において自国の正当性は重視されたが、その関心はそれぞれの自国政府の政策の当否にも及ばざるをえなかったのである。

最後に指摘しておきたいのは、台湾出兵をめぐる東アジア開港地ジャーナリズムの言論活動において、台湾のパイワン族、そして琉球王国の沖縄人がみずからの立場や主張を知らしめる機会が、この紛争で争われていたのが彼ら自身が暮らす地域の主権であったにもかかわらず、基本的に存在しなかったことである。公論、すなわち公開の政治的コミュニケーションの主要な機能の一つが公的異議申し立てだとすれば、当時の彼らはその手段としての「出版資本主義」（ベネディクト・アンダーソン）[94]の外部にあったことで、極めて不利な条件のもとに置かれていたといえよう。

（1）升味準之輔『日本政党史論』第一巻、東京大学出版会、一九六五年、鳥海靖『日本近代史講義』東京大学出版会、一九八八年、牧原憲夫『明治七年の大論争』日本経済評論社、一九九〇年、稲田雅洋『自由民権の文化史』筑摩書房、二〇〇〇年、三谷博編『東アジアの公論形成』東京大学出版会、二〇〇四年。

（2）塩出浩之「一八八〇年前後の日中ジャーナリズム論争」劉傑・川島真編『対立と共存の歴史認識』東京大学出版会、二〇一三年。

（3）土屋礼子「明治七年台湾出兵の報道について」明治維新史学会編『明治維新と文化』吉川弘文館、二〇〇五年、後藤新「台湾出兵における新聞報道とその規制」『法学政治学論究』第七四号、二〇〇七年九月、團藤充己「台湾出兵と『東京日日新聞』」『メディア史研究』第三三号、二〇一三年三月。土屋のみ、わずかながら横浜の英語新聞の報道を紹介している。

（4）小野聡子「台湾出兵と万国公法」『日本歴史』第八〇四号、二〇一五年五月、西里喜行『清末中琉日関係史の研究』京都大学学術出版会、二〇〇五年、六四五—六五〇頁。

（5）Frank H. H. King (ed.) and Prescott Clarke, *A Research Guide To China-Coast Newspapers, 1822-1911* (Cambridge: Harvard University Press, 1965).

（6）蛯原八郎『日本欧字新聞雑誌史』大誠堂、一九三四年、鈴木雄雅「幕末・明治期の欧字新聞と外国人ジャーナリスト」上智大学『コミュニケーション研究』第二一号、一九九一年、浅岡邦雄「ハウエル社主時代の『ジャパン・メイル』と明治政府」横浜開港資料館・横浜居留地研究会編『横浜居留地と異文化交流』山川出版社、一九九六年、斎藤多喜夫『横浜外国人墓地に眠る人々』有隣堂、二〇一二年、二二二—二三三頁、奥武則『ジョン・レディ・ブラック』岩波書店、二〇一四年。

（7）與那覇潤『翻訳の政治学』岩波書店、二〇〇九年。

（8）卓南生『中国近代新聞成立史』ぺりかん社、一九九〇年、一三〇—二六〇頁、方漢奇編『中国新聞事業通史』第一巻、中国人民大学出版社、一九九二年、三二二—三三〇頁、四六七—四八八頁。
（9）『彙報』も一八七五年中に廃刊し、その後継の『益報』もイギリス人商人を名義上の経営者としたが、同年末に廃刊した。
方編『中国新聞事業通史』第一巻、四八五—四九一頁。
（10）稲田『自由民権の文化史』、浅岡邦雄「日本におけるJ・R・ブラックの活動」横浜居留地研究会編『横浜居留地の諸相』横浜開港資料館、一九八九年、奥『ジョン・レディ・ブラック』。
（11）塩出「一八八〇年前後の日中ジャーナリズム論争」。
（12）高加馨（里井洋一訳）「Sinvaudjanから見た牡丹社事件」上・下『琉球大学教育学部紀要』第七二号・第七三号、二〇〇八年三月・八月、沖縄県文化振興会史料編纂室編『沖縄県史　各論編』第五巻（近代）、沖縄県教育委員会、二〇一一年、二八—二九頁。
（13）George W. Carrington, *Foreigners In Formosa 1841-1874* (San Francisco: Chinese Materials Center, 1977), 152-172, 277-280. 石井孝『明治初期の日本と東アジア』有隣堂、一九八二年、六—二九頁。
（14）石井『明治初期の日本と東アジア』二九—四七頁、明治文化資料叢書刊行会編『明治文化資料叢書』第四巻、一九六二年、二七—二九頁、高橋秀直「明治維新期の朝鮮政策」山本四郎編『日本近代国家の形成と展開』吉川弘文館、一九九六年。
（15）小風秀雅「華夷秩序と日本外交」明治維新学会編『明治維新とアジア』吉川弘文館、二〇〇一年。
（16）Carrington, *Foreigners In Formosa*.
（17）*The Japan Weekly Mail*, March 15, 1873. 以下*JWM*と略記。
（18）"Yokohama," *The North-China Herald*, April 3, 1873. 以下*NCH*と略記。「訳東洋報論欽使来議台湾凶事」『申報』一八七三年四月二日（同治一二年三月六日）。
（19）「支那行使節ノ評論」『真事誌』一八七三年三月二四日。
（20）「香港華字日報抄」『日日』一八七三年四月一八日。
（21）『真事誌』一八七三年七月二八日。"Summary," *The Japan Gazette Mail Summary* (from July 22 to August 5), August 5, 1873.
（22）*NCH*, July 26, 1873.
（23）「東洋抗論琉球事」『申報』一八七三年七月二八日（同治一二年閏六月五日）、西里『清末中琉日関係史の研究』六四七—

六四八頁。

(24) 稲田『自由民権の文化史』一四一—一四四頁。

(25) 後藤「台湾出兵における新聞報道とその規制」四頁、九頁。

(26) 木戸公伝記編纂所編『松菊木戸公伝』下巻、臨川書店、一九七〇年、一五七九—一五八四、一六九八頁、「参議木戸公建白」『真事誌』一八七四年三月八日、「参議木戸公建白」『日日』一八七四年三月九日、「参議木戸公建白」『報知』一八七四年三月九日、一〇日、「本社稟白」『報知』一八七四年三月一五日。

(27) 「東京新聞」『真事誌』一八七四年四月四日、土屋「明治七年台湾出兵の報道について」二一四—二一五頁。一八七四年三月までの『ガゼット』は未見だが、対応する記事は次の要約版にある。"Miscellaneous," *The Japan Gazette Mail Summary* (from March 26 to April 7), April 7, 1874.

(28) 石井『明治初期の日本と東アジア』四四—四七頁。

(29) 石井『明治初期の日本と東アジア』四八—六〇頁。

(30) *The Japan Daily Herald*, April 7, 1874. 以下 *JDH* と略記。"The Expedition to Formosa," *JDH*, April 11, 1874, "The Japanese Expedition to Formosa," *JDH*, April 17, 1874, "The Collapse of the Formosan Project," *JDH*, April 28, 1874.

(31) "Summary," *The Japan Gazette Mail Summary* (from April 7 to April 23, 1874), April 23, 1874.「横浜新聞」『真事誌』一八七四年四月二二日。

(32) "The Formosa Expedition," *JWM*, April 18, 1874. 小野「台湾出兵と万国公法」は、横浜の英語新聞が当初は台湾を「無主の地」とみなして出兵を容認したが、台湾を中国領と認識して出兵反対に転換したという。しかし英語新聞が出兵に反対したのは、台湾が中国領だと認識したからではなく、日本の台湾占領計画が中国との衝突を招くと予測したからである。

(33) "Japan and China (*Foochow Herald*)," *Japan Gazette*, May 6, 1874. 以下 *JG* と略記。

(34) *Hongkong Daily Press*, May 6, 1874 (*JG*, May 16, 1874).

(35) 「東洋来報」『申報』一八七四年四月一四日（同治一三年二月二八日）、「論台湾征番事」『申報』一八七四年四月一六日（同治一三年三月一日）、「再論東洋将征台湾事」『申報』一八七四年四月一七日（同治一三年三月二日）。後二者は『真事誌』一八七四年五月八日に訳載。

(36) 後藤「台湾出兵における新聞報道とその規制」七頁。

(37)『新聞雑誌』一八七四年四月六日、「内国雑聞」『毎日』一八七四年四月九日、土屋「明治七年台湾出兵の報道について」二二四―二二七頁。
(38)「論説」『真事誌』一八七四年四月二〇日、二四日。
(39)「海外新聞」『日日』一八七四年四月一六日。
(40)臨江楼主人投書、『日日』一八七四年四月二六日、杞憂生投書、『新聞雑誌』一八七四年五月八日。
(41)石井『明治初期の日本と東アジア』六一―六五頁、外務省編『日本外交文書』第七巻、外務省、一九六五年、二九―三〇頁。
(42)石井『明治初期の日本と東アジア』六五―七四頁、外務省編『日本外交文書』第七巻、七二―九五頁。
(43)"The Formosan Expedition (*Rising Sun*)," *JDH*, May 9, 1874, *JG*, May 11, 1874, *JDH*, May 19, 1874, May 22, 1874.
(44)「記東洋仮道伐台湾事」『申報』一八七四年五月一九日（同治一三年四月六日）、「再論東洋伐台湾事」『申報』一八七四年五月二一日（同治一三年四月六日）、「論日本使臣之言不可信」『循環日報』一八七四年六月六日（同治一三年四月二二日）。
(45)石井良助編『太政官日誌』第七巻、東京堂出版、一九八一年、一二七頁。
(46)"The Formosa Expedition," *JWM*, May 23, 1874.
(47)「海外新報」『日日』一八七四年五月二五日、「論説」『日日』一八七四年五月二六日、「論説」『日日』一八七四年六月六日、「日報社及ヒ報知新聞社等ヨリ生蕃事件新聞紙掲載願」（蕃地事務局『単行書・処蕃始末』第一六冊、一八七四年五月）、團藤「台湾出兵と『東京日日新聞』」六二―六四頁、土屋「明治七年台湾出兵の報道について」二一七―二二〇頁。
(48)「論説」『日日』一八七四年六月八日。
(49)「府下雑報」『報知』一八七四年六月九日、「上海申報節要」『報知』一八七四年六月九日。
(50)「台湾兵事已見公牘」『申報』一八七四年六月二日（同治一三年四月一八日）、「東洋侵台湾中東先後来往各文牘」『申報』一八七四年六月八日（同治一三年四月二四日）、外務省編『日本外交文書』第七巻、九一―九三頁。
(51)石井『明治初期の日本と東アジア』七三頁。
(52)"The Formosan difficulty," *The Celestial Empire*, July 4, 1874（以下*CE*と略記）も、李鶴年が『申報』に情報を提供したのではないかと推測している。
(53)"Summary of News," *NCH*, June 6, 1874（*JDH*, June 13, 1874）, "Formosa," *North-China Daily News*, June 10, 1874（*JG*,

June 17, 1874), *JG*, June 25, 1874.

(54) 「東洋侵台湾中東先後来往各文牘」（前掲）、「論李制軍籌議台湾近日情形」『申報』一八七四年六月一一日（同治一三年四月二七日）。

(55) 「論東洋在台湾搆釁近略」『申報』一八七四年六月一五日（同治一三年五月二日）、「論鉄甲戦艦」『循環日報』一八七四年七月九日（同治一三年五月二六日）、雲間生「日本謬恃鉄甲船論」『滙報』一八七四年七月一三日（同治一三年五月三〇日）。

(56) 坂野正高『近代中国政治外交史』東京大学出版会、一九七三年、三七五―三七六頁、石井『明治初期の日本と東アジア』七三―七四頁。

(57) "The Japanese in Formosa," *NCH*, June 27, 1874, "The Formosan difficulty," *CE*, July 4, 1874 ("The Formosan expedition," *JDH*, July 15, 1874), "Formosa," *NCH*, July 18, 1874 (*JDH*, July 29, 1874), "Influence on Foreign Trade of Chino-Japanese War (*Shanghai Courier*)," *JDH*, August 28, 1874, *CE*, September 12, 1874.

(58) "China Mail," *JDH*, August 13, 1874.

(59) "The Formosan Performance," *JDH*, June 18, 1874, "The Action of China and Japan in regard to Formosa," *JDH*, June 26, 1874.

(60) *JG*, June 25, 1874, June 27, 1874, July 21, 1874.

(61) *JG*, August 3, 1874, *JDH*, September 4, 1874.

(62) 「外国新報」『報知』一八七四年六月一四日、二〇日、二二―二四日、二九日、「台湾新聞」『真事誌』一八七四年六月二三日、二四日、「横浜新聞」『真事誌』一八七四年六月三〇日、「外国雑聞」『毎日』一八七四年六月二五日、二九日、七月一日―三日。

(63) 「海外新報」『日日』一八七四年六月二一日、七月四日。團藤「台湾出兵と『東京日日新聞』」によれば、すでに内山京子が「征韓論政変後の言論空間」（二〇一〇年国史学会大会報告）で指摘している。

(64) 不破某投書、『日日』一八七四年六月七日。

(65) 飯田道一投書、『報知』一八七四年六月二四日。

(66) 馬城某投書、『真事誌』一八七四年七月九日、後藤「台湾出兵における新聞報道とその規制」一四―一五頁。

(67) 色川大吉・我部政男監修、牧原憲夫編『明治建白書集成』第三巻、筑摩書房、一九八六年、五六五―五六八、五八三―五八五頁、「建言」『真事誌』一八七四年七月一四日、二二日、牧原『明治七年の大論争』四五―七七頁。*JDH*, August 4, 1874, "The Formosa Expedition," *JDH*, August 5, 1874 (*CE*, August 15, 1874), *CE*, August 15, 1874.

(68) 立花光臣「擬往安書第二号　板行及び新聞の自由」『報知』一八七四年七月一〇日、一二日。宮武外骨・西田長寿編『明治新聞雑誌関係者略伝』みすず書房、一九八五年、二二七頁。

(69) 後藤「台湾出兵における新聞報道とその規制」一三一―一四頁。

(70) 「外国新報」『報知』一八七四年七月二四日、二五日、松川文蔵投書、『真事誌』一八七四年七月三〇日、月地逸史投書、『報知』一八七四年八月一〇日、一腐人投書、『報知』一八七四年八月一四日。

(71) 「和戦説」『日日』一八七四年八月二日。

(72) 石井『明治初期の日本と東アジア』九六―一二六頁。"The War in Formosa (*China Mail*)," *JDH*, August 17, 1874.

(73) 石井『明治初期の日本と東アジア』一二七―一八六頁。

(74) *JDH*, August 3, 1874, August 28, 1874, September 2, 1874, "Settlement of the Formosan Difficulty by Okubo (*Shanghai Evening Gazette*)," *JG*, September 28, 1874, *The Celestial Empire*, October 8, 1874 ("What are the Chinese and Japanese Negotiators Doing?," *JDH*, October 20, 1874), "Cessation of Diplomatic Relations with China," *JDH*, November 5, 1874. 石井『明治初期の日本と東アジア』一一三頁。

(75) 天山真人投書、『日日』一八七四年八月一六日、「論説」『真事誌』一八七四年九月九日、『新聞雑誌』一八七四年九月八日。石井編『太政官日誌』第七巻、二〇八頁。

(76) 「外国新報」『報知』一八七四年八月一九日、二二日。"The War in Formosa (*China Mail*)," *JG*, August 18, 1874.『香港華字日報』の紙面は未見だが、すでに述べたように同紙は『チャイナ・メイル』が経営していたので、英語の論説が中国語訳された可能性も考えるべきだろう。

(77) 匿名投書、『日日』一八七四年八月三一日。「東游帰客述日本近事」『匯報』一八七四年七月二〇日（同治一三年六月七日）、『循環日報』一八七四年八月五日（同治一三年六月二三日）。投書者は台湾領有の提案者について、原文にない「一外国人」の語を補い、リ＝ジェンドルの存在を示唆している。

(78) 素位酔史「新聞中恥辱の説」『報知』一八七四年九月三日。

(79) 猫尾道人「論説」『報知』一八七四年九月四日。*JG*, September 7, 1874. 岡安儀之「政論新聞化と読者啓蒙」『武蔵大学人文学会雑誌』第四〇巻四号、二〇〇九年、一一七頁。

（80）柳丘漁夫投書、『報知』一八七四年一一月二日。この投書も、『ガゼット』に訳載された。*JG*, November 5, 1874. 命駕適意先生投書、『日日』一八七四年一一月六日もほぼ同旨。

（81）「喜息兵論」『申報』一八七四年一一月九日（同治一三年一〇月一日）、「喜息兵論後」『申報』一八七四年一一月一〇日（同治一三年一〇月二日）、「与友人論台湾善後事宜」『申報』一八七四年一一月一二日（同治一三年一〇月四日）、「書中東和議事」『彙報』一八七四年一一月一〇日（同治一三年一〇月二日）、「書中東和議後　続稿」『彙報』一八七四年一一月一一日（同治一三年一〇月三日）。

（82）"The Lesson of the Settlement," *NCH*, November 12, 1874 (*JG*, December 1, 1874), *CE*, November 12, 1874 (*JG*, December 3, 1874).

（83）*JG*, November 9, 1874, "End of the Japanese and Chinese Imbroglio," *JDH*, November 10, 1874, "Peace," *JWM*, November 14, 1874. 浅岡「ハウエル社主時代の『ジャパン・メイル』と明治政府」三〇四—三〇七頁。

（84）石井編『太政官日誌』第七巻、二四〇頁、岸田吟香「祝辞」『日日』一八七四年一一月一〇日。

（85）團藤「台湾出兵と『東京日日新聞』」七〇—七一頁。

（86）「論説」『真事誌』一八七四年一一月一〇日。

（87）「論説」『毎日』一八七四年一一月一六日、「祝詞　二篇」『毎日』一八七四年一一月二七日。

（88）匿名投書、『毎日』一八七四年一一月一一日、石井編『太政官日誌』第七巻、二五三頁。

（89）矢口勇「太平余言」『日日』一八七四年一一月一四日、一五日、岩津友好投書、『報知』一八七四年一一月一八日。

（90）内山京子「木戸孝允と明治初期の新聞界」『日本歴史』第七二七号、二〇〇八年、八一—八二頁、岡安「政論新聞化と読者啓蒙」。

（91）例えば、「外交小言　第二　日本在留ノ外国人ヲシテ日本政府ノ租税法ヲ遵奉セシムヘキ条」『日日』一八七四年一〇月二三日から"The Necessity of Making Foreigners Resident in Japan Observe the Taxation Laws of the Japanese Government," *JWM*, October 31, 1874.「日本報論通商税則」『申報』一八七四年一一月二四日（同治一三年一〇月一六日）への訳載。「論説」『日日』一八七四年一二月二七日には、福地本人の観察が記されている。

（92）稲田『自由民権の文化史』、奥『ジョン・レディ・ブラック』。

(93)「海外雑聞」『毎日』一八七四年一二月二日。
(94) ベネディクト・アンダーソン（白石さや・白石隆訳）『増補　想像の共同体』NTT出版、一九九七年、七六―八七頁。

# 第三部　ナショナリズムの時代における「公論」と「交際」

# 7　「体験」と「気分」の共同体
## ――戦間期の「聖地」ツーリズム

平山　昇

## はじめに

三谷博はその編著『東アジアの公論形成』において「本書では、公論慣習の生成局面しか取り上げなかったが、その崩壊の研究も重要である」と残された課題を提示した(1)。この提起に応えるための一つの試みとして、本章では、明治末期以降に進行した①言論の大衆化、②移動(旅行)の大衆化、という二つの大衆化状況があいまって戦前日本の「公論」空間が閉塞する一つの下地をなしたということを、皇室ゆかりの「聖地」に参拝するツーリズムを事例に検討したい。ここでいう「聖地」とは、天皇陵および皇室とかかわりの深い神社のことであるが、本章では伊勢神宮と明治神宮を主な事例とする。

以下、本論の検討の前提として、①②それぞれについて簡単に説明しておきたい。

まず①であるが、明治末期に、近代教育による識字能力の向上とそれに伴う大衆向けメディアの拡大によって、一般大衆のメディア上での発言力が芽生え始める(2)。これとともに、ある一定の決まり文句を振りかざせば階層を問わず誰でも天皇(皇室)をめぐる問題について語ることができる状況が形成されていく。たとえばそれが顕著に表れたのが、明治天皇死去直後に新聞投書欄でなされた明治神宮創建の是非をめぐる論争であった。後述するように、このとき、神宮創建を願うのは天皇に対する理屈抜きの「感情美」であり、反対する者は「冷血」であるなどと非人間視する意見が噴出した。当時知識人に侮蔑されながら下層で人気を集めていた浪花節の「義理人情」のモラルと多分に通底する心性が、天皇を慕う気持ちと絡み合いながら、新聞の投書欄という〝民主的〟な言論の場を通して公然と表出したのである。(3)

次に②であるが、戦間期は大衆ツーリズム・ブームが勃興した時期である。(4) これ自体は周知のことであるが、このブームに皇室ゆかりの「聖地」を参拝するツーリズムが含まれていたことについては、これまであまり注目されてこなかった。(5)

本章では、①だけであれば知識人にも劣らぬ社会的発言力を容易にもち得なかったであろう大衆が、②で「体験」という切り札を得たことによって生じたインパクトに注目する。結論を先取りして言えば、戦間期に①と②の流れが相まって、「聖地」参拝の「体験」とそこから感得される「気分」を至高視する「体験＋気分」の共同体が知識人と大衆の隔たりを跨いで形成されていくことを明らかにしたい。この共同体は、誰でも参加しやすい裾野の広さをもつ一方で、「体験」に馴染めない他者との対話を原理的に受け付けない性質をもつ。それゆえ、この共同体の拡大は、近代日本においていったん生成した「公論」慣習がやがて逼塞していく一因となったのではないかと見通している。

本論に入る前に、本章の検討方法について付言しておく。有馬学は、第一次世界大戦の意義と普通選挙の実行の必要性を結びつけて論じたある知識人（植原悦二郎）の言説が、「論理の上より考えても」と言いながら、実のところほとんど論理になっていないことを指摘したうえで、「雰囲気は漠然としているが、繰り返し語られることによって形式を与えられる。成立した形式は力となるのである」と指摘している。(6) この指摘が示唆するように、教育の普及や参政権の拡大によって一定の「民主化」が進行し、国家や社会を動かす原動力としての「大衆」が台頭する戦間期という時代を考えるとき、知識人の言説に内在する「論理」に着目するオーソドックスな思想史研究の手法だけでは、この時代の特質をとらえるには十分ではない。本章では、言説の中身だけではなく、パターン化され代わり映えのしない言説が何度も反復されながら社会のなかで浸透していった要因にも着目したい。

## 一 「聖地」参拝の「体験」――伊勢神宮と明治神宮

本節では「聖地」参拝の「体験」を重視する思潮が生じていく過程について、伊勢神宮と明治神宮それぞれに分けて検討する。

### 1 伊勢神宮

戦間期には「国体」の尊さを〝理屈ではない〟と主張する言説が流布するようになるが、その多くに共通するのが「机上の議論や演壇ではだめだ。宜しく伊勢両宮を始め、明治神宮、桃山御陵、近くは最寄の神社へ参拝せしめて、実地指導するに限る(7)」というように、「聖地」参拝の「体験」を重視する姿勢である。このタイプの言説は、まず伊勢神宮をめぐって見られるようになるが、その重要な契機となったのは明治末期の大逆事件（幸徳事件）である。この事件が当時の支配層に与えた衝撃についてはよく知られているが、たとえばこのとき大審院検事として取調べの総指揮にあたった平沼騏一郎は、のちに回顧録で次のように語っている。

私はあの事件［大逆事件］でも考へた。どうしても教育が大切である。幸徳は漢学が出来、国学が出来、仏蘭西語、英語も出来た。漢学だけで終つてゐたらあゝ云ふ事もなかつたであらう(8)。

こう考えた平沼は、欧米由来の学問への不信感を募らせ、漢学重視に傾いていく。一九二一（大正一〇）年、一九二二年、一九二四年と立て続けに衆議院で漢学復興に関する建議案が採択された際も平沼は名を連ねていた。(9) 一八六七（慶応三）年生まれという幼少期に漢学を叩き込まれた最後の世代に属する平沼なりの学問の枠内でのリアクションであったと言えよう。しかし、すでに漢学抜きで自己形成した世代が台頭していた大正期に漢学復興を国策として実現することは現実的ではなかった。これにかぎらず、明治末期以降種々の国民教化策が立案または実施されたが、目立った効果をあげることはなかなか困難であった。(10)

一方で、この大逆事件の衝撃に対して、学問や理屈そのものを相対化して「体験」という直感的なアプロウチによる国民教化を主張し始めた人々がいた。特に目立つのが国民教化の現場に立つ教育関係者たちである。たとえば、大逆事件の翌年、大澤正巳という東京のある小学校長が新聞に論説を掲載した。前年にはじめて「宿願」の伊勢神宮参拝をはたした体験について、大澤は以下のように記す。

神前に額づき拝礼した一瞬間は、満身云ひ知ぬ敬虔の感にうたれ、我知らず皇統無窮！国運長久！と念願し、暫し感涙の落つるを覚えなかつた。［中略］何となく尊く有り難さに去り兼ねて程近い杉の根本に憩ふて居ると、年老いた一人の農夫らしい者が菅笠片手に二人の子を連れて参拝し、合掌再拝何事をか祈念しつゝ、感涙に咽ぶ様子であつた。そこで予は重ねて深く々々感動したのである。敬神てふことは大和民族固有の徳性で、七百余年前の西行も今の農夫も此徳性の発現に外ならぬ。歓ぶべきは此の徳性、頼むべきは此涙である。此涙ありて始めて国家を泰山の安きに置《おく》を得べく、此の涙にして若し涸渇せば国家は甚だ危険である。知らず或種の極端なる思想を懐くの徒、果して此の霊感の涙有りや否［や］。(11)

伊勢神宮参拝という「体験」を通じて自身が流した「感涙」と、たまたま目にした「農夫らしい」老人が流した「感涙」とに精神的一体感を感じ、これを国家維持の基礎として至高視する。さらに、大逆事件を起こした「或種の極端なる思想を懐くの徒」にはこの「感涙」が欠如していると示唆する。これに続く結論で大澤が主張したのは、この「感涙」を共有できる国民を育成すべく児童・生徒を伊勢神宮に参拝させよという提案であった。

この大逆事件をはじめとして、日露戦後には、天皇のもとでの国民統合の亀裂が危惧される局面が幾度となく生じ、そのたびに伊勢神宮への参拝という「体験」を通じて国民統合を補強しようとする動きが活発化していく。その動きがとりわけ顕著だったのは教育界だった。ジョン・ブリーンは、一九一八(大正七)年の国語・修身の小学校教科書で、従来の〝伊勢神宮を敬うべし〟から、さらに踏み込んで〝伊勢神宮に一生に一度は参拝すべし〟という内容に変化したことを指摘したうえで、「伊勢への修学旅行がこのころから本格化するのは、偶然ではあるまい」と示唆している。[12]たしかに、翌一九一九(大正八)年に東京の小学校教員たちによって伊勢参宮旅行が行われており、これはその後拡大していく伊勢への小学児童の修学旅行のための準備段階であったと考えられる。[13]ちょうどこの時期は、一九一七・一八(大正六・七)年のロシア革命や米騒動といった大変動によって日本の指導層が大きな衝撃を受けていた頃である。[14]実際、この伊勢参宮旅行も、大戦の「余波は延いて各種の方面に及ぼし」て「人心の動揺」の恐れがあるので、「敬神崇祖の思念を一層堅固ならしめん」ために「理窟ではなく国家の歴史の実際に面接して究めやうと云ふのが目的」であった。[15]

## 2　明治神宮

伊勢神宮とならぶ重要な「聖地」として一九二〇(大正九)年に東京に「出現」したのが明治神宮である。[16]この新しい「聖地」での「体験」については、明治天皇が重態に陥った際の二重橋前での平癒祈願およびその直後の明治神宮創建論争までさかのぼって理解しておく必要がある。

一九一二(明治四五)年夏、明治天皇が重態に陥ったことが発表されてまもなく、皇居そばの二重橋前広場に天皇の平癒を祈願する「大群集」が出現し、ここに天皇を思う国民の「感情美」が発露しているとして新聞報道が感激のエスカレイションを巻き起こした。感激の高揚は、それを共有できない者への排他的感情と表裏一体となる。実際、新聞にはこの光景を「見て泣ざる者は非人《ひとにあらず》」(17)と断言する言説が現れた。それどころか、この光景に感動せずに「こんな所へ業々来ないでも、家で祈つても同じ事だに」と言い放った男に対して、その場にいた者たちが激昂して「殴つた上、地下《ぢべた》へ頭をすり着けて詫さした後、おつ取り囲んで丸の内から追出」すという、有無を言わさぬリンチまがいの事件も発生した(18)。

その後、天皇死去後に陵墓が京都に設けられることが発表されると、かわりに明治神宮を東京に創建すべしという世論が沸騰する。この是非をめぐって新聞の投書欄で一般読者同士の論争が起こったが、一時的な「感情」ではなく「理性」をもって慎重に検討すべきと神宮創建を牽制する意見に対して、神宮創建を求める国民の気持ちは二重橋前平癒祈願で発露した天皇に対する「感情美」と同一であり、これを理解できない者は「冷血」である、とかみ合わない議論がなされ、創建決定の既成事実化とともに反対論は社会から消えていった(19)。

かくして、明治神宮は二重橋前平癒祈願で発露した天皇に対する「感情美」の記憶が恒久的に再生される場としての性格を帯びながら一九二〇年に「出現」し、この神社には遠近から多数の参拝客が訪れるようになった。とりわけ明治神宮の初詣は、近代の創建神社のなかでは類をみない人気行事として定着していくことになる(20)。

右の過程は、前述の小学校長が伊勢神宮で「農夫らしい」老人の熱誠祈願に感銘を受け、この「感涙」を共有できる国民を育成すべく児童・生徒に伊勢神宮を永続的に参拝させることを主張して、やがてそれが実現していったのと、ある程度相似する構図をなしていたと言える。実際、「[明治神宮の]参道を歩いてゐると伊勢大廟の内宮へ詣づる神路山《ちやま》を思はしめる」(21)という感想も示すように、明治神宮への参拝の「体験」は伊勢神宮のそれときわめてシンクロしやすかった。前項冒頭で引用した発言（注7）のようにこの両者をセットにした言説も珍しくない。言説だけではなく実際の「体験」でも、国鉄の列車を利用して明治神宮と伊勢神宮を「巡拝」する事例がしばしば見られるようになる。[22]

## 二 「体験」の広がり

前節では「聖地」参拝の「体験」を重視する思潮が生じたことについて述べた。だが、そこで引用した説教臭さのぬぐえない「べき」論によってただちに大勢の国民が自発的に「体験」の輪に加わるようになったとは考えにくい。また、「聖地」参拝の「体験」の必要性を訴える言説は、その中身自体は往々にして陳腐なものであった。仰々しく講釈を垂れておきながら、肝心なところになると結局〝体験すればわかる〟とお決まりのパターンでとどめを刺す場合が少なくない。ところが、それにもかかわらず、「聖地」参拝の「体験」、そしてそれについて語る言説は、戦間期に広がりを見せていく。それはなぜだろうか。以下、内在的要因と外在的要因とに区分して考えていきたい。

### 1 内在的要因

内在的要因の第一としては、まことに単純なことではあるが、誰でも気軽に参加できるという性質があった。ここでは、「聖地」ツーリズムとほぼ同時期に一定の流行を見せた禊《みそぎ》と比較して考えてみたい。

禊については赤澤史朗の著書で言及がある。そこでは一九二七(昭和二)年六月に稜威会などが現代の「思想の混乱」に対処するために企てた大祓復興運動と、一九三〇(昭和五)年一二月の第二回皇国禊会大会が取り上げられている。[23]たとえば前者の場合、参加者一同が「褌一貫の裸、ザンブとばかり」に「水中に突進」し、「エッサエッサの懸声も地球の底まで聞ゆるかと思はれる程、勇ましく黄昏の大内山へと急いだ」という。[24]流行はその後も続き、一九四二(昭和一七)年には永井荷風が夕食のために立ち寄った店で「隣室に某処の病院長なりと称する人元日より三日の間房州館山に赴き身心鍛練のため未明に海水を浴び禊をなしたりと高声に語るを聞く」という経験をしている[25]。

理屈よりも「体験」を重視するという点では、「聖地」参拝も禊も大差はない。だが、同じ「体験」でも、禊は敷居がはるかに高かった。右の事例で言えば、六月の大祓復興運動は別として、一二月の第二回皇国禊会大会や、正月に海水を浴びた「某処の病院長」と同じことを、大勢の人々が自発的に実行するのは無理がある[26]。禊を実行する人々自身も、国民に広く参加を求めると言うよりは、古風でハードな〝荒行〟を世間の人々に見せつけることに高揚感を感じていたようである。それは、禊の体験談に「遊覧の俗客驚異の目を見張れり[27]」とギャラリーを意識した記述が頻出することからもうかがえる。

禊と比較すると、「聖地」参拝は参加のハードルがはるかに低かった。神社に参拝しても身体的な負担はとくに生じない。また、これは後述する外在的要因になるが、鉄道が発達するにつれて「聖地」へのアクセスは容易になっていった。「聖地」参拝の「体験」は（費用と時間の都合さえつけば）誰でも容易に参加しやすい性質をもっていたと言えよう。

それゆえ、「聖地」参拝の「体験」言説をみると、他者に向かって積極的に勧奨する傾向が強いことがわかる。前述した参宮旅行に参加した小学校教員も「江湖教育者諸彦に神地霊域の巡詣順拝を為さんことを慫慂せずんばあるべからざるなり[28]」と述べている。

内在的要因の第二としては、「聖地」参拝の「体験」言説が語り手の優越感を増幅させやすい性質を有していたことが考えられる。一九三一（昭和六）年、永田秀次郎（当時、東京市長）は、メキシコから来日した大学生に次のような話をしたという。

真に日本を理解せんとせば、伊勢の大廟、明治神宮、桃山御陵などを参拝しなくてはならない。そして、参拝する時に、必ず不可解な――外国人に取つては解すべからざる一種の刺戟を味ふ事と思ふ。而してその刺戟に依つ

て日本の国民性の特長を解し得るであらうと思ふ。これは言葉を以つてしては、容易に言ひ現はし得ないものである。(29)

「外国人に取つては解すべからざる一種の刺戟」によって「日本の国民性の特徴を解し得る」とは、よくわからない説明ではあるが、それはともかくここでは、「体験」が理屈抜きに絶対化されている。「聖地」参拝にかぎらず、「体験」言説の特質は〝体験すればわかる（しなければわからない）〟と、いまだ「体験」を経ていない者の反論を寄せ付けないという点にある。そのため、「体験」者は（少なくとも主観的には）容易に未体験者に対して優位に立つことができる。この単純な性質が「体験」言説を広める一因になったと予想される。

この性質は、「体験」を根拠にすれば専門的な知識がない素人でも「国体」や神道について語りやすくなるということにもつながるだろう。たとえば、『神社協会雑誌』を明治期から通読してみると、昭和期になると神道の非専門家による「体験」を根拠にした神道論（?）が目立つようになることに気づく。次に引用するのは松波仁一郎(30)の「神前拍手の為否」と題された論説である。松波は冒頭から次のように言い切る。

> 私は平常法律殊に海法を研究する者で、神社のことは殆ど何も知らない。学問上神社の意義如何を知らざるは勿論、甚しきは或神社の祭神の何様なるかを知らずして礼拝す［る］ことが多い。又強ひて之を知り尽さうといふ考えもない。(31)

その後の内容をみると、松波は海商法の専門家らしく神前拍手の可否に関して過去の法令を調べた結果を記しているが、「素人ながら少し調べて知り得たるものを示して、識者の訂正を仰ぐこととする(32)」と神道専門家たちへの配慮もいちおう見せている。しかし、本文の最初と最後において最も強調されているのは、次のような「体験」を根拠にした言説である。

> 神宮の御祭神のことは知つて居るが、而し実際には西行法師が云つた様に「何ごとのおはしますをばしらねども

> 忝さの涙こぼるゝ」といふ感想と敬虔を以て心拝してゐるのである。〔中略〕神社の前に行けば、唯もう尊い有難いといふ念が先きに立ち、尊崇参拝の心が自然に湧き出て、我が身体自ら礼拝の形になるのである。(33)
> 〔伊勢神宮の〕大御前に拝する際の如きは、万感交々至りて恐懼に堪へない。勿体ない事ながら、殆ど無我無心、無念無想の態にて奉拝し、拝し終りて何時神前を下つたかを知らざる程である。尚又一方にありて実に神々しさ、勿体なさ、有難い、辱けない、嬉しい、恐ろしい、恐れ多いといふ様な情が、輻輳して万感交々至り、到底言葉の上に表はせない。(34)

西行の歌といい最後の傍点部の情緒的表現の羅列といい、この文章は伊勢神宮参拝の「体験」を語る言説の常套パターンがオンパレイドで出そろった史料である。とくに西行の歌は、今日に至るまで繰り返し参照され続けているもので、(35)「体験」言説のパターン化をもっともよく象徴するものである。第一節で引用した小学校長の文章にも登場しており、同節で紹介した小学校教員たちの伊勢参宮旅行でも、参加者の感想文のなかに「千早振る神代に帰る心地してかたじけなさの涙こぼるゝ」という西行をアレンジした歌がある。(36)この歌は明治神宮など他の「聖地」について語る際にも参照されたので、(37)皇室の「聖地」全般の「体験」言説において常套句となったと考えてよい。

この西行の歌が好んで引用されたのは、〝細かい理屈や専門的知識はよくわからないが〟という素人的な語りを正当化できるという便利さがあったためである。(38)参拝を「体験」した者は、その際に感じた印象を「神々しさ、勿体なさ、有難い、辱けない、嬉しい、恐ろしい、恐れ多い」といった定型表現で形容し、さらに西行の歌を引用すれば、神道や「国体」に関する特別な知識が無くとも堂々と参宮の感懐を述べることができる。西行の歌は、言わば「国体」の語りへのフリーパスとなるのである。(39)

以上みたように、「体験」を根拠にすることで容易に優越感を獲得でき、素人でも堂々と一家言を披露できるという魅力が、「体験」言説の広まりの要因となったと考えられる。

右のような「体験」言説の魅力は、「大衆」が台頭して国家や社会について語りたがる人々の裾野が急拡大した戦間期において、少なからぬ人々を惹きつけたのではないだろうか。「はじめに」でもふれたように、明治末期以降になると、初等教育という共通経験を有した世代が社会のなかで台頭していく。だが、幼少期に漢学という共通の思考・行動の「型」をたたきこまれた旧世代の教育とは異なり、これらの新しい世代（「年齢からいへば大正六・七年に三十歳前後、或はそれ以下であった」人々）の多くは、「型」を持たないままで多様な思想の奔流のなかを泳ぎ迷うほかなかった(40)。マルクス主義など特定の思想に入れ込み、それを拠り所として確固たる言論の立ち位置を確保できた一部の特権的な知識人たちは別として、「大衆」のなかには、初等教育をベイスとして学べば学ぶほど、考えれば考えるほど、自分の思想の拠りどころがわからなくなって苦悩する者が少なくなかったであろう。その鬱積した思いが、ある労働者の文章では「思想家や思索から出た理屈や学徒の文字を通じて得た理論は、吾等の運動に余りにお先走りの感じがする(41)」といった反インテリ志向として表出した。あるいはまた、長野県の農村のある青年は「若い自分達を此向へ向け、いや此処へ来れと色々な主義者、思想家達は宣伝して居る。［中略］青年は何へ向って良いのか、我々青年は如何なる覚悟を持つべきか。齢既に廿才、今尚迷う(42)」と日記に書きつけた。彼はまた、「自己の意見の表出出来ぬ程悲しい事はない。自分の考えて見る事も文にしようと思えば十分の一も書けぬ(43)」と、自己の思考を言葉で表現しようとする際の不器用さに悩んでもいた。

近代教育の普及と大正デモクラシーという状況下で、まがりなりにも自分の「思い」「考え」を文章化する能力を身に着け、そして、大戦後の「世界の大勢」のなかで自分たちの政治的・社会的な発言権が増していくという希望を抱きながら、しかし一方で、確固たる拠りどころに立って自らの思想を表出しえないというディレンマを抱えた人々にとって、「体験」に基づいて一定の定型表現を組み合わせれば堂々と語ることができる（そして反論を一方的に拒絶できる）語り方は、きわめて魅力的なものに思われたのではないだろうか。ちなみに、右で引用した労働者の文章は、次のような言葉で書き始められていた。「吾々の運動は云ふ迄もなく、体験の実感から湧き出づる処の現実の運動でなければならぬ[44]」。

## 2　外在的要因

「聖地」参拝の「体験」の拡大をもたらした外在的な要因としては、鉄道をはじめとする交通・旅行業界が「聖地」ツーリズムの活性化を積極的に推進したことが大きかった。

たとえば、第一節でみた一九一九（大正八）年の学校教員の伊勢参宮旅行であるが、国鉄から「『神まうで』といふ美装のブック」が参加者に寄贈され、「ボギー車三両」が「特別に我が一行の為めに連結せられ」るなど、破格の便宜が供された[45]。国鉄は、将来児童・生徒の伊勢神宮参拝が広まれば相当な規模の団体輸送需要を掘り起こせると目論み、試験的なモニターとしてこの参拝団に便宜をはかったと思われる。

その後昭和にかけて、国鉄は修学旅行に限らず伊勢参宮団体旅行の取扱いを積極的に行っていく。一九三四（昭和九）年の伊勢神宮における「大々御神楽奉奏者」の記録をみると、年頭三ヶ月（一―三月）の個人・団体あわせて一六七の奉奏者のうち、「〇〇駅主催参宮団」といった名称から国鉄主催のものであるとわかる団体が一二一（七二・五％）を占めている。ところが残りの九ヶ月（四―一二月）は合計一九四のうちわずか一四（七・二％）と、顕著な対照をなしている[46]。おそらくこれは、行楽客が減少する冬期の減収対策という国鉄側の目論見が、農閑期の旅行需要と合致したためと考えられる。

一方、一九三〇（昭和五）年には車両のスピードと快適さを売りにした私鉄（大軌・参急）が新たに大阪―伊勢間を開業させ[47]、「伊勢神宮＋橿原神宮＋桃山御陵」のように複数の「聖地」を巡る「聖地巡拝」も宣伝しながら「聖地」ツーリズムの活性化を図った。しかも、この私鉄と国鉄が乗客争奪のために激しいサービス競争を繰り広げたため、伊勢神宮への参拝はさらに便利で魅力的なものとなった[48]。

このような交通・旅行業界による「聖地」ツーリズムへの旅客誘致は、前項で述べた内在的要因との相乗効果ももたらした。まず、単純なことであるが、国鉄と私鉄の競争にともなうサービス改善によって、参拝の「体験」に参加するハードルは一層下がっていく。また、鉄道の宣伝では〝体験すればわかる（しなければわからない）〟というタイプの「体験」言説が〝それゆえ現地に行くべし〟と都合よくパラフレイズされて活用された。次の史料は雑誌『旅』に掲載されたものであるが、定番の西行の歌が引用されている点も含めてきわめて典型的な「体験」言説を旅行業界が活用している例である。

百聞は一見に如かずといふ通り、旅をして実地に見て来るほど認識を深くするものはない。小学校や中学校で地理を教はつても、教場で地図の上で習ふのでは、中々しつくりと頭に入らぬものである。それが一度旅行して実地に見て来るといふと、一年分の授業なんか一週間ではつきりと覚え込んでしまふ。〔中略〕伊勢大廟に参拝しないでは、あの荘厳にして神聖な気分を知ることは出来ないのである。何事のおはしますかは知らねども、たゞたふとさに涙こぼるゝ。実地を拝してあの厳粛さを呼吸して甫《はじ》めて味わえる境地である[49]。

この史料（一九三九年）も示すように、娯楽的な観光が制約された日中戦争下では、教育界での「体験」重視の傾向が交通・旅行業界にとって利用価値の高いものとなった。この時勢に受験競争が絡みあえば、「神詣　伊勢神宮　入学試験は国史だけ！　最後の仕上げに現地教育」[50]といった時局便乗広告も生まれることになる。

なお、紙幅の都合で詳細は省かざるをえないが、以上みたような交通・旅行業界による参拝ツーリズムの促進という動向は、明治神宮についてもほぼ同様であった[51]。

## 三　「気分」の広がり――理屈抜きの排除へ

### 1　「聖地」参拝の「気分」の共有

〝体験すればわかる（しなければわからない）〟という言説が流通していくなかで、「聖地」参拝を実際に「体験」するようになった人々には、どのような内面の変化が起こったのであろうか。そして、その「体験」を絶対化する人々からは、それに同化しようとしない他者に対していかなる言説が発せられるようになったのであろうか。

一八九二（明治二五）年に生まれ、東京帝国大学卒業後に内務省に奉職して技術官僚として活躍した宮本武之輔という人物がいる。宮本の日記を見てみると、若いころは「新年になつても、自分には、何等の感じも起らぬ(52)」と正月に対してあえて素っ気無く気取っていた。しかし、満州事変翌年の正月からは家族連れでの明治神宮への初詣を恒例とするようになる。五年目となった一九三六（昭和一一）年の元日の日記を見てみよう。

夜半家を出で、敏と靖とを連れて明治神宮に参拝す。三十余ヶ所の篝火の焚かれたる神苑一入崇厳の気を覚え、夜をこめての参拝客織るが如し。神詣でを終りて家に帰れば二時。何とも言へず快し(53)。

創建から一〇年以上もたってようやく宮本が明治神宮で初詣を行うようになった背景には、満州事変に伴うナショナリズムの高揚があっただろう。しかし、この神社で初詣を毎年反復していくうちに、やがて宮本は理屈抜きの心地よさを体感するようになる。〝正しいこと〟というよりもむしろ〝心地よいこと〟という感覚でこの慣習に親しんでいくのである。

このように、「聖地」参拝の輪に加わった人々は、神域や群衆といった「場」の雰囲気から精神的感化を受け、「清々しさ」「荘厳」といった定型表現でその「気分」を語るようになる。同じ「体験」をした者同士でその「気分」

を語り合うことも珍しくなかった。一九三七(昭和一二)年に女性たちが参加して行われたある座談会では、「元日の朝早く、明治神宮へお詣りすると全く荘厳な気に打たれますね」という発言に対して別の出席者が「全く森厳そのものですね」と相槌を打っている。座談会のタイトルは「故郷のお正月を語る座談会」だったが、別の発言者も「元日に学校の式がすんでから、桜［列車名］で伊勢へまいります」と述べているように、単に各々の「故郷のお正月」を追懐するだけではなく、明治神宮や伊勢神宮への参拝という共通の「体験」についても語り合っている。[54]「聖地」参拝の「体験」の輪が広がることによって、出身地方が異なる者同士でもその「気分」を語り合って共感しあうことができるようになるのである。その共感の輪は、雑誌の読者にも広がっていくだろう。

右は地方出身の東京在住者による座談会の事例であったが、この「気分」の共有の輪の広がりを確認するために、現在の埼玉県深谷市にある楡山神社の神職のよびかけで結成された伊勢参宮団体の事例もみてみたい。[55]

一九三四(昭和九)年二月、この神職が周辺の「一町十五ヶ村」に呼びかけて「国難打開」のための伊勢神宮参拝旅行が行われた。[56]「十輛つなぎの大列車」に乗り込んだ一行二千人は一路伊勢を目指し、念願の伊勢神宮参拝を行った。彼らは地元に帰着してそのまま解散することはなく、「睦会」という名の「精神団体」を結成する。これは、旅行の参加者(「参宮友だち」)が定期的に集って「参宮気分を追憶しよう」という趣旨のものであった。結成式後に行われた「直会式」では、神社の境内に「酒屋と団子屋とおでん屋の店」が出て、「踊る、謡ふ、始めのうちは各班毎に固まり合ってゐたのが、遂には一団となり、一町十五ヶ村(［括弧内省略］)にわたる人々が西も東もなく打ち解けて、呑み合ひ談り合った光景は、実に素晴らしい何とも形容の出来ぬ親交振りであった」という。

この一連の催しは「国難打開」のためと銘打っていたが、当時この地域が抱えていた切実な事情とも密接にかかわっていたと思われる。当時の埼玉県の農村の状況をみると、「昭和五年来ノ農産物価格暴落ノ影響」によって小作争議が頻発しており、とりわけ「昭和七年ニ於テハ大里郡［楡山神社所在地が含まれる］ニ最モ多」いという状況であった。[57]「睦会」「参宮友だち」という表現に滲み出る融和への渇望は、このような状況をふまえて見ておく必要があるだろう。そのような融和への渇望が参宮旅行とその後の「直会式」の盛会によって目に見える形で満たされたときの感激が、「実に素晴らしい何とも形容の出来ぬ親交振り」といった喜びほとばしる表現で記されたのである。

この催しの成功が、何よりも在地神職の熱意によるものだったことはたしかであるが、一方で、この団体が鉄道省から「団体奨励金」なるものを交付されていたということも見逃せない。その詳細については不明であるが、鉄道という巨大な営利部門を有する同省が、二〇〇〇人という大口の長距離旅客団体に対して何がしかの優遇措置をとったものと見てよいだろう。

## 2　「気分」と「気の毒」

さて、右の事例のように「体験」で感じた「気分」を共有するということは、それだけであれば実に無邪気なもののように見える。ところが実は、この「気分」を語る言説のなかから、神社参拝をめぐる理屈抜きの排除と抑圧の言説が姿を現すことになるのである。[58]

そもそも、〝体験すれば「気分」が味わえる〟と説く言説の暗黙の前提となっているのは、〝まともな日本人であれば〟という条件である。裏返して言えば、この言説をつきつめて行きつく先は〝この「気分」がわからない者はまともな日本人ではない〟という、理屈抜きの排除なのである。

このことを示唆するのが、「聖地」参拝の「体験」によって得られた「気分」を述べる言説のなかで頻用されるようになる「気の毒」という言葉である。明治期には神社崇敬義務がもっぱら〝正しさ〟から説明されていたのだが、昭和になると神社参拝の「体験」の「気分」を述べたうえで、この「気分」がわからない者は「気の毒」であると理屈抜きで突き放す言説が出現するのである。一例として、神道学の大家であった加藤玄智の「神社初詣での気分」と題されたエッセイをみてみよう。

世の中には妙に偏した思想を持つてをつて、ともすると神社参拝を忌避する様な口吻を漏らして得々たる人もありますが、この初詣での荘厳な気分の味はえない人は実に気の毒な人だと思ひます(59)。

このタイプの言説は、たとえばこの二年後に発行された『明治神宮に参拝して』なる書籍にも「神様にお参りする気持になれない人や、お参りしても謙遜な、清々しい、生々とした此の気持になれない人は誠に気の毒な人です(60)」と全く同様の表現があるように、ステレオタイプ化して繰り返されていく。

「気の毒」という言葉は、いちおうは抑制がきいた表現である。しかし、この背後に潜んでいたのは、神社参拝の「荘厳な気分」が理解できない人間を〝まともな日本人〟の共同体から排除しようとする志向性であった。これは筆者の深読みというわけではない。右の加藤のエッセイは旅行雑誌『旅』に掲載された言わば〝外向け〟の文章であるために抑制がきいているが、同年同月に〝国家神道の内輪雑誌〟とも言える『皇国時報』に掲載された加藤の「今回朝鮮に起つた神社不参拝問題を耳にして」と題された文章は、「何時になれば斯ういふ論争が止むのであるか」と、繰り返される神社不参拝問題にしびれをきらした様子で、次のように言い放つのである。

神社に参拝をすることをやらない日本人があるとすれば、それは本当の日本人ではなく、壊れた日本人、精神的に片輪の日本人であると云ふ可きであります(61)。

「体験」から共有される「気分」への共感は、東京帝国大学出身のこの文学博士を、かくも露骨な理屈抜きの排除へと向かわせてしまう。そして、加藤のような言い方は少数派にとどまることはなかった。葦津耕次郎のように「どこまでも先方がわかるまで教へてやつたらよからう。同じく日本人である以上、譬へその宗旨がカトリックであらうとなからうと軽々しく見棄てるわけにはゆかぬ筈である(62)」とあくまでも同じ日本人として「理」をもって説得を試みようという意見は結局埋没していくのである。かくして、〝体験すれば「気分」を味わえる〟という言説は、〝この

「気分」がわからない者は日本人ではない〟という言説にすりかわることによって、「気分」に共感できない者を「軽々しく見棄てる」方向へと突き進んでいくことになる。

実のところ、「体験」言説に潜在するこのような理屈抜きの排除への志向性は、大逆事件後に「聖地」参拝を推奨する言説が登場した当初から姿を現していた。第一節において、ある小学校長の文章を紹介したが、引用末尾の「知らず或種の極端なる思想を懐くの徒、果して此の霊感の涙有りや否［や］」に続けて記されていたのは、次の一文であった。

余は伊勢大廟を拝して敬虔の極涙を流さざる者は日本国民に非ずと断言するものである(63)。

もちろん伊勢神宮に参拝する人々が一人残らず「涙」を流すようになったわけではないが、西行の歌の「涙こぼるゝ」という表現も連想されながら、伊勢神宮参拝の「体験」によって生じる「気分」を昇華させた表象として「涙」が持ち出されたと考えられよう。

この「涙」に共感できない者を「日本国民」から理屈抜きで排除するという志向性は、第一節でとりあげた明治天皇危篤時の二重橋前平癒祈願の際にも明瞭に表出していたことも確認しておきたい。暴行を働いた者たちから多分に「浪花節」的な正義感すら感じられるこの出来事は、当時の民衆が、やがて形成されていく「聖地」ツーリズムをめぐる「体験」と「気分」の共同体にきわめてスムーズに同調しやすい心性をもっていたことを示唆しているのかもしれない。

## おわりに

大逆事件の衝撃によって学問や理屈ではなく「聖地」参拝の「体験」によって国民の精神的統合を図ろうとする主

張が出現したが、その当初からこの言説には「体験」によって得られる精神的な感化を理解できない者を理屈抜きで排除する性質が伏在していた。

だが、その排除への志向性はただちに前面に出たわけではなく、まずは戦間期に鉄道を主とする交通・旅行業界によって「聖地」ツーリズムが活性化し、多くの人々が「上から」の強制や動員によらず自発的に楽しみながら「聖地」参拝を「体験」していった。「体験」の広がりには、鉄道による促進という外在的要因のみならず、参加のハードルが低く、さらに「国体」や神道の素人でも「体験」言説を語ることによって優越感が獲得できる魅力があるという内在的要因もあった。「体験」者たちは、あたかも伝道師のごとく、「聖地」参拝の「体験」について心地よく語りながらその「体験」を他者に勧奨していく。一方で、交通・旅行業界もまたその言説パターンを巧みに集客宣伝で活用し、さらに「体験」の輪を広げていく——。

このように言論と移動（旅行）の大衆化が相まって拡大ループ構造が機能するようになるのに比例して、やがて「体験」と「気分」を共有する共同体に馴染めない人を理屈抜きで排除する志向が明確に姿を現すことになる。「どこまでも先方がわかるまで教へてや」るのではなく、「体験」をさせてみて、それでもわからない（あるいは「感涙」を流さない）者は、もはや教化の対象ですらなくなってしまうのである。

ここであらためて強調しておきたいのは、このような戦間期の動向は、言説レベルのみに注目していては決してとらえきれないということである。もし仮に、言論の民主化だけが進行したのであれば、「大衆」の発言力ははるかに限定的なものにとどまったであろう。本章第二節で引用した農村青年の日記が示すように、「言葉」を読み、書く能力を与えられただけでは、誰もが国家や社会について堂々と語ることができるようになるわけではない。むしろ、道具を与えられたもののそれを使いこなすことができないというストレスが鬱積することすらあることを、この青年の日記は示唆している。ところが、そこに「理屈」を超越した「体験」という切り札が加わり、この「体験」を誰でも語りうるパッケージ化された語り方が普及することによって、大衆の発言力ははじめて知識人にすらひけをとらない力をもつようになるのである。否、たとえば、昭和期になると神社行政を担当する内務官僚たちすら、「理窟は兎にも角にも致しまして日本の国家はさういふ国家である。万世一系の天皇が統治されなければ日本帝国はなくなる、日本帝国が神祇崇敬といふことを止めるなれば日本帝国の本質は失はれる。なぜといふ問題は兎に角と致しまして事実さういふものなのである」[64]、「地方の農家の人達が或は生れて始てとか、さなくとも一生に何度とか云ふ風に偶に伊勢神宮なり明治神宮なりに参拝して大前に額づいたとき、有難くて涙がこぼれる、なんとも言へない深い感激に打たれる」[65]、「拝む心、有り難いと云ふ心持の尊さを閑却した理窟一片の判断に基づいて神社の事を律して行くと云ふことは最も慎まねばなるまい」[66]といった語り方をすることが珍しくなっていくことを考えれば、帝国大学を卒業した彼らトップクラスのエリートたちですら、一般大衆とともに「体験」と「気分」の共同体の積極的な担い手になっていく。「聖地」参拝という共通の「体験」が媒介することによって、階層や学歴をも超えた「気分」の共同体の形成が可能となるのである[67]。そして、この「体験」と「気分」の共同体が形成されていくにつれて、少なくとも明治神宮や伊勢神宮といった皇室ゆかりの「聖地」を参拝することについては、異論の許容を前提としない社会状況が容易に現出することになろう。さらにいえば、「天皇」だけではなく「天皇＋神社」の崇敬を前提とするこの精神共同体は、「大日本帝国」がその支配領域を拡大させていくとともに、宗教性を払拭しきれない神社神道に対して頑強に抵抗する被支配者たちとの摩擦を必然的に生み出してしまう要因にもなったであろう[68]。

さて、本章の検討範囲は「戦間期の日本」に限定しているが、最後に少し視野を広げて補足しておきたい。

まず、「体験」と「気分」の共同体は、その後の日本社会においてどうなったのだろうか。一九四五(昭和二〇)年の敗戦によって、消え去ったのだろうか。

否、そうではない。今世紀に入ってインターネット上で個人のブログが広まるようになると、明治神宮や伊勢神宮への参拝の「体験」をつづったブログ（日記）が多数みられるようになる。このうち、伊勢について「ブログ　伊勢西行　旅行記」というキーワードでネット検索をしてみると、西行の歌を決め台詞として伊勢参拝の「体験」の感懐を述べるというスタイルは現代でもまったく健在であることが多数のブログから容易に確認できる。

もっとも、筆者が見たかぎりでは、この種のブログの多くは個人的な参拝の「体験」で感じた「気分」についてしみじみと記すものである。残念ながら、一部には差別用語の使用もいとわずに排外的言説をつづるブログもあるにはある。だが、全体としてみれば、戦間期（とくに昭和戦前・戦中期）のように異質な他者をただちに排除する姿勢に安易に結びついているようには思われない。

戦間期は、第一次世界大戦によって君主制が次々と廃止され、天皇のもとでの国家統合に強烈な危機感が抱かれた時代であった。そして、そのような内側の不安を抱えていながら、同時に「帝国」としての支配地域が拡大して異民族を抱え込むことで、国家統合の不安はさらに増していく。平たく言えば、国家がバラバラになって瓦解してしまうかもしれないという不安が、リアリティをもって広く共有された時代であった。そのような危機感の裏返しとして、同質性が高い「日本人」を前提とした内向きの「体験＋気分」の強固な共同体が形成されたというコンテクストがあったであろう(69)。

ところが戦後日本は、それ以前に獲得した植民地をはぎ取られて身軽になり、周知のとおりの繁栄を手に入れたので、もはや国家瓦解の心配は皆無となった。現代でも、靖国問題や安保法案などで国論が二分されることはあっても、それが原因で国家が分裂するなどと本気で心配している者は皆無であろう。国家としてのまとまりについて戦前ほどの極度の不安が生じないかぎりは、明治神宮や伊勢神宮の参拝を通じた「体験＋気分」の共同体が日本社会内部での少数者や他者へのあからさまな抑圧に結びつくことは生じないのではないだろうか。

次に、世紀転換期（一九世紀から二〇世紀へ）前後から（とくに第一次世界大戦後）世界で同時的に生じたモダニティの浸透という視点で考えれば、本章の検討内容は必ずしも日本特殊論に押し込められる必要はないと思われる。参考となるのが、ドイツ近代史研究者小野寺拓也によるドイツのクリスマス・イメージについての研究である。小野寺によれば、第二次世界大戦末期のドイツ兵の野戦郵便から、ドイツ人のクリスマスで感得される「Gemüt」（「気分」！）を至高視する傾向が見いだせるという[70]。国民共通の「体験」について、容易には論理化できない「気分」を共通のキーワードとして語り、内向きの同質性を高めていくという傾向が、同時期のドイツでも生じていたということになる[71]。日本とドイツというと、先の大戦の結末から両者をあわせて負の特殊例と見なしたくなる向きもあろうが、ドイツ兵の野戦郵便に「特殊ナチ的」要素がほとんど見当たらず「ドイツに限らず総力戦を経験した近代国家において幅広くみられる要素」が頻出するという小野寺の指摘[72]をふまえると、むしろ戦間期におけるモダニティの世界的同時進行という文脈のなかにおいて考えることが必要となろう。

（1）　三谷博「公論形成——非西洋社会における民主化の経験と可能性」同編『東アジアの公論形成』東京大学出版会、二〇〇四年、二四頁。
（2）　山本武利は、新聞投書について、明治後期に一般民衆も活発に投稿するようになったが、新聞社のキャンペーンに利用されて形骸化したとしている（山本武利『近代日本の新聞読者層』法政大学出版局、一九八一年、第三部第二章）。しかし、少なくとも『東京朝日新聞』では、昭和に至るまで異なる意見同士の議論が活発に行われるような投書欄の運営がなされていた（劉揚帆「新聞における社会媒介機能の試み——大正期・昭和初期における杉村楚人冠の投書欄運営を中心に」二〇〇四年度東京大学大学院総合文化研究科地域文化研究専攻修士論文、未公刊）。
（3）　兵藤裕己『〈声〉の国民国家』講談社学術文庫、二〇〇九年。
（4）　白幡洋三郎『旅行ノススメ』中公新書、一九九六年、第二章、第六章、『美しき日本　大正昭和の旅展』（展示図録）江戸東京博物館、二〇〇五年。
（5）　平山昇『初詣の社会史——鉄道が生んだ娯楽とナショナリズム』東京大学出版会、二〇一五年、第五章。

（6）有馬学『「国際化」の中の帝国日本』（日本の近代　四）中央公論新社、一九九九年、一三八—一三九頁。
（7）札幌神社宮司澤春文の談話（『北海タイムス』一九二二年一月一日「社会問題と諸名士」）。
（8）一九四二年四月に平沼が口述した談話の記録（平沼騏一郎回顧録編纂委員会編刊『平沼騏一郎回顧録』一九五五年、六二—六三頁）。
（9）橋川文三『昭和維新試論』講談社学術文庫、二〇一三年（原著一九八四年）、二一八頁、二二六—二二七頁。
（10）有泉貞夫「明治国家と民衆統合」『岩波講座日本歴史一七　近代四』岩波書店、一九七六年、二三一—二三二頁。
（11）『読売新聞』一九一一年七月三〇日「小学児童の伊勢参宮」。
（12）ジョン・ブリーン『神都物語　伊勢神宮の近現代史』吉川弘文館、二〇一五年、八二—八四頁。
（13）伊勢神宮を訪れる修学旅行の戦前・戦後の動向について概観した論考として、藤本頼生「伊勢神宮参拝と修学旅行の歴史」（『神道文化』二四、二〇一二年六月）がある。
（14）唐木順三「現代史への試み——型と個性と実存」『現代史への試み　喪失の時代』（唐木順三ライブラリーⅠ）中央公論新社、二〇一三年、一一二—一一四頁、有馬『「国際化」の中の帝国日本』一四二—一五五頁、など。
（15）以上、『都市教育』一七九、一九一九年、一頁、一三頁。本号はこの伊勢神宮参拝旅行の特集号である。なお、伊勢神宮をはじめとする皇室ゆかりの「聖地」を修学旅行で訪れるパターンの広がりについては、明治中期以降に師範学校で学外の現地研修による学習効果を重視する「直観教授」の実践方法として皇室ゆかりの「聖地」を訪れる修学旅行のモデルが形成され、そこで学んだ者たちが教育界においてこのモデルを浸透・下降させていったという見方が高木博志によって提示されている（高木博志「修学旅行と奈良・京都・伊勢——一九一〇年代の奈良女子高等師範学校を中心に」同編『近代日本の歴史都市』思文閣出版、二〇一三年）。この指摘はおそらく妥当であり、このような教育界における文脈が、ツーリズムとメディアの大衆化という戦間期社会の趨勢とあいまって、「体験」と「気分」の共同体を形成していったという見方もできよう。このような観点から修学旅行の歴史的過程について実証的に明らかにすることは、今後に残された重要な課題である。
（16）山口輝臣『明治神宮の出現』吉川弘文館、二〇〇五年。
（17）『万朝報』一九一二年七月二八日「東西南北」。
（18）『万朝報』一九一二年七月二九日「徹宵四百名　二重橋前の祈禱」。
（19）平山昇『初詣の社会史』第三章。

(20) 平山昇『初詣の社会史』第四章・第六章。
(21) 河井酔茗『東京近郊めぐり』博文館、一九二二年（復刻、文学地誌「東京」叢書第九巻、大空社、一九九二年）、一二四頁。
(22) 大正一三年の元日に明治神宮に参拝し、翌二日から「伊勢参拝の旅」へと出かけた例（田澤義鋪「甲子の新春」『田澤義鋪選集』田澤義鋪記念会、一九六七年、七九五頁）など枚挙に遑がない。なお、大久保邦彦ほか編『鉄道運輸年表　最新版』（『旅』一九九九年一月号別冊付録、ＪＴＢ）によれば、東京―伊勢間の臨時列車は、一九一八年一二月に不定期一往復（東京―山田）が新設され、一九二六年には定期一往復（東京―鳥羽）も設けられた。
(23) 赤澤史朗『近代日本の思想動員と宗教統制』校倉書房、一九八五年、九八―九九頁。
(24) 長島生「大祓復興運動参加の記」『皇国』三四三、一九二七年。
(25) 永井荷風『摘録　断腸亭日乗（下）』岩波文庫、一九八七年、一六二―一六三頁。
(26) 時期が下るが、ダダイスト詩人で知られる高橋新吉が一九四二(昭和一七)年に刊行した『神社参拝』（明治美術研究所）なる書籍がある。そのなかで、季節は不明であるが、那智神社で禊を体験しようとしたものの結局中途半端に終わってしまったことが以下のように記されている。「近年参拝者の中にも禊をやつて行くものが多いと云ふことだ。私も神職の許可を得て、禊をやつて帰る事にした。だがその大きい岩のころがつてゐるところまで匍ひ寄ると、上から落ちる水の力で流されさうで、とても体を入れる事などは出来なかつた。深さは首ぎり位だと言つたが、私は岩に獅噛みついて、腰から上のへんまで入つて、それで引き揚げた」（一〇〇―一〇一頁）。
(27) 「三重県桑名員弁両郡神職禊講習会概況」『神社協会雑誌』二六―九、一九二七年、三七頁。
(28) 前掲『都市教育』一七九、二頁。
(29) 『婦女新聞』一九三二年二月八日「建国祭と家庭――特に家庭の主婦に望む」。
(30) 東京帝国大学教授、その退官後は日本大学商学部の初代学部長に就任。
(31) 松波仁一郎「神前拍手の為否」『神社協会雑誌』三三―八、一九三四年、一頁。本章で引用する史料中の傍点は引用者によるものである。
(32) 同右、一二頁。
(33) 同右、一―二頁。
(34) 同右、一八頁。

(35) 本章「おわりに」で後述。
(36) 前掲『都市教育』一七九、二〇頁。
(37) たとえば、『明治神宮と大東京』大東京社（編刊）、一九二〇年、一八頁。
(38) このことについて神宮神部署発行の『瑞垣』では「一般には此の歌を解して神様の御霊威の如何にあらせらる、かを知らずに居ても只神様を尊く難有《ママ》く思へば、自然に涙が零る、のであると解して簡単に片付けて仕舞ふ人がある」と批判する論説が掲載されている（「小学児童の参拝について」（無署名）、『瑞垣』一七、一九三六年、二一―二三頁）。
(39) 島根県の尋常高等小学校高等科卒業生が記した伊勢神宮参拝の感想文をみてみると、ある卒業生は、内宮に参拝した感慨を「尊さ、有難さ、筆舌でつくすことが出来ない気持がしました」と記し、別の卒業生は定番通り西行の歌を引用したうえで「数百年の星霜を隔てた今、西行法師と同じ境地に立ち得た」と述べている（「参宮感想文」『瑞垣』二二、一九三七年、一七―一九頁）。「聖地」参拝をめぐるパターン化された「体験」言説が教育界で浸透していく趨勢がよく表れた史料である。
(40) 唐木「現代史への試み――型と個性と実存」。引用部分は一四七頁。
(41) 一会員「進むべき感じ」『工信会報』二〇、一九二六年。
(42) 『胡桃澤盛日記　二』「胡桃澤盛日記」刊行会（編・刊）、二〇一一年、二七〇頁（一九二四年日記の巻末メモ）。
(43) 同右、七〇頁（一九二三年五月二一日条）。
(44) 注(41)に同じ。
(45) 前掲『都市教育』一七九、八―九頁。
(46) 『瑞垣』九号―二二号（一九三四年―一九三五年）の各号巻末に記載された奉奏者名一覧より集計。
(47) 現在の近鉄の前身である大阪電気軌道（大軌）が姉妹会社の参宮急行電気鉄道（参急）の路線とあわせて一九三〇年一二月に大阪（上本町）―伊勢（山田）間を全通開業した。
(48) 平山昇『初詣の社会史』第五章。
(49) 河田嗣郎「時局と旅の心構」『旅』一六―一二、一九三九年、三頁。
(50) 『大阪朝日新聞』一九三八年一月二九日夕刊（大軌・参急の広告）。
(51) たとえば、一九三八年の雑誌『旅』をみると「軍国の春に祈願　明治神宮・靖国神社参拝の旅」という大阪からの団体旅行が企画されている。時局を感じさせる企画名だが、「翌日は自由行動、御親戚のお宅へお立寄りなさるなり百貨店で買物なさるなり各自のプランを遂行なさつて、夜行で下阪しようとするのです」と、旅行気分を満喫できる工夫がしっかりとなされている（『旅』一五―一、一九三八年、五頁）。
(52) 『宮本武之輔日記』電気通信協会東海支部、一九七一年、一九一〇年一月一日条。
(53) 前掲『宮本武之輔日記』一九三六年一月一日条。
(54) 「正月を語る座談会（下）」『婦女新聞』一九三七年一月一〇日。
(55) 以下、楡山神社の参宮団体に関する記述は、柳瀬禎治『楡の木影』（楡山神社社務所、一九九九年）一三―一六頁、四一頁による。
(56) 第二節と関連して、ちょうど農閑期にあたっていることを確認しておきたい。
(57) 農林省農務局『地方別小作争議概要　昭和七年』昭和九年三月（復刻、『地方別小作争議概要　大正十三・十五年　昭和五・七・九年』御茶の水書房、一九七九年）、一五九頁。
(58) 昭和に入って神社に参拝しない人々を抑圧する風潮が強まったことについてはすでに研究の蓄積がある（村上重良『国家神道』岩波新書、一九七〇年、駒込武「一九三〇年代台湾・朝鮮・内地における神社参拝問題」『立教学院史研究』三、二〇〇五年、島薗進『国家神道と日本人』岩波新書、二〇一〇年、など）。だが、「聖地」ツーリズム活性化と結びついた「体験」と「気分」の共同体がこの風潮の下地をなしたという視点は、管見の限り先行諸研究では提起されていない。
(59) 加藤玄智「神社初詣での気分」『旅』一三―一、一九三六年、二―三頁。
(60) 相原熊太郎『明治神宮に参拝して』母子の友社、一九三八年、六頁。
(61) 『皇国時報』五八六、一九三六年一月、一〇頁。
(62) 葦津耕次郎「神職側の反省」（「カトリック学校生徒の神社参拝拒否問題（続）」『国学院雑誌』三八―一二、一九三二年）六六頁。
(63) 注(11)に同じ。
(64) 足立収（内務事務官　法学士）「神社行政の概念」『神社協会雑誌』二六―七、一九二七年、三頁。
(65) 吉田茂（内務省神社局長）「神職の奉務に就て」『神社協会雑誌』二七―六、一九二八年、一〇頁。この吉田は、戦後首相になった同姓同名の吉田とは別人である。
(66) 同右、二一頁。

(67) この構造を、明治四〇年代以降戦前を通じて庶民のあいだで広く流行した浪花節と比較してみよう。兵藤裕己は、浪花節を通じて「社会公認の（公認せざるをえない）モラルが、社会から逸脱した部分によって典型的に担われてゆく」姿に感銘を受けた多くの人々のあいだで「ある均質で亀裂のない心性の共同体」が形成されたとする（兵藤裕己『〈声〉の国民国家』講談社学術文庫、二〇〇九年、二二〇頁、二二二頁）。この「心性の共同体」が、明治天皇危篤時の平癒祈願の群衆と親近性をもち、かつ、この平癒祈願の記憶が明治神宮という恒久施設の誕生によって反復的に再生されるようになったことを本章では指摘した。また、浪花節でもとくに人気の高かったのは赤穂義士伝であるが、明治神宮が創建されるとこの神社と泉岳寺（周知のとおり赤穂義士の墓がある）をともに訪れるのが東京見物の定番となる。したがって、本章が明らかにした「聖地」参拝をめぐる「体験」と「気分」の共同体は、浪花節を通じて醸成された「心性の共同体」と少なからず重なりあうところがあったのは、おそらくまちがいない。ただし、注意しておきたいのは、その「共同体」のなかに知識人が含まれていたか否かという点では、両者は決定的に異なっていたということである。すなわち、兵藤も指摘するように（同書二五頁）、当時の浪花節は、知識人によって下等・悪趣味として蔑視されることが多く、知識人をも含んだ形で国民全階層にわたる「心性の共同体」を形成したわけではなかった。

(68) たとえば、第二次大戦末期に日本統治下のハルビンにいた亡命ロシア人たちは、天皇や満州国皇帝への表敬である「宮城遥拝」「帝宮遥拝」については受忍したものの、天照大神を祀る建国神廟遥拝についてはロシア正教徒として決して実行することはできない旨の嘆願書を出し、日本の敗色が濃くなりつつあったこともあって当局はこれを受け入れざるを得なかった（生田美智子「多文化空間における亡命ロシア人の民族・文化的アイデンティティ——ハルビンの場合」『セーヴェル』二五号、ハルビン・ウラジオストクを語る会、二〇〇九年、五一頁）。

(69) たとえば次のような言説を参照。「国体観念や国家的精神が衰微してゆくことを憂ふる声は高いが、伊勢や明治神宮の元旦の混雑を見、且その参拝者の一人々々が、混雑の中にも礼儀を失はず敬虔の念を面に漲らして黙禱してゐる様子を実見すると、まだまだ我が国家も深く憂ふるに足らぬといふやうな心持になる」（福島春浦「回転椅子」『婦女新聞』一九二六年一月一〇日）。

(70) 小野寺拓也「「穏やかな」戦場のメリークリスマス　一九四四」『専修史学』五三号、二〇一二年。

(71) 興味深いことに、一九三〇年のとある神道系雑誌には、「日本の国民性」は「恰もドイツ人の Gemüt の如く何とも形容の出来ないものである」としたうえで、前年の伊勢神宮遷宮式の「荘厳な大儀」に特別奉拝者として参列した体験を「何とも形容の出来ない気持に打たれた」と述べる論説が掲載されている（友枝高彦〔東京文理科大学教授〕「次の時代と神道」『神道学雑誌』八、一九三〇年）。

（72）　小野寺「過程的な問い、引き出されるアクチュアリティ――『野戦郵便から読み解く「ふつうのドイツ兵」』の舞台裏」『歴史学研究』九一二号、二〇一三年、四二頁。

# 8 「理性的な対話」による平和
## ——太平洋問題調査会の試みとその限界

三牧聖子

## はじめに

第一次世界大戦は、旧秩序の破壊という物理的な衝撃のみならず、人々の世界観に甚大な衝撃を与えた。それまで多くの人々にとって、国家にとっての第一の課題がパワーと利益の拡張にあり、国民がそのような国家の目的のために尽くすことは、当然のことであり、そうすることに大きな倫理的な葛藤はなかった。しかし第一次世界大戦は、各国家がこのような利己的な原理に立脚して行動した場合、いかに悲惨な事態が生まれうるかを証明する出来事であった。大正デモクラシーの旗手、吉野作造は、第一次世界大戦後の「世界の大勢」を「帝国主義より国際民主主義へ」の移行に見出したが[1]、むき出しのナショナリズムを抑制し、他国の利害も尊重しながら国際平和を実現することは、もはや理想主義者の夢想ではなく、平和を願うすべての人々にとって、現実的かつ痛切な問いとして浮上したのである。

では誰がこの新たな課題を中心となって担うべきか。世界大戦の経験は、それまで国際平和の中心的な担い手となってきた政治家や外交官への不信を生み出した。政治家や外交官は、国益への考慮やナショナリズムから自由になることはできず、彼らの相互作用から生み出される「平和」は所詮、国益の便宜的な調整に基づく不安定なものに過ぎない。むしろ、平和と戦争という重大な問題を彼らの専権事項としていたことが、大戦が勃発し、長期化したことの重大な原因となったのだ。このような考えのもと、真に持続的かつ公正な平和を実現していくための新たなアクターとして台頭したのが、知識人であった。知識人は、国益やナショナリズムの呪縛から自由に、理性的かつ客観的にトランスナショナルな平和を構想し、国内の大衆を啓蒙し、先導できると考えられたのである。明治期の知識人の課題が、「国家」の独立と富強という目的に適した人間像の創出にあったとすれば(2)、第一次世界大戦後に国際平和を追求した知識人たちの試みは、「国家」と自己を同一化し、国益の実現を至上命題としてきた人々を、他国を含めた広い視野から国益のみならず国際協調を追求する人間へと変換しようとするものであったといえよう。

そうした時代の雰囲気を背景に、「理性的な対話」を通じた平和構築を目的に、知識人によって構成されるトランスナショナルな団体が数多く誕生した。もっとも、このような試みが、ヨーロッパだけではなく、アジア太平洋地域においても展開されたことはあまり知られていない。本章が考察対象とする太平洋問題調査会（Institute of Pacific Relations: IPR　一九二五―一九六一年、以降 IPR）は、アジア太平洋諸国の相互友好と地域協力を目的として、一九二五年にハワイのホノルルで創設されたトランスナショナルＮＧＯである。発足メンバーの出身国は、アメリカ、日本、中国、カナダ、オーストラリア、ニュージーランド、朝鮮、フィリピンであったが、その後、イギリス、フランス、オランダといった同地に植民地を持つヨーロッパの国々、さらにソ連といった域外メンバーも含む組織へと発展し、各国に支部が形成されていった。国際連盟や国際労働機構（ＩＬＯ）といった国際機関からもオブザーバーを迎えた。

大戦間期の最盛期におけるＩＰＲの活動規模は、国際連盟の知的交流委員会とも並び称されるほどであった。一九六一年、冷戦のイデオロギー対立のなかで活動を停止して以来、長らくその活動は忘れ去られてきたが、冷戦が終焉し、アジア太平洋の地域協力が進んだことを背景に、その先駆的な存在として改めて研究者の関心を集めている(3)。

ＩＰＲの活動は、アジア太平洋地域が抱えた諸問題についての研究と、各国のメンバーが一堂に会し、地域の諸問題について意見を交換する国際会議の二つの柱から成っていた。国際会議において参加者は、自国の国益を代弁する「外交官」としてではなく、国家の影響から自由な「私人」として、「客観的な事実」に基づく「理性的な対話」を心がけるように求められた。議題は、安全保障や政治経済関係にとどまらず、人の移動や途上国の開発など、今日の言葉で言う、非伝統的安全保障のカテゴリーに分類される諸問題も広く含まれた。さらにアジア太平洋地域に居住する人々の多様性を背景に、異文化・異宗教の相互理解の促進、人種偏見・オリエンタリズムの是正、歴史認識問題、さらには「太平洋意識（Pacific sense）」という地域アイデンティティの模索など、平和の物質的な諸条件のみならず、観念的な諸条件についても幅広く論じられた。

研究活動は、各々の国に設置された支部を中心に担われた。日本支部の中核を構成したのは、新渡戸稲造、高木八尺、鶴見祐輔、高柳賢三、那須皓、前田多門などの知識人と、渋沢栄一や井上準之助ら実業家であった。彼らはいずれも、日米協調を日本外交の要と見なし、アメリカの政府関係者、実業界、アカデミアと太いパイプを持ったエリートたちであり、ＩＰＲにおける彼らの関心も圧倒的に日米協調に向けられた。事実、当時の日米関係は難しい局面にあった。アメリカ西海岸における日系人移民の排斥問題は、状況を改善しようとする両国政府や民間団体の努力もむなしく悪化の一途を辿り、一九二四年、通称、排日移民法が成立する。これは、日本人移民のアメリカへの新規渡航を全面的に禁止するものであり、日本国民の対米感情を著しく損なうものであった。日本メンバーは、国外ではＩＰＲにおけるアメリカメンバーとの「理性的な対話」、国内では世論の啓蒙を通じ、こじれた日米関係の改善を試みたのである。

結論から言えば、その試みはうまくいかなかった。この失敗が意味することは何であろうか。問題は彼らが「理性的な対話」に徹することができなかったことにあったのだろうか。それとも、「理性的な対話」によって平和を実現しようとする試みがそもそも間違っていたのだろうか。本章は、ＩＰＲにおける「理性的な対話」による平和の試みとその失敗を考察し、最後にＩＰＲの経験が今日の私たちにどのような示唆を与えるかを考える。

## 一　太平洋問題調査会の誕生

第一次世界大戦後、パリ講和会議（一九一九年）、そしてワシントン会議（一九二一―一九二二年）が開催され、新しい国際秩序が模索された。しかし近年の研究で強調されているように、両会議において、戦前の「旧秩序」に代わる「新秩序」が突如として誕生したわけではない[4]。特にアジア太平洋地域では「新秩序」の輪郭は漠然としていた。パリ講和会議の圧倒的な関心はヨーロッパの秩序構築に置かれ、アジア太平洋地域の諸問題は周辺的な議題にとどまった。ワシントン会議はその焦点を明確に極東・アジア太平洋地域に絞ってはいたが、アメリカやオーストラリアで深刻化していたアジア系移民の排斥など、狭義の外交問題には収まらない問題の多くが不十分、あるいはまったく論じられなかった。第一次世界大戦後、アジア太平洋地域には相対的な安定が実現されたが、それは多様な紛争要因を潜在させた、不安定な「平和」であった。

ＩＰＲが誕生する直接の契機となったのは、一九二四年、ＹＭＣＡハワイ支部がそのトランスナショナルなネットワークを生かし、相互理解と友好の促進を目的に、アメリカ合衆国、オーストラリア、カナダ、中国、日本、ニュージーランド、朝鮮、フィリピンの市民による集まりを主催したことにある。その成功に促され、ＩＰＲは常設組織に発展し、その過程でキリスト教の色彩は薄まり、アジア太平洋地域の安定と平和に関心を持つ国際主義的な知識人たちが集うフォーラムとなった。ＩＰＲはＮＧＯであることを生かして、国際連盟には加入していなかったアメリカ、さらに当時植民地とされていたフィリピンや朝鮮などを含む多様な国から参加者を集め、一九二五年ハワイのホノルルで開催された第一回会議には、一〇九名の参加者と三一名のオブザーバーが参加した(5)。オーストラリア支部のダンカン・ホールは、「我々の根本問題は、太平洋地域において、英連邦や国際連盟といった既存の組織が十分な国際協調の基礎を提供していないことにある。……我々は、太平洋特有のニーズを満たすための汎太平洋連合（Pan-Pacific group）を必要としている(6)」と強調した。IPRは、政府間レベルの国際会議では抜け落ちてしまう「太平洋特有のニーズ」を民間の「市民」の視点から捉え、広く論じることへの期待を背負って誕生したのである。

広範な地域からの参加者に加え、IPRを画期的なものとしたのはその理念であった。第一回会議で採択された設立趣意書は、地域の共通利益を促進できるのは「各国政府、あるいはその他のいかなる機関の代表者でもない私人」のみであるとして、参加者に対し、狭い国家的見地に囚われることなく、国際主義的な精神に則り、「理性的な対話」に従事することを強く求めていた(7)。

さらにIPRの理念としてもう一つ強調されたのは、アジア太平洋地域の紛争要因についての「科学的」な探究、それによって明らかにされた「客観的な事実」に基づく討議であった。国際会議に先立ち、各国支部はアジア太平洋地域が抱える諸問題について研究を行い、その成果を、国際会議における議論の土台として提出した。IPRの研究活動を貫いていた理念は、ホールの次の宣言がよく示している。

IPRの任務は、太平洋地域の国際関係における最も複雑な諸問題について、持続的かつ中立的、そして科学的な探究を行うことにある。……確かに科学的な探求を任務とし、問題の根本を明らかにすることを目指す組織は、すぐに眼に見える成果を生み出すことはできない。しかし究極的には、このような組織こそが、近視眼的な国際会議のいかなるものよりも、包括的で重要な成果を生み出すことができるのだ(8)。

一九二七年に再びホノルルで開催された第二回会議で、イギリスからの参加者フレデリック・ホワイティーは次のようにうたいあげた。IPRは「政策の施行に関心を持つ集団でも、各々の出身国政府の外交について責任を持たねばならない集団でもない」「だからこそ、我々はすべての事項について事実の究明に徹することができるのだ」[9]。

## 二　排日移民法成立後の「理性的な対話」

ＩＰＲ設立時、日本からの参加者にとって最大の懸案事項は、排日移民法によって打撃を受けた日米関係の改善にあった。この関心はアメリカメンバーも共有するところであり、両国のイニシアティブにより、白人国家におけるアジア系移民の排斥問題は、第一回・第二回会議における中心的な議題となった。

日本メンバーは、国内で高まる反米感情への配慮から移民排斥の不当性を訴えつつも、実質的には、移民規制は「国内問題」であり、他国の干渉を受けない問題であるとするアメリカの論理をそのまま受け入れた。アジア系移民の排斥をめぐっては、アメリカ国内にもヒステリックな感情論が飛び交っていた。日本メンバーの妥協的な姿勢の背景には、排日移民法の撤廃を全面的に訴えたところで、そのような主張がアメリカに受け入れられる見込みはなく、むしろアメリカの国民感情を刺激し、一層両国の関係修復を困難にしてしまうという洞察があった。第一回会議で澤柳政太郎は、日本としては移民排斥を批判せざるをえないとしつつも、「日本人がここに力説したい点は他国の領土に自由に入国する権利を要求するつもりのないことである」と強調した[10]。高柳賢三も、原則論として「移住の欲求は人間の本性である。……此の移住欲求は、……移住の『自然権』と名付くることを得る。……根本論としては、一国の人が先占の理由によりて、新来者を拒絶する権利を有するや否やは疑問である」と主張しつつも、「然し畢竟、我々は、利己的な現実な世界を有りのままに受け入れて、只此より生ずる弊害を緩和する実際的手段を講ずる他はない。……故に、仮りに移民を規律する主権なるものが存在すると云う前提の下に、議論を進めよう」と現実的にはアメリカの移民規制を容認し、日本が求めるのは、移民規制の撤廃のような劇的な措置ではなく、移民規制が日本人の国民感情に配慮した形で実行されることのみであると強調した[11]。

以上のような日本メンバーの対米妥協的なスタンスは、移民排斥の受難を共有していた中国メンバーのそれと対照的なものだった。第一回会議で陳達は、「仮りに移民を規律する主権なるものが存在すると云う前提の下に、議論を進めよう」とした高柳の主張を暗に批判するかたちで、移住・移動の権利は何人も犯しえない「自然権」であるという論理で、アメリカの移民排斥に真っ向から異議を唱えた。陳達は言う。「住居を変更する権は天賦人権である。人民はその国家を離脱する絶対的権利を有する場合がある。この権利は、社会契約の性質から派生する理由に基づいた権利である。もし人民が自国に於て生計が出来ない場合には、他国に於て之を求むるは疑もなく正当な事である。同様に、移動の権利は自然権である。世界は人類共同の所有物である。如何なる国民も、他の国民が使用し得、また使用する事を必要とする土地を不使用のまま持っていることは正当ではない[12]」。

原理的には、日中が共同で移民排斥問題の解決を訴えていく道も開かれていた。しかし、日本メンバーは決してそのような議論を展開しなかった。日本メンバーは、人種差別に基づいて移民を排斥することに原理的に反対していたわけではなく、「文明国」日本が他の東洋人と同様に差別され、排斥されるという事実を問題としていたに過ぎなかった。そこにあったのは、「結局移民法に於て入国者に差別を附するならば、人種別によらずして該国民の文化教養の程度によるべき[13]」であるという、その他の有色人国家とは区別されるべき、「文明国」日本という自負であった。第二回会議において「東洋人」を一つのカテゴリーとする新たな移民法制定について意見を求められた那須皓は、「日本は人種的には東洋に属しても、文化的にはヨーロッパに属しているのであり、移民割当に関しても後者と同等の扱いを求める[14]」と主張し、その提案に反対を表明した。

さらに日本メンバーが移民規制を「国内問題」と位置づけるアメリカの主張に理解を示した背景には、朝鮮統治問題という、自らも他国に触れられたくない「国内問題」を抱えている事情もあった。第一回会議で朝鮮メンバーは、朝鮮問題が議題として設定されなかったことを不服とし、日本の朝鮮統治を批判する内容を含む基調演説を展開した。これに対して日本メンバーは、「ＩＰＲは国内問題を論ずる場ではなく、各国共有の問題を論ずる場である」と主張し、朝鮮メンバーの態度を強く批判した(15)。その後日本メンバーは、ＩＰＲのメンバーは「独立国」からの参加者に限られるべきであると主張し、朝鮮から参加者を迎えることに強硬に反対した。日本メンバーの主張が受け入れられる形で、朝鮮のメンバーシップは停止された。

日本メンバーの妥協的な対米姿勢は、他の議題でも顕著であった。第二回会議で、アメリカのジェームズ・Ｔ・ショットウェルは、アジア太平洋地域に「恒久平和条約」を成立させるべきだと主張し、その案を提出した(16)。これは当時米仏間で交渉が進んでいた不戦条約から着想を得て、アジア太平洋諸国、特に日米間で、国策としての戦争の否定と、紛争の平和的解決を誓約する条約を締結しようというものだった。

日本メンバーは、ショットウェルの提案を、排日問題でこじれた日米関係の改善と、太平洋の安全保障を実現するものと見なし、歓迎した。そのうえで、この案のままでは日本国民から広く支持されるのは困難であるとして、いくつかの修正を要求した。一点目は、日本で危惧が広がり始めていた人口・食糧問題への配慮である。高木八尺は、アジア太平洋地域に不戦条約を成立させるためには、その前提条件として、日本の人口・食糧問題を解決することが必要であるとして次のように訴えた。

日本は其の人口と食料との問題を持って来て今回の会議に訴えた。然るに、英米両国は之に答えて、吾等は余剰の土地を有するが、之は吾等の子孫の為めに保存せんと欲する、日本はよろしく自ら国内に於て其の問題の解決を計るべきであると云った。然し真の解決の道は、米国が日本に対して、いざ相共に協力して、此の貴国の問題に対策を講じやうと云う時に、初めて開かれるのである。而して其の時こそかゝる平和保障条約を締結すべき日であろう(17)。

このような日本の立場に理解を示すアメリカメンバーもいた。キャリー・C・キャットは、アメリカやイギリスにとってはアジア太平洋地域の「現状」は保存されるべき正当性を備えているかもしれないが、同地域の多くの国家にとって、ショットウェルの恒久平和条約案は、不公平な「現状」の恒久化を意味するに過ぎないと強調し、日本の人口・食糧問題は、諸国家の協力を通じて解決されるべき国際問題であると主張した(18)。日本やキャットの主張に対し、ショットウェルが直に応答することはなかった。しかし、同条約案の解説文では、日本の食糧問題が深刻なものであることは確かだが、それは基本的に「国内問題」であり、日本の自助努力を通じて解決されねばならないという見解を表明している(19)。日本メンバーとショットウェルの間には、不戦条約を締結し、アジア太平洋地域、特に日米間の「平和」を確かにする必要性については合意が存在したが、両者が思い描いていた「平和」の内実には大きな相違があった。

さらに日本メンバーが日本国民の反発を確実に招くものとして憂慮したのが、ショットウェルの条約案が、これまでにアメリカが締結してきたその他の国際条約と同様、西半球でアメリカがモンロー主義の名の下に行う武力介入を留保していたことであった。高柳はラウンドテーブルで次のように訴えた。

モンロー主義に関する留保が、アメリカをこの種の条約にひきこむために必要であることは理解している。しかし私は、この留保が、日本国民に引き起こす悪感情を危惧する。さらにモンロー・ドクトリンは、国際法で明示的に定められたものではなく、一国の一政策、それも極めて一方的に宣言されたものであり、アメリカの巨大なパワーを背後に持っているからこそ成り立っているものである。私はモンロー・ドクトリンが、このように条約の中に盛り込まれることによって、国際法の承認を得たものとなっていくことを危惧する。日本国民は、西半球におけるアメリカの地位はこのように保障されているにもかかわらず、自分たちの東洋における地位はそのような保障を欠いていると不満に思うだろう。……私は、太平洋諸国の間に、戦争を違法とし、紛争を調停や裁判、仲裁といった平和的な手段で解決するための条約を成立させることには原則的に賛成である。私の唯一の批判は、ショットウェルの条約案がこの目的に照らして著しく不徹底なことにある……。[20]

では日本メンバーたちは、このような「アメリカ本位」の面を持つショットウェルの条約案をどのように日本国民に説明したのだろうか。高柳賢三は雑誌『改造』において、ショットウェルの平和案について日本国民が、「米国は現状を其儘維持し、他国の武力を全部封じて仕舞ふと云ふことになるのではないかね。元来現在世界の領土の分配等は著しくアングロサクソン国民に都合の好いやうに出来上つて居る、しかも此の分配は世界経済、人類の福利と云ふ理想からすれば著しく不当で、われわれの正義観念に矛盾するやうに見える。それを何処迄も現状維持で行こうと云うのは米国の巧妙なる外交手段じゃないのかね」と懸念することは「一応尤」であり、モンロー主義に関する留保を見ても、「恒久平和」案という理想主義的な名称にもかかわらず、その内実は「無遠慮と思はれる程現実的」であると指摘した。[21]青木節一は『外交時報』において、ショットウェル案の問題点として、「飽くまで *status quo* を維持しつつ、而かも絶対不戦と云う高尚なる約束を実現せんと試むるその矛盾」「主権は、飽くまで譲らず、而して平和を飽くまで維持しようと云うそのご都合主義」「先占又は戦争によって領土及原料を充分に獲得した国が自分の権利を少しも譲らずに、此れからは平和で行かうと云ふその虫の良さ」を列挙し、その理想主義的なトーンとは裏腹に、それは「あまりに実際的である」と糾弾した。[22]

しかし高柳と青木の結論は、たとえショットウェル案が「アメリカ本位」のものであったとしても、移民排斥などをめぐって悪化している日米関係を少しでも改善に導くために、日本は同案を甘受する以外にないというものであった。高柳は、「僕も消極的な内容しかもたぬ平和と正義との絶対価値論になればむしろ正義を選ぶ」としつつも、「然し国際社会に正義に基づいた秩序を実現するには、其基礎工事として先づ平和の保障が築かれねばならない」、「正義」の実現は「暴力に依る戦ではなくむしろ理智の戦だ」と強調し、たとえショットウェル案が「消極的な内容しかもたぬ平和」であっても、当面の選択としてそれを受諾すべきだと結論した。青木の結論も、「然しながら、米国が現に国際連盟及国際司法裁判所に加盟し居らざる以上、この事実は事実として承認し之を補ふべき平和保障の途を別に考へねばならない。……要するに、太平洋上の二大国たる日米の間に何等かの平和保障の申合わせの必要なる事は明な事実であり、又大勢も之れに向はんとするか如き空気にある」というものであった。

二人の主張は、排日移民法が成立した後の日米協調論者のディレンマをよく表していた。同法が成立するまで、日米協調の必要性を論証することはそれほど困難ではなかった。大戦を経て、アメリカは大国として本格的に台頭し、いよいよ日本にとって政治的にも経済的にも重要な国家となっていった。しかもその台頭は「新外交」という新たな、理想主義的な外交原則を掲げての台頭であった。日米協調論者は、アメリカの理想主義を素朴に賞賛すればよかったのである。しかし、排日移民法の成立以降、状況は劇的に変化した。日本国民の間には、国際的には理想主義的な諸原則を掲げながら、国内では広大な領土から日本人移民を排斥するアメリカの偽善を糾弾する声が高まっていった。日米協調論者は、国民の反米感情にそれなりの理解を示しつつ、なお、日米協調の必要性を論証しなければならなくなった。しかしそれがいかに困難な課題であったかは、ショットウェルの平和案が「アメリカ本位」のものであることを認めつつも、日米関係の改善のために、国民に感情的な反発は慎むよう訴える以外になかった高柳や青木の主張によく示されていた。

## 三　満州事変後の「理性的な対話」

満州事変後、日本メンバーは困難な立場に置かれた。一九三一年に上海で開催された第四回会議において、日本メンバーは、中国における日本の行動についての説明を求められ、日本が中国に有する「正当な権益」を強調する政府の公式見解と大差のない主張を展開した。それは到底参加者の理解を得られるものではなく、日本メンバーは徐々に孤立を深めていった。

しかし彼ら自身は、国際協調への望みを捨ててはいなかった。一九三三年カナダのバンフで行われた第五回会議に先立ち、高木八尺は横田喜三郎と連名で「太平洋の平和機構再建設に関する若干の考察」を提出した。それは、満州事変に端を発する国際秩序の動揺は、平和機構に関する従来の観念の根本的な再検討を促しているという認識の下、アジア太平洋地域の平和機構の将来について提言をしたものであった。その内容は以下のようにまとめられる。①アジア太平洋地域の諸国家は、人種や文化、政治経済制度、政治的発達段階、生活水準において多様であり、さらに欧米列強も同地に密接な利害を持っている。同地は、将来にわたって変化が不可避の地域である。②にもかかわらず、不戦条約、国際連盟、九カ国条約・四カ国条約、二カ国間の仲裁裁判条約などの既存の制度や条約は、現状の変革よりも、その維持に圧倒的な関心を寄せるものであった。その結果、それらは、大国による現状維持の道具、不公平な国際秩序を温存する機構と見なされるに至っている。③今後、アジア太平洋地域に平和を打ち立てるには、アジア太平洋地域の特殊性に配慮した地域的な平和機構が必要である。特に、国際秩序を望ましいものへと変革していく機能は必須である。④もっともこの地域的な平和機構は、決して普遍的国際組織である国際連盟を否定するものではなく、連盟が「真正の意味に於ける世界平和機構の中枢として発達を遂ぐべきこと」を助けるものであり、連盟の「補充的補強的機構」と位置づけられるものである[23]。

東アジア情勢の緊迫を背景に、中国問題に関する議論は白熱し、ＩＰＲは必ずしも「理性的な対話」のフォーラムとはいえなくなっていった。満州における日本の行動をめぐり、会議の全般的な雰囲気は日本に厳しいものとなった。他方、既存の制度や条約の問題点を克服した新たな平和機構の創設という高木と横田の提案は、「会議の注目を惹き、概して会員の賛同を収め」ることに成功した[24]。「理性的な対話」というＩＰＲの理念は、まだ息づいていた。

しかし日本国内では、日米関係やアジア太平洋の将来を「理性的」に論ずる余地は急速に狭まっていた。満州事変以降、日本国内には、アメリカが「モンロー主義」を掲げて西半球を勢力下に置き、広大な自国領土から日本人を排斥しながら、日本が中国に有する「正当な権益」すら否定しようとしているという不満がいよいよ高まり、日本も「アジア・モンロー主義」を遂行する権利があるという主張が急速に力を得ていった。このような反米的な風潮に抗い、日米協調を説こうとしたとき、高木と横田がアメリカのモンロー主義を擁護せざるをえなくなったことは皮肉であった。

横田喜三郎は『中央公論』に発表した論説「アジア・モンロー主義批判」において、「アジア・モンロー主義」が妥当性を欠いた主張であることの論証を試みた。横田は言う。「アジア・モンロー主義」者は、中国問題に関する外部の干渉の一切を否定し、満州事変を平和的に解決しようとする連盟やアメリカの行動を拒絶する。しかしこれは、アメリカのモンロー主義を歪曲・拡大解釈した見解である。アメリカのモンロー主義は本質的に防衛的なもの、すなわち、他国の干渉によってラテンアメリカ諸国の独立が侵害されることを防止しようとするものであり、西半球における合衆国の特殊権益や特別の干渉権を主張するものではない。もし、日本がこうしたモンロー主義の本来の目的、すなわち、アジア諸国の政治的独立を外部の介入から守るという目的を遂行したいのであれば、「アジア・モンロー主義」などに訴えなくとも、国際連盟規約、九カ国条約、四カ国条約、不戦条約など、国家間の明示的合意を得たはるかに有効な保障がすでに存在する。さらに、アメリカのモンロー主義が連盟規約や仲裁裁判条約などでこれまで何度も確認され、国際的な承認を得てきたのに対し、日本の「アジア・モンロー主義」は国際的な正統性を欠いており、この点でも、「アジア・モンロー主義」者の主張に根拠はない。こう述べて横田は、日本がとるべき道は、「アジア・モンロー主義」とは対極の道、すなわち第一次世界大戦後に成立した諸条約や諸制度を尊重し、それを十分に活用することにあるとした(25)。

高木もまた、中国問題をめぐって日米が対立を深めるなかで、日本国民が「アジア・モンロー主義」の主張に共感を覚えることも理解できなくはないとしたうえで、そのような主張が国際社会で理解を得られる可能性は皆無であるとそれを否定した。高木は言う。確かに日本国民が満州に関して抱いている要望と、アメリカがモンロー主義やマニフェスト・デスティニーの名の下に正当化してきた要望との間には類似点がある。しかしアメリカのモンロー主義は、国民主義・帝国主義が興隆した一九世紀に生まれ、そのような時代背景の下に説得力を持ってきた主張である。これに対し、第一次世界大戦後の世界には、国際紛争は武力ではなく、国際的な討議を通じて解決されねばならないという認識が生まれている。このような時代背景は、「アジア・モンロー主義」や「自主外交」の主張を、まったく時代遅れのものとしている(26)。

しかしもはや大半の日本国民は、日米関係の修復という大局的な視点に立って、アメリカが行う不道義に目をつぶり、中国問題へのアメリカの介入も認めるという「理性」の主張に耳を貸す余裕を失っていた。そして日本メンバー自身からも、そのような大局的な視座は失われていった。一九三六年、ヨセミテで開催された第六回会議において、日本メンバーは「持たざる国」の論理を全面的に掲げて「英米本位」の国際秩序を糾弾し、中国における日本の「現状打破」を正当化し、他メンバーとの亀裂を深めていった。

ヨセミテ会議は日本メンバーが参加した最後の会議となった。一九三七年の日中戦争の勃発を受け、ＩＰＲの国際事務局は、このような国際危機においてこそ、ＩＰＲは、戦争の背景要因や戦後の平和的調整の可能性を「客観的」に分析しなければならないとして、「調査シリーズ」(The Inquiry Series) を企画した。この企画に日本メンバーは猛反対した。日中間にある「政治的」な問題を、いかなる偏見や感情も排除し、純粋に「客観的」に究明することは不可能であるというのが彼らの主張であった。論争は平行線を辿り、日本メンバーは最終的にＩＰＲを脱退することになる(27)。こうして、対外的にはＩＰＲにおける「理性的な対話」を通じた国際協調の創出、特に日米関係の修復に取り組み、国内的には国際協調の必要性を国民に啓蒙しようとした日本メンバーの試みは、最終的に挫折した。

私たちは、「客観的な事実」に基づく「理性的な対話」を通じ、アジア太平洋地域の平和を実現しようとした日本IPRの試みをどう評価すべきだろうか。たしかに、一九二〇年代はもちろん、一九三〇年の国際危機の時代にあっても、IPRでは「理性的な対話」が追求され続けた。しかしその対話は本当に、諸国家の見解の相違を埋め、その関係改善を促進するような、本質的なものだっただろうか。IPRで「理性的な対話」が実現されたのは、必ずしも参加者の忍耐や努力によるものではなく、既存の国際秩序や各国の政策に重大な変更を迫りうる「政治的」な問題が、「理性的な対話」の理念にそぐわないものとして、予め議題から排除されていたことも大きかった。日本メンバーは、関係の修復を切望していたアメリカメンバーとは、移民排斥問題という懸案事項の「理性的な対話」を通じ、協調を実現しようとした。しかし、対中関係においては「理性的な対話」というIPRの理念を、日本の対中政策に関わる議題をIPRに適さない「政治的」な問題として排除するための口実とした。日本メンバーは、各国の関心が満州問題に向けられるたびに、IPRは論争の余地がない「客観的な事実」に基づく「理性的な対話」の場であるべきだと強調し、満州問題については何が「客観的な事実」であるかをめぐって各国間に激しい論争があり、そうである以上、それはIPRの議題とされるべきではないと主張した。

もっともIPRの議題を「理性的な対話」の範疇に収まる「非政治的」な問題に限定しようとする志向は、日本メンバーに限られたものではなく、欧米メンバーにも広く共有されていた。アジア太平洋地域における植民地主義、帝国主義の是正について初めて踏み込んだ議論がなされたのは、第二次世界大戦の勃発後に開催され第八回モントランブラン会議（一九四二年）および第九回ホットスプリングス会議（一九四五年）においてであった。もっともこれは、植民地宗主国の自発的な提起によるものではなく、植民地の戦時協力を得る必要性に迫られてのことだった。最終的に植民地の独立は、「理性的な対話」を通じてではなく、武力による実力行使を通じて勝ち取られることになる。

その他にもＩＰＲを舞台に日本が試みた「理性的な対話」による平和は、限界をはらんでいた。中見真里は、ＩＰＲ日本メンバーの主張が社会的に大きな影響力を持ち得なかった理由の一つとして、彼らが社会におけるエリート層の出身者であり、草の根の支持基盤を欠いていたことを挙げている(28)。ＩＰＲ日本支部の活動を中心となって担った新渡戸稲造は、「国際平和の維持という作業は、大衆ではなく、彼らを先導する少数の賢人の手にかかっている(29)」と公言してはばからなかったが、このようなエリート意識は新渡戸に限らず、日本メンバーに広く共有されたものだった。

さらに、問題は彼らのアメリカ観にもあった。国民に対し、感情的な反米意識に駆られることなく、日米協調の重要性を理解するように説いた彼ら自身、アメリカに裏切られたという義憤から必ずしも自由ではなかった。新渡戸が排日移民法の制定を受け、その廃止までアメリカの土を踏まないと憤ったエピソードは有名だが、同法の成立は、知米派の知識人たちがアメリカに対して抱いていた「デモクラシーの国」「新外交の国」という信頼を打ち砕いた。それでも彼らは、日米協調は重要であると訴え続けたが、彼ら自身、アメリカは本当に信頼できる国なのか、アメリカが掲げる「理想主義」ではなく真正のものなのか、自信を失っていった。自らの迷いを抱えた彼らの主張は、さまざまな困難はあっても日米協調を追求し続けなければならない理由を、国民に対して説得的に説くものにはなりえなかった。

ＩＰＲに集った知米派知識人たちの対米論の問題点は、同様に困難な時代にあって日米協調を説き続けた石橋湛山や清沢洌と比較すると明確となる。新渡戸らはアメリカに対し、過度に理想化されたイメージを持っており、その日米協調論は、理想化されたアメリカへの信頼に基づいていた。それゆえに、排日移民法のような、そのイメージを裏切るアメリカの行動を前に、彼ら自身のアメリカへの信頼が揺らいでいくと、その対米協調論も揺らいでいった。これに対し、石橋も清沢も経済に強い論客であり、その対米協調論は、日米間の経済的な相互依存関係の重要性という、実利を基盤としていた。彼らはアメリカを決して理想化せず、その正負両面をバランスよく捉えていた。だからこそ、排日移民法や経済恐慌などにより、アメリカが負の側面を露呈していくなかにあっても、一貫した対米協調論を展開することができた(30)。もっとも、石橋や清沢の対米協調論がいかに合理的で一貫していたとしても、それが国民に受け入れられるかどうかはまた別の問題であった。国際危機のなかで、石橋や清沢の現実的な対米協調論もまた、感情的な反米論に飲み込まれていくことになった。

## おわりに――「理性的な対話」を超えて

二一世紀の東アジアでは、領土問題や、第二次世界大戦の過去をめぐって、感情的かつ非妥協的な議論の応酬が交わされている。地域間の経済的な相互依存はますます深まっているにもかかわらず、精神的な疎隔は広がる一方であり、領土問題や歴史問題をめぐる感情的な軋轢が、しばしば関係各国の政治的・経済的な関係にも影響を及ぼす事態となっている。

このような現状を打開しようと、日中韓の歴史家たちは粘り強く「理性的な対話」に取り組み、困難な歴史認識の差異を少しずつ乗り越えてきた。二〇〇五年には、三国共通の歴史教育の補助教材として『未来をひらく歴史』が刊行された。しかし、ＩＰＲメンバー間の「理性的な対話」が、必ずしも国境を越えた和解を促すことに貢献しなかったように、日中韓の歴史家たちによる「理性的な対話」の積み重ねにもかかわらず、今日、東アジアの人々は感情的な議論を戦わせ、関係を悪化させている。なぜであろうか。

まず、そこで行われてきた「理性的な対話」の内実を考えてみる必要がある。知識人同士の「理性的な対話」によって平和を促進しようとする試みは、ナショナリズムや国益の呪縛から自由に、「理性的」にトランスナショナルな平和を追求できる知識人の存在を前提としている。しかしこれは、現実的な想定だろうか。非現実的な想定に固執するよりは、知識人ですら逃れられないナショナリズムを見据えたうえで、あるべき対話を模索していくべきではないか。

次に、知識人の間に「理性的な対話」が実現しているように見えても、そこには本当にタブーなしの率直な討議が成立しているだろうか。ＩＰＲのように、各国家の見解が激しく対立し、妥協が見込めないような問題が予め議題から外されているからこそ、「理性的な対話」の体面が保たれているということはないだろうか。対話が「理性的」に行われることに固執し、その結果、本質に触れない議論を展開するよりは、時に勇気を持って、「理性的な対話」の領域を踏み越えた議論をすることが必要なのかもしれない。

さらにＩＰＲの活動を支えていたもう一つの前提は、論争の余地のない「客観的な事実」なるものがあり、「事実」に基づいた討論の結論は、国や文化の違いを越えて、みなに共有されうるというものだった。しかし、この前提も疑わしい。今日の東アジアでは、論争的な問題について「客観的な事実」を追究する歴史家の行為が、何が「事実」かをめぐる終わりのない論争を生み出し、むしろ国際関係を悪化させている。もちろん問題が歴史に関わることである以上、「事実」の追求は重要かつ不可欠である。しかし同時に、ひたすら「事実」を究明するだけでは、和解は実現されないということを認めるべきではないか。和解への実質的な一歩は、むしろそうした率直な認識から生まれるのではないか。

今日、このような疑問が、長年にわたって中国、韓国との歴史対話に尽力してきた歴史家の実感として提示されていることは注目に値する。三谷博は過去二〇年間、日本を含む東アジアの歴史家たちが、東アジアの和解と平和を促進すると信じて、日本の隣国に対する過去の加害行為の実証研究を真摯に進めてきたこと、そしてそれが、「日本軍国主義の復活」を防ぐという一つの目的に貢献してきたことを認めたうえで、そのような「事実」の探究が和解を進めるどころか、対立を煽る面もあったことを見据えなければならないと訴える。確かに、歴史家たちがひたすらその関心を、日本による加害行為の究明に向けてきた背景には、戦争に対する強い反省があった。しかしたとえ善意に基づいていようとも、その行為は、中国や韓国の人々が抱く「軍国主義日本」というイメージを強固にし、彼らが戦後日本の自己抑制や平和への努力に関心を向けることを妨げてきた。ひるがえって、戦後七〇年にわたる「平和国家」としての歩みが、隣国が日本に対して抱くネガティブなイメージの改善に一向につながらない現状は、日本人の間に、隣国へのいらだち、和解に対する失望を生んできた。

三谷はさらに、和解への第一歩であったはずの国交回復をめぐる研究にも、このような「実証研究のアイロニー」が顕著であったと指摘する。日本と韓国は、一九六五年の日韓条約とそれに付帯する措置の解釈をめぐり、対立を深めてきた。韓国側は、「慰安婦」問題など、条約時に多くの問題が軽視されるか、まったく取り扱われなかったと主張し、それらの問題を解決するための新たな努力を日本側にますます求めている。これに対して日本は、「独立祝賀金」「経済協力金」として三億ドルを支払い、諸借款を供与し、これを以て請求権問題はすべて「解決」とした経緯にもかかわらず、「未解決」の問題群が今になって韓国側から次々と提起されている現状に不満と怒りを募らせている。このような状況を打開すべく、日韓の歴史家たちは、両国間に個別の案件が持ち上がるたびに、条約締結時の両国の事情や条約の解釈に遡り、「事実」を究明しようとしてきた。しかしこのような「事実」の究明行為は、学術的な価値と意義は決して否定されえないにしても、両国間の和解を促進してはこなかった。それどころか、いかなる史料に基づくいかなる解釈が「事実」と見なされるべきかをめぐり、両国間には、終わりの見えない論争と悪感情の連鎖が生み出されてきた。

このようなアイロニカルな現状を指摘したうえで三谷は、「双方に和解への意志と配慮、そして努力がない限り」、「事実」を究明するための実証研究は和解に貢献しないとして、歴史家たちに、和解への断固たる決意と、「実証研究を創造的に乗り越える」勇気を求める。そして、もし和解という大局的な目的のために必要であるならば、論争の種となってきた歴史的な「事実」に、新しい意味づけを付与することも辞すべきではないと提言する。[31] これは、東アジアにとって、成功の前例がいまだにない、困難な課題である。しかし、失敗に終わったにせよ、私たちは先人の知恵や試みから示唆を得ることができる。大戦間期ＩＰＲの「理性的な対話」の試みは、その限界や挫折の経緯も含め、今一度顧みられるべきであろう。

今日の東アジアにおいて、こじれた隣国との関係改善という課題は、決して歴史家だけに課せられた使命ではない。動乱の時代の対米協調論者たちが直面した困難は、今、私たちひとりひとりの前にある困難でもある。果たして私たちはアジアの隣国とのよりよい未来に向けて、相手国の負の側面から眼を逸らし、もっぱら肯定的なイメージを強調する「協調」とも、政治的・経済的に重要なパートナーであるという「現実主義」を掲げて、相手がどのような行動をとろうとそれを忍従するように説く「協調」とも異なる、新しい協調の論理とヴィジョンを生み出すことができるだろうか。そして私たち自身、どんな困難な局面に遭遇しても、隣国との未来の和解への信念を維持していけるのだろうか。大戦間期の対米協調論者たちの格闘は、決して今日に生きる私たちと関係のない、単なる歴史の一エピソードではないのである。

（1）吉野作造「帝国主義より国際民主主義へ」（『六合雑誌』三九巻六号、一九一九年）『吉野作造選集』六巻、岩波書店、一九九六年、三七―三八頁。

（2）松本三之介『明治思想史――近代国家の創設から個の覚醒まで』新曜社、一九九六年、四五―四六頁。

（3）主な研究として、Lawrence T. Woods, *Asian-Pacific Diplomacy: Nongovernmental Organizations and International Relations* (Vancouver: University of British Columbia Press, 1993). Paul F. Hooper ed., *Rediscovering the IPR: Proceedings of the First International Research Conference on the Institute of Pacific Relations* (Honolulu, Hawaii: University of Hawaii, 1994). Tomoko Akami, *Internationalizing the Pacific: The United States, Japan, and the Institute of Pacific Relations in War and Peace,*

*1919-45* (London, New York: Routledge, 2002). 山岡道男『太平洋問題調査会研究』龍渓書舎、一九九七年。片桐庸夫『太平洋問題調査会の研究――戦間期日本IPRの活動を中心として』慶應義塾大学出版会、二〇〇三年。

（4）代表的な研究として、服部龍二『東アジアの国際環境の変動と日本外交一九一八―一九三一』有斐閣、二〇〇一年。

（5）Paul F. Hooper, "A Brief History of the Institute of Pacific Relations," *Rediscovering the IPR*, pp. 112-113.

（6）Duncan Hall, "A Political and Legal Cooperation," *Institute of Pacific Relations, Honolulu Session, June 30-July 14, 1925, History, Organization, Proceedings, Discussions, and Addresses* (Honolulu, Hawaii: Institute of Pacific Relations, 1925), pp. 136-138.

（7）*Ibid.*, pp. 26-27.

（8）Duncan Hall and J. B. Condliffe, *What of the Pacific? A Searchlight on its Problems* (Sydney, 1925), p. 3.

（9）Sir Frederick Whyte, "Opening Statement for the British Group," in *Problems of the Pacific, 1927: Proceedings of the Second Conference of the Institute of Pacific Relations, Honolulu, Hawaii, July 15 to 29, 1927* (Chicago: The University of Chicago Press, 1928), pp. 23-29.

（10）澤柳政太郎「日本より見たる太平洋の重要問題」同編『太平洋の諸問題』太平洋問題調査会、一九二六年、二二九頁。

（11）高柳賢三「移民問題と太平洋の平和――太平洋関係調査会第一回総会で討議された移民問題諸相」『改造』一九二五年一一月号、三四頁。高柳「日本は何故米国新移民法に憤る乎」「より善き移民政策の提唱」澤柳編前掲書、三二四―三三一頁。

（12）陳達「太平洋における支那移民」澤柳編前掲書、三四五―三五一頁。

（13）那須皓「太平洋会議と移民問題」『中央公論』一九二七年一〇月号、六三―六四頁。

（14）"Report on Three Parallel Round Tables on 'Immigration and Emigration,' (*Second Session*, 1927)," IPR Paper, Columbia University.

（15）Round Table, "Pacific Relations from the Standpoint of the Pacific Countries," *Institute of Pacific Relations 1925*, p. 157.

（16）James T. Shotwell and J. P. Chamberlain, "Draft Treaty of Permanent Peace between the United States of America and...," *Problem of the Pacific, 1927*, pp. 503-512. 同案を中心とする太平洋の外交関係に関する討議は、Round Table, "Diplomatic Relations in the Pacific Questions for Discussion," *ibid.*, pp. 162-181.

（17）高木八尺「太平洋に於ける外交関係」井上準之助『太平洋問題』日本評論社、一九二七年、二一八―二一九頁。

（18）　同上。

（19）　James T. Shotwell, “The Strategy of Peace in the Pacific（reprinted upon the request of the American Council of the Institute of Pacific Relations）”, *The Century Magazine*, vol. 115（3）（1928, January）, p. 7.

（20）　Kenzo Takayanagi, “Remarks on the Proposed Draft Treaty of Permanent Peace（July 26, 1927）”, IPR Papers, Columbia University.

（21）　高柳賢三「日米不戦条約」『改造』一九二七年一二月号。

（22）　青木節一「日米間平和保障条約の提唱」『外交時報』一九二七年一〇月一日号。

（23）　Yasaka Takaki and Kisaburo Yokota, “Some Considerations on the Future Reconstruction of Peace Machinery in the Pacific,” *Japanese Council, Preliminary Paper Prepared for the Fifth Biennial Conference of the Institute of Pacific Relations to be held at Banff, Canada, August 14th to 28th, 1933*（Tokyo: Japanese Council, Institute of Pacific Relations, 1933）. 高木八尺「太平洋に於ける平和機構の問題」『国際知識』一九三五年三月号、一七—一八頁。

（24）　高木「太平洋に於ける平和機構の問題」二四頁。

（25）　横田喜三郎「アジア・モンロー主義批判」『中央公論』一九三三年七月号。

（26）　高木八尺「満州問題と米国膨張史の回顧——自主外交に対する自由主義的見解」『改造』一九三二年九月号。

（27）　佐々木豊「太平洋問題調査会とアメリカ知識人——『調査シリーズ』の『非党派的客観性』を巡る論争（一九三七—一九三九）を中心に」『アメリカ研究』二九号、一九九五年。

（28）　中見真理「太平洋問題調査会と日本の知識人」『思想』七二八、一九八五年、一一〇頁。

（29）　Inazo Nitobe, “Democracy and War（August, 25, 1932）,” in Nitobe, *Editorial Jotting*（Tokyo: Hokuseido Press, 1938）, p. 391.

（30）　北岡伸一「対米外交の条件——清沢洌の日米関係観」『中央公論』一九八六年三月号。

（31）　三谷博「いま、なぜ「歴史認識」を論ずる必要があるのか」『ハフィントンポスト』二〇一四年八月六日号。（http://www.huffingtonpost.jp/hiroshi-mitani/understanding-of-history_b_5653166.html）. アンドリュー・ゴードンの翻訳による英語版は、Hiroshi Mitani, “Why Do We Still Need to Talk About ‘Historical Understanding’ in East Asia?” *Asia-Pacific Journal*, vol. 12, issue 32, no. 3（August 11, 2014）（http://japanfocus.org/-Hiroshi-Mitani/4161）.

# 9　言葉による戦
## ――アイデンティティをかけたアイヌの長い闘い

坂田美奈子

### はじめに

明治期以降、アイヌ自身による社会的経済的諸矛盾の克服は生活改善という方向でなされ、具体的には禁酒運動や教育の奨励、近代住宅の導入などが主張され、行われた(1)。これらの活動の先には、和人による偏見や差別の克服という目標が同時に意識されていた。しかしながら、生活改善の内容の多くは旧来のアイヌの風俗の転換を意味し、多くの場合、政府の推進する同化政策と内容的に矛盾するものではなかったために、アイヌのさまざまな運動は「政府の政策に同調しているかにみえる過程」を歩むこととなった(2)。そしておそらくそのために、アイヌ自身の活動の意義が見えづらくなり、政府の政策によって翻弄される弱々しい人々というイメージの定着を促してきた。

モーリス＝鈴木やHowellは戦前戦後のアイヌの言論の分析を通して、以上のような活動や主張が、あくまでアイヌ・アイデンティティの維持のために行われていたことを指摘し、この点で、同化をアイヌの消滅へ至る道と捉える政府の認識とは明確に差異化されると述べている(3)。モーリス＝鈴木はまた、いわゆるアイヌの同化といわれる動きは、和人化というよりはむしろグローバル化であるとも指摘する(4)。和人もまた同じ流れのなかで日本の独立を守るために自主的に生活を改良したのであり、アイヌの生活改善もそれと同質のものであるということだ。以上のような指摘は和人の認識論におけるダブルスタンダードを的確にいいあてている。

一方でこのような解釈では必ずしも説明しえない変化の範囲がある。言語や信仰といった、一般にエスニック・アイデンティティの拠り所とされる要素の転換がアイヌの場合の「生活改善」には含まれるという点である。そしてこの点こそが、近代移行期における和人の生活改善とアイヌのそれとの決定的相違であり、アイヌの近代化にアイヌの「主体性」を見出すことをためらわせる大きな理由になっている。しかしながら、先住民史における言語の転換においては主流社会が想定しないような展開がしばしば発生する。例えばCruikshankが聞取りを行っていたあるカナダ先住民の伝承者は、自らの伝承の記録を先住民語によってではなく、英語で行うことを望み、その理由について、英語はすでに「先住民語」となっているのだと述べている(5)。

先住民のアイデンティティに向き合うとき、主流社会と先住民の間の認識論の違いに意識的になる必要がある。先住民は生き延びるためには先祖の慣習・信仰・言語といった、主流社会がエスニック・アイデンティティの源とみなす要素を捨てるか変容させる必要があった。それを維持すれば生存が脅かされる状況を作ったのは主流社会であり、先住民のアイデンティティの拠り所は必然的に主流社会が想定するものとは別のものに求められることになる。

本章では、近代北海道史が始まる明治期から一九七〇年代の約一〇〇年間にわたるアイヌの「日本語による」言論活動を検証する。それによって、アイヌがいかに言葉によって和人に議論を投じ、粘り強く交渉を試みてきたかを確認したい。日本語が使用されたのは、そうでなければ和人に主張を伝えられないためであり、日本語による言論によって主張されてきたのは、逆説的に、アイヌとしての持続的なアイデンティティであり、尊厳であった。一〇〇年という長い時間を鳥瞰する必要があるのは、それによって短期的な視野における歴史の検証とは異なる評価が可能になるためである。

## 一　アイヌによるアイヌ史への取り組み

アイヌの場合、モーリス＝鈴木が指摘するように、明治期以降、戦後しばらくまでの間、エスニック・アイデンティティの拠り所が言語や信仰に求められることはなかった。むしろ、アイヌの活動家や著述家が関心をむけたのは歴史であった[6]。過去から現在に至る道筋を物語ること、それが歴史であり、それによって先祖の昔と今日のアイヌの表面的な激変にかかわらず、一貫した存在としてアイヌを認識することが可能になる。

アイヌについての歴史研究は、一九九〇年代に日本史学の一分野として認知されるまで多くの時間を要したが、それまでの間、アイヌの歴史が叙述されてこなかった、というわけではない[7]。アイヌ史は正式な学術分野ではなかったにもかかわらず、というよりも、だからこそ、和人の政治的イデオロギーを色濃く反映したアイヌ支配の歴史がアイヌ史そのものと認識されたり、多くの不正確な学説が教育やメディアを通して流布したりした。近代以降のアイヌは、そのような「歴史」を自らの歴史として提供され、「学ぶ」ことになった。そのためにアイヌにとって「歴史」とは、第一に「和人が生産したアイヌの過去についての知識」を指した。それは未知の知識として受容される一方で、しばしばアイヌを当惑させた。

武隈徳三郎（一八九六―一九五一年）の『アイヌ物語』（一九一八年）は、アイヌ自身が日本語で叙述したアイヌについての最初の書籍である[8]。これは一九一八年夏に札幌で開催された開道五〇年記念博覧会の際「土産」としても販売されたようであり、読者としては和人が想定されていたものとみられる[9]。同書において、武隈は「アイヌ」には元来文字なく、従つて往時の記録なければ其の歴史知ること難し」と前置きしながら、当時一般的に流布していた古代蝦夷とアイヌの同一視や、コロポックル論争についての違和感を表明している[10]。例えば、かつてアイヌは本州に居住し、しばしば反乱を起こしたために大和の王権によって征討され、北海道へ追われたのだという説に対し、「熟考するに、アイヌは元来北海道に住居せる民族なり。なぜならば、「アイヌ」は往時の物語を、口伝によりて伝へつゝあるが、本州に住居せし事に就きては確実なる伝説なし。稀に斯る説ありと雖も、其れは内地より渡来せる和人より聞きたる事柄に、揣摩憶測を加えたるものにして、決して信ずる説に足らず」と述べている。(11) さらに考古学的知識などによって口頭伝承的知識を裏づけ、最終的に「北海道は「アイヌ」の最初よりの本拠地たりしもの、如し」と結論づける。(12)

武隈は続けてコロポックル伝説についても言及している。コロポックルはアイヌの口頭伝承に登場する小人のことなのであるが、一九世紀後半から二〇世紀初頭にかけての日本の人類学会では北海道の石器時代人の正体をめぐって「コロポックル論争」と呼ばれる熱い論争が繰り広げられていた。札幌近郊で発見された竪穴式住居跡の居住者について、坪井正五郎はコロポックル説を主張し、コロポックルをアイヌ以前に北海道に居住していた人々であるとし、小金井良精はアイヌ説を主張した。当時の日本を代表する人類学者たちが、アイヌの伝説上の存在であるコロポックルの実在をめぐって議論を沸騰させていたのである。武隈は、コロポックルはそもそも伝説上の神なのであるとし、「実在せし人種なるや否やは頗る疑ふべし」と述べている。(13)

武隈が取り上げた二つのモチーフは、いずれもアイヌが北海道にもともと居住していた人々かどうかという問題にかかわっている。すなわちアイヌと北海道という土地との歴史的関係にかかわる問題である。蝦夷征討もコロポックル先住者説も、アイヌはもともとの北海道の住人ではない、という主張であり、アイヌと北海道との歴史的かかわりを相対化させる。しかも、前者においては、古代蝦夷をアイヌと同一視し、後者においては伝説上の超自然的存在を実在した人々と見なすという、極めて怪しげな言説ながら、学問的知識ないしはひとつの学説として流布していたのである。

和人によるアイヌ「古代史」以上にアイヌを悩ませたのは、和人の非歴史的、無時間的なアイヌ認識であり、これは戦後、今日に至るまでアイヌが格闘し続けるテーマとなってゆく。一九三一年発行の貝沢藤蔵『アイヌの叫び』は和人の「誤れるアイヌ観を打破」するために書かれた啓蒙書である。貝沢は日高平取生まれ白老在住のアイヌであった。白老は北海道におけるアイヌ観光の中心地のひとつであり、貝沢自身も和人観光客の案内や解説に携わっていた。そのなかで貝沢が日々直面したのは、観光用の過去のアイヌのイメージを今日のアイヌ像として消費する一方で、現実の近代化したアイヌの姿をアイヌと認識しない和人の認識論であった。貝沢は次のように述べる。[14]

折襟にロイド眼鏡を掛けた髯武者の私が、毎日駅に参観者の出迎へに出ると、始めて北海道に来た人々は、近代的服装をしたアイヌ青年を其れと知る由もなく、私に色々な質問をされます。

内地でも片田舎の小学校の先生かも知れません其人に、「アイヌ人に日本語が分かりますか？　何を食べておりますか？」と質された時、私は呆れて其人の顔を見るより、此人が学校の先生かと思ふと泣きたい様な気分になりました。

同書で貝沢は、このような和人のアイヌ認識を「悲惨なるアイヌ観」と述べ、アイヌの生活を「古代」「過渡期」「現代」の三つにわけて解説する。「古代」とは民族誌に描かれ、観光地で紹介されるアイヌ文化の時代であり、過渡期では明治期以降、土地を追われ保護民族として蔑まれてきた状況が記される。そして現代のアイヌ生活として記されているのは、教育や住居の改善についてなどで、むしろ現在必要とされる施策の提案になっている。

戦後、貝沢の著書とよく似た方向性をもつ著作が二冊相次いで発行される。森竹竹市（一九〇二―一九七六年）の『今昔のアイヌ物語』（一九五五年）、吉田菊太郎（一八九六―一九六五年）の『アイヌ文化史』（一九五八年）である。いずれもやはり読者としては和人を想定し、アイヌについて適切な歴史的理解を促す目的で書かれた啓蒙書である。

森竹の『今昔のアイヌ物語』はアイヌの伝統文化、古代から近代に至るアイヌの歴史、現代アイヌの生活という大きく分けて三つのテーマを扱っている。森竹は白老出身であり、「社会の誤れるアイヌ観を是正」するという貝沢と同様の問題意識から同書を執筆している(15)。アイヌの歴史については、蝦夷征討、コシャマインの戦い、寛文九年の戦い、クナシリ・メナシの戦い、場所請負制、同化政策といった古代から近代に至る、いわゆる和人的「アイヌ史」の基本的モチーフに言及し、一見、和人の歴史認識をそのまま受容しているかに見える。しかしながら同書の特徴は、「歴史」として述べられた内容そのものではなく、「伝統的」アイヌ文化と、和人と変わるところのない今日のアイヌについての解説の間に、和人の歴史家によって生産された「アイヌ史」言説を挿入するという構成そのものにある。

吉田の『アイヌ文化史』は、アイヌの民具等の収集保存施設を設立する資金を集めるために出版され、本州で販売されたようである(16)。同書の序には次のようにある。「あいぬという概念は厳密に之を謂うなれば、正しく過去の「あいぬ」と「現在のあいぬ」とに区別せらるべきであるに、稍々ともすれば過去と現在を混同され勝ちであることと、誤れるアイヌを見世物扱いにする悪徳行為を敢えて行う者も少なくないようであります。依て茲に昔と今のあいぬ生活の相違点を指摘して、世の人々の宜しきご理解を得ようと考えたのであります(17)」。

同書は「文化史」というタイトルから一般的にイメージされる内容からはかなり隔たっており、我々が期待する文化史叙述はそこにはない。第一章「アイヌの古今について」と、巻末の第一六章「北海道歴史年表」の二つのみが、一般的意味での歴史的知識に言及している。巻頭に多くの写真を掲載し、過去のアイヌと今日のアイヌの文化的相違を視覚的に示していることと、多くの頁をアイヌの生活改善に尽くしたアイヌや和人協力者の紹介に費やしている点に同書の特徴がある。この人物紹介の列挙については、後に言及する荒井源次郎の『アイヌ人物伝』に接続してゆく要素として興味深い。このうち「北海道あいぬ人物紹介」の章では吉田自身を含む二二名のアイヌを列挙しているが、多くは学者、実業家、町会議員経験者、北海道アイヌ協会関係者、漁業組合長経験者など、アイヌの生活改善、近代化に貢献した人物として紹介されている。興味深いのはこのうち四名について、上記の実績に加え、「弁論の雄」など雄弁という要素が特に指摘されている点である。第三節で改めてふれるが、雄弁であることは伝統的アイヌ社会におけるアイヌ男性の美徳のひとつであった。

戦後のアイヌによるアイヌ史への模索は、一九八〇年代に転機を迎える。荒井源次郎（一九〇〇―九一年）の『アイヌ人物伝』（一九九二年）と貝沢正（一九一二―九二年）の「わが家の歴史」（一九八〇年）、同『二風谷』（一九八三年）が出版される。[18]『アイヌ人物伝』は一九八三年から月刊誌『豊談』に連載した記事を基に出版を予定していたが、生前の刊行はならず、死後の出版となった。コシャマイン、シャクシャインに始まり戦後に至るまで、記憶すべきアイヌの人物の事績を紹介したもので、一五世紀から二〇世紀に至る五百年という時間の幅の中で、取り上げられた人物は、いわゆる和人由来の歴史叙述に取り上げられる人物ばかりではない。むしろ、荒井はアイヌの歴史に功績のあった人物を選択し、その歩みを累積的に叙述することで、アイヌにとって記憶すべき歴史を創り出そうとしたかにみえる。

一方、貝沢正は「わが家の歴史」において、自分の半生と先祖について叙述する。先祖についての記述は伝承と文献史料の双方によっている。この家族史への関心は、一九八三年に刊行された『二風谷』へと継承されてゆく。貝沢の出身地、北海道沙流郡平取町二風谷は、今日もアイヌ人口の多い地域だが、『二風谷』はこの集落に居住する人々の家族史を家庭ごとにまとめるという異色の構成をとっている。貝沢正の祖父ウエサナシは沙流場所で通詞をしていた南部出身の和人男性とアイヌ女性の間に生まれている。アイヌの歴史を個々の家族の多様な来歴と経験の集積としてまとめることによって、今日のアイヌとは何者なのかを同書は語ろうとしている。[19]

戦前から戦後にかけて歴史叙述を試みた著述家のいずれも、歴史学の専門的訓練をうけてはいない。したがって極めて独創的な方法でアイヌ史の問題に取り組んでいる。過去から現在に至るアイヌの歴史というテーマ自体、実は当時の和人によるアイヌ研究に決定的に欠落した視点であった。アイヌとはすなわち過去の残存物であり、歴史的変化は想定されていなかった。したがって、アイヌの著述家たちは先例のない歴史叙述の問題に各々のやり方で向き合ったのである。

## 二　アイヌ的「同化主義」とさかさまの混合民族論

武隈から貝沢正に至る歴史に対する関心には、ある一貫したテーマがある。それは、アイヌの「同化」と民族的アイデンティティの維持という問題であった。本章の冒頭でふれたように、戦前戦後のアイヌの著述家たちは、同化こそがアイヌの目指すべき道である、との主張を異口同音に唱えた。それはアイヌとしての消滅を意味する和人的同化主義とは異なる主張であることについてもすでに指摘した。さらに言うなら、アイヌ自身による同化主義は、アイヌ自身の歴史認識の形成という文脈において読まれるべき主張である。前節でみたように、この時期のアイヌの著述家たちは歴史への強い志向を示していたが、彼らは同時に「同化」を推進してもいた。アイヌが自らアイヌは同化すべきである、と述べるとき、その主張とともにあるのは、先祖の過去から現在に至る過程を歴史化する試みであった。同化の完成とその礼賛は、その過程を説明する物語を自分たちでコントロールすることができて初めて可能なのである。

アイヌの著述において、同化はアイヌの発展であると表されることが少なくない。これは単なる表面的なレトリックというよりも、それ自体、和人的認識論を相対化する問題提起であり、和人的同化主義への明白な反論とみなすべきだろう。ここでいう同化には、言語文化的変容と、混血による血統主義的意味における同化の双方が含まれる。前者の意味での同化については前節でみたように、それを歴史的に説明することによって表面的な激変にかかわらずアイヌでありつづけることが説明可能となることをアイヌの著述家たちは見出した。血統主義的な意味での同化についても、アイヌの著述家たちは和人が予想もしない形で異論を述べる。武隈は、アイヌを和人から隔離して一地方に集住させる方が保護上適当である、という意見に対する反論として、次のように述べる。[20]

否、土人をして和人に同化し、立派なる日本国民たらしむるこそ、アイヌの本懐なれ。〔中略〕或る一部の学者・識者は、アイヌ種族の亡ぶることを憂ひらると雖も、『アイヌ』は決して滅亡せず。縦令其の容貌、風習に於て漸次旧態を失づべきも、『アイヌ』の血液の量は必ず減少せず。故に予は「今後アイヌ」種族は滅亡するが如きことは無くして、大和人種に同化すべきものなりとの信念を有せり。

武隈は、アイヌの和人への同化こそ「本懐なれ」と述べると同時に「「アイヌ」は決して滅亡せず」と述べる。ここにおける同化は「大和人種に同化」とあるとおり、必ずしも表面的な風俗の変容のみを指すのではない。それでもなお、それによってアイヌは滅亡しないと述べている。同様の主張は森竹にもみられる。森竹の詩集『原始林』（一九三七年）所収の「アイヌの血」には次のように歌われている。[21]

メノコの口辺や
手甲の青刺は次第に減じ
漆黒なるアイヌの頰髯は
時世と共に薄らぎて
其の容貌はかはりゆく
雑婚――
混血――
同化――
これをしも滅亡《ほろび》と云ふなら
私は民族の滅亡の

一日も早からん事を希ふ

虐げらるる悲憤
堪え難き世人の嘲笑
私は可愛い子孫にまで
此の憂愁を与へたくない
しかし——アイヌの風貌が
現世《このよ》から没しても
其の血は！
永遠に流るるのだ
日本人の体内に。

森竹は戦後一九六六年にも「アイヌ亡びず」という詩のなかで同じような詩句を詠んでいる。(22) 吉田もまた次のように述べる。(23)

アイヌは移動に依つて静かに而も最も自然的に同化し否同化し終わってゐる。洵に結構な事であり、社会の為めにも同族の為にも真に幸福を齎す所以である。［中略］之を称して誰れか絶対的の滅亡と言ひ得ようか。［中略］かくしてアイヌは統計上減少の形態を示してゐるのであるが、要するに之は絶対的の意味に於て滅亡しつゝあるものではなくして混血により同化により、大和民族中に融合しつゝ発展してゐるものと言ひ得るのである。

吉田は統計上のアイヌ人口の数字は、アイヌをどのように数えるかの問題によるのであって、それが実態を反映していないことを指摘した上で、混血による同化により大和民族と融合し、アイヌは発展しているのであると述べる。

アイヌにおいて、混血はむしろアイヌを滅亡から救うものと考えられている。

以上のようなアイヌの論理は、戦前の日本に流布していた日本人＝混合民族論との対比で考える必要がある。混合民族論において、日本人は太古から多様な民族間で混血融合を繰り返しつつ形成されたのであって、混血の結果生まれるのは日本人に他ならず、もともとの多様な民族は日本人というひとつの存在のもとに解消されると考えられていた。この混合民族論は、戦前日本の植民地支配における同化主義のイデオロギーであった(24)。混合民族論の「最大のイデオローグ」といわれる喜田貞吉は森竹竹市とも交流があったことが知られている。森竹によれば、喜田はアイヌ集落を訪れては、古代蝦夷の例をあげ、歴史上、本州にいたアイヌは同化を経て日本人になったという話をしていた(25)。一九二九年一一月五日付喜田から森竹宛書簡には次のように記されている(26)。「いづれ北海道アイヌの末路は津軽アイヌの末路と同じくシャモ［和人—筆者注］化してしまはねばならぬ運命に居りますが、津軽アイヌの様に何も遺さずに消えてしまふのではなく、立派な歴史を残してシャモ化する事にしたいと思ひます」。喜田の議論において、融合の末にできあがるのは「シャモ」であったのだが、森竹はこの議論を、アイヌが和人に同化する先行モデルというよりは、和人にも実はアイヌの血が流れているのだという方向で受容した。例えば、森竹は次のように述べる(27)。

何はともあれ、建国の肇め、日本本土に先住して居ったのが蝦夷（アイヌ）であり、其の蝦夷が、所謂日本人？に征服され、融和混血して、同化されてしまいましたが、多くの日本人の血脈の中には、今日でも我々アイヌ人と全く、同じ血潮が流れて居るとゆう事を、私は強く現代人に訴えたいのであります。

森竹は和人の混合民族論の矛盾をついている。アイヌとの混血によって和人にもアイヌの血が流れている。それでもなお和人が和人であり続けることができるのであれば、同じ原理でアイヌもアイヌであり続けることができるのである。和人的同化主義の原理である混合民族論は、アイヌにとって、ある意味では朗報であった。アイヌ的混合民族論はこのように、民族の根拠が血統的純血にあるのではない、というメッセージを和人の混合民族論から受け取ったのである。

小熊英二が指摘するように、戦後の日本においては、植民地の喪失とともに混合民族論も忘却され、単一民族国家観が普及してゆく。とはいえ、混合民族論は多様な民族融合の結果生まれたひとつの日本民族による国家の構想であったという意味で初めからある種の単一民族国家論であったことを考えれば、アイヌにとって戦前戦後の混合民族論から単一民族国家論への「移行」は特に有意味な変化ではなかったといえよう。混合民族論において、アイヌは融合の末消滅するとみなされており、戦後の単一民族国家論においてアイヌは認識論的に消去された。アイヌにとって日本社会における現代アイヌの不可視化というテーマは戦前戦後を通じた課題であり続けた。したがって、アイヌにとってさかさまの混合民族論もまた戦前戦後をつらぬく問題関心であり続けたのである。

アイヌ近代史を独自に模索する中で、戦前から戦後にかけてのアイヌの著作がなした功績は何より「同化したアイヌ」という概念を提起したことである。これは当時の北海道史やアイヌ政策史に照らして初めて意味を持つ。当時、アイヌは同化政策の末に消滅すると考えられていたために、歴史の結果存在する今日のアイヌという概念自体が学問上想定されていなかった。高倉新一郎は次のように述べる(28)。

すなわち経済的には一種の無能力者として是を保護する一方、教育に依る同化を強行して完全なる国民に仕立てようと努めたのである。経済的に社会的に全く其個有の勢力を奪はれたアイヌは、今は唯新しい組織に吸収される日を待つのみである。今日のアイヌ問題は其過程に於ける悩みである。旧土人保護法を土台とする今日のアイヌ政策は、唯是を平和に、完全に吸収する事を図るのみである。

「同化したアイヌ」とは和人的同化主義に基づけば、明らかに撞着語彙である。和人的認識論によればアイヌは過去の遺物として残存しているだけであり、同化したアイヌはもはやアイヌではなかった。したがって和人は近代化したアイヌをアイヌと認識できないのであり、「同化したアイヌ」など存在しないのだった。しかしながら、アイヌにとっては「同化したアイヌ」こそ、アイヌ史的近代における現実であり、それは和人の認識論に対するラディカルな問題提起であった。

## 三　母語の転換と伝統的言語文化の継承

歴史が、近代アイヌが期待する新しいアイデンティティの基盤のひとつであったとすれば、母語の転換という経験を経てなお維持されたアイヌ語文化的伝統がある。チャランケである。談判とか議論などと訳される近世以来のアイヌの慣習で、議論によって物事を解決する伝統である。アイヌ社会においては、男性の美徳のひとつにパウェトク（雄弁）があり、これはアイヌ首長に求められる重要な能力の一つであった。

チャランケは個人間、集落間の問題を暴力によらず解決する手段であり、言葉による戦いである。最上徳内「渡島筆記」（一八〇八年）にはチャランケとは他村から言いがかりをつけられた際に、弁論によって相手を屈せしむもので、「夷俗弁口をもって上才とす。又古の風なり。いかに猛戻なるものも、理りにあへば服することに成て居るなり」と述べられている(29)。禁忌を犯したり、過失があったりした際に、その相手に抗議し、責任を追及する手段でもあり、チャランケに負けた側が最終的に賠償の品（アシンペ）を差し出すことで決着となる。

集落間の争いを解決したチャランケの言い伝えとしては一九三一年に十勝の伏根弘三が吉田巌に語った話がある。一二代前、十勝アイヌが石狩アイヌへ掠奪（イッカトゥミ）に出かけたところ、石狩アイヌの言うことには「オクチシ［十勝川と石狩川の分水嶺］より西は石狩、東は十勝、一は父、一は母とにわかれ、両川を母の乳として吸つてるではないか、それに争は無用だ。よろしく仲よくすべしとの事より、和議なり、互に血を流さず、宝の取りかわしで終結した(30)」。これとよく似た伝承が石狩側にも残っている(31)。

チャランケの理念的な形はアイヌ口承文学にも見ることができる。「キツネのチャランケ[32]」はキツネの神が人間に対し、「金の草履で神の国へ[33]」は人間が神々に対しチャランケする物語である。前者は、人間の獲ったサケを食べたために人間に悪口雑言を吐かれたキツネが、川に上るサケは人間が増やしたものではなく、神が遡上させているものなのだ、と抗議し、それを聞いた人間がキツネの神に謝罪した、という話である。後者は、流行病で死に絶えた村でたった一人生き残った少年が、マムシの神にチャランケの仕方を教わりながら成長し、疱瘡神と麻疹神にチャランケをして村人たちの魂を取り戻して村を再興させる物語である。神々であれ人間であれ、立場にかかわらず、理にかなった側が勝利するというチャランケの理念的な姿がみてとれる。

ただし、実際に記録や伝承に伝えられるチャランケは必ずしも上記のような理念にそったものばかりではない。最終的に弁論に勝る者が、その争いの勝者となるために、過失のあった側が勝利し、被害を訴えた側が賠償を出すこともあり、また、過失のない者が難題を申しかけられて賠償を取られることもあったことはしばしば指摘されてきた[34]。とはいえ、このようなチャランケの負の側面を強調しすぎるべきではないだろう。チャランケは言葉による戦であり、武力による戦同様、現実には常に理のある側が勝つとは限らない。それでもなお、少なくとも物理的暴力を避け、死者を出さない戦争として、チャランケの意義があるのであり、その点にアイヌの言語文化の美徳を認めるべきだろう。そして、この血を流さない戦争というチャランケの性格を踏まえてこそ、一九七〇年代以降にこの言葉がアイヌの政治運動のなかで復活することの重さを認識することができるのである。

明治期以降のアイヌの政治的運動は主に「陳情」という日本語で表される。この日本語は、下位の立場にいるものが上位者に問題解決を願い出るという和人社会特有の垂直の社会構造を前提とした用語である。アイヌ社会は元来、このような垂直構造が中心原理とならない社会であり、むしろ神々や和人との関係も水平の関係として認識されていた[35]。したがって、政治に関する日本語に適切なアイヌ語の訳語をあてることは困難で、日本近世の時代においては、しばしば相反する意味をもつ言葉が訳語として採用されることもあった[36]。近代以降、アイヌの政治活動に対して充てられる、この「陳情」という言葉についても、それを純然たる日本語的意味で受け取るべきか否か考慮の余地はあるだろう。

明治期以降、アイヌの諸権利をめぐる問題を解決する際、アイヌは常に言論活動によってきた。公用語が日本語となり、和人との関係において、アイヌが言論による問題解決を行うには十分な日本語の運用能力や法律・制度などに関する知識を必要とした。明治期にそのような能力を身に着けていたアイヌは少数ではあるが存在した。近代アイヌについての政治活動に関する資料は、新聞記事や和人による文献資料はもちろんのこと、アイヌ自身によって記された手記・日記なども日本語で記されているため、日本語的解釈のみによって読まれがちであるが、戦前戦後のアイヌの著述家・活動家の多くがアイヌ語と日本語のバイリンガルであったことを考えれば、彼らの日本語の背後にあるアイヌ文化的コンテクストをも考慮する必要がある。以下では、一九〇〇年から三四年にかけて行われた旭川市近文のアイヌによる土地所有権獲得の運動を例に、近代アイヌの言論活動を検討したい。

明治二〇年代以降、北海道の土地は次々に和人へ払い下げられていったが、このころから、アイヌの開墾地や漁場が、和人に不当に奪われるという事件が各地で発生した[37]。このような事態を背景に一八九九年に施行された北海道旧土人保護法は、多くの制限を加えつつも一応はアイヌの土地の私有権を初めて認めたものであるが、旭川市近文では、旧土人保護法そのものの適用が保留され、アイヌの土地所有権は認められなかった。事件の概要は次の通りである[38]。

一八九四年、近文原野に一五〇万坪のアイヌ給与予定地が設定され、そのうち四九万坪がアイヌに割り渡された[39]。一八九九年旧土人保護法が施行されると、アイヌには五町歩までの土地私有権がみとめられ、近文原野の給与予定地もアイヌの私有権が認められるはずだった。ところが同年、陸軍第七師団の旭川駐屯が決まったことから、同地のアイヌの存在は開発の障害とみなされるようになってゆく。一九〇〇年二月、道庁がこの土地の大倉喜八郎と八尾新助への貸し付けを決定し、アイヌに天塩への転居を命じるという事態に及んで、この指令の撤回運動が起こった。この運動は、告訴、政談会の開催、新聞報道の利用、東京での陳情活動といった形をとって行われた。一九〇〇年五月三日内務省で、アイヌ代表の川上コヌサアイヌと天川恵三郎、支援者の和人二名、内務省北海道課長白仁武、北海道庁長官園田安賢の会談が実現し、大倉組への貸し付けとアイヌへの転居指令はともに撤回された。

しかしながら、この後も近文では北海道旧土人保護法は適用されず、この地域のアイヌには土地の下付もされず、給与予定地は官有地第三種のままにおかれた。この直後、アイヌ自身による給与予定地の管理・開発が試みられようとしたものの、アイヌ内部の対立や、和人投資家、和人小作人、旭川町などの利害が絡み合う形で問題は複雑化し、一九〇六年道庁は給与予定地一四〇町歩を三〇ヶ年の間、旭川町に貸し付け、管理するよう指令をだす。この結果、近文アイヌ五〇戸に一町歩ずつの土地を無償で転貸、残りの土地は旭川町が和人小作人へ有償で転貸することとなった。この時点でも、アイヌの土地所有権は認められなかったうえ、貸与された土地もわずかであった。

一九二二年に旧国有財産法が施行され、これによって近文アイヌ給与予定地は国有未開地とみなされ、道庁はあらためて旭川市にこの地を貸し付けし、その期限を一九三二年一〇月までとした。この貸付期限を目前にして、近文アイヌの土地所有権をめぐる運動が再び開始される。この時もアイヌの運動は請願書の提出、ガリ版刷りによるビラや文書の各方面への送付、新聞報道の利用、東京での陳情活動などの形で行われた。

アイヌは当初、給与予定地全体一四〇町歩の無償下付を目指したが、一九三四年に制定された旭川市旧土人保護地処分法で、アイヌに認められたのは一戸一町歩の私有権にとどまった。これは旧土人保護法に定められた五町歩に比してもわずかな土地であり、残りの土地は共有財産として道庁が管理し、和人の小作人に引き続き貸し下げられた。この共有財産分については最終的に戦後の農地改革によって処分され、完全にアイヌの権利は失われた。

ここでは、三十余年にわたるこの運動の成否を判断するのではなく、この過程を通じて、アイヌが一貫して当時選択しうる言論活動を駆使して運動を行ったことの、アイヌ史的意義について考えたい。政談会、新聞メディアの利用、陳情活動といった手段は、それ自体、和人社会においても新しい方法であった。これらの活動には和人の協力者の存在もあった(40)が、別の観点からいえば、言論による異議申し立てと問題解決という方法、とりわけ、関係者へ直接対面し意見を述べる「陳情」という方法が重視されたことは、アイヌ社会における伝統的な問題解決方法（チャランケ）を思い起こすならば、それはアイヌ的伝統の近代的公論空間への適用であったといえよう。天川は後年、手記のなかで一九〇〇年五月三日の内務省での会談を「談判」と表現している(41)。先述したとおり談判はチャランケの最も一般的な訳語である。

具体的な主張を新聞報道によってみると、例えば一九〇〇年三月二五日付『北海道毎日新聞』には道庁の横山隆起参事官の発言に対する天川による弁難書が掲載されている。

近文土人給与地は土人に給与するものと確定したるに非ずとは何事か。已に給与地の名あり給与地の実あり。道庁は国有未開地処分法に拠らざる土地処分を為し得るか。土人給与地は給与地に非ずとすれば何の明文に拠りて開拓居住を許せるや。且又該土人を移転させんとする理由師団設置間近なれば衛生上伝染病の媒介を為すの憂あり、依て該所置くは好しからずとは何事か。土人なればとて決して母の胎内より病を持ち出すものに非ず。不潔清潔は一に教育の如何に有り。貧困も亦其一原因ならずとせず。内地人なりとて皆々清潔の者のみとは謂ひ難し。然るに保護の上には何等の為す処も無くして徒らに官位を以て無知無学の土人を驚ろかし、折角手足より血を流して成墾したる土地を奪略せんとは何らの暴横か。又横山参事官の談話中土人は全部成墾の見込なしとあれども目下已に割当全部を成墾したるものもあり、半地以上の成墾者は多々これあるに横山参事官は役人なれば其辺の事は夙に承知あるべきに其さへ知らずして濫りに言語を発するは不埒至極なり云々。

給与地からアイヌを移転させようとする理由について、アイヌの不衛生や開墾能力の欠如を指摘する横山参事官の発言に対し、天川は、前者はアイヌに本質的な問題ではなく、教育・貧困の問題であると述べ、開墾についてはすでに成墾者がいるとして、アイヌの現状について適切な認識がなされていない点を問題視している。問題はアイヌの実態としての無能力ではなく、アイヌを認識論的に無能力化し、それによってアイヌの権利を認めない和人の不正義にあるという主張であった。この論点はこの後の近文給与予定地をめぐる運動において一貫して維持されることとなる。

一九三二年にこの問題が再燃した際、給与予定地はアイヌが自立した市民としての能力を十分獲得した暁にはアイヌの所有となるはずの土地である、という主張がしばしばみられる。例えば、松井国三郎は次のように述べている。(42)

道庁は旧土人保護の為めに土地を保管したる事は保護の形式として預かったものと解するが妥当であって、土人が保護の必要なくなれる場合には所有権を引渡すは当然と云ふを得べく、只其の自立的能力こそが重点であって、其他は所有権移転は疑ふ余地がなきものと断ず可き也。然るに旧土人は適当なる方策を樹立する能力に達し、之れを如実に要求するに於ては、最早や土地を引渡さるべき条件が具備したりと云ふを得べく、殊に旧土人一般の傾向は近年著しく保護法の撤廃を要求するに到れるは注目に値ひすべく、嘗って吾々の智的発達なきを理由として土地の所有権を制限したる為政者は、却って其土地を奪略したる例は枚挙に遑あらず、全道各地に於ける惨胆（憺）たる歴史は筆紙に尽し難き有様である。

松井国三郎はこの後、天川恵三郎と共に上京して陳情活動を行うが、このときの主張は、一九三二年四月付「嘆願書」に表れている。(43)その内容は、旧土人給与予定地一四〇町歩すべての無償附与を要望するもので、土地の概要、当時の管理方法、対象となっている土地の沿革、今日のアイヌの生活状況、今後の土地処分に関する懸念、附与を受けることができた場合の管理方法が述べられている。土地の附与を申請するために、今日の生活状態が述べられるのは、アイヌの生活の向上如何が、アイヌの土地私有権の獲得に大きくかかわっていると認識されていたためだが、なかでも興味深いのは次のような主張である。(44)

一、現保護下に於ける我等の生活状態

［中略］且つ保護の美名の下に居所を隔離せられ、且つ最近迄は小学校迄も区別せられて益々和人との同化の機会を絶ち、他面頑迷なる同族の古老を嗾かして蛮風時代の遺風を誇らしめ、内地視察の際に於ける一名物として之を弄び、故らに学校の前に原始時代の笹小屋をわざ〳〵新築せしむる等、全く事実は我々の文化的向上生活を抑制するの結果を生じて居るのであります。我等は幸ひ地の利を得て旭川市ちう文化都市の一部に生活して来ました恵沢を以て、今や和人同様の文化生活を営み得る体験と自信を確に把持して居ます。所謂昭和聖代のアイヌ族の文化と能力に正しき認識を求めて止まぬ次第であります。随つて旧土人保護法なる桎梏からも遁れたひと願望し、別に全道的の運動に移りつつあります。

保護の名のもとにアイヌは隔離され、過去の風俗を見世物にされるなどして、同化、文化的向上が阻まれている。しかしそれでも我々は、旭川という都市で生活することにより、和人同様の文化生活を今や営み、十分に和人と同等の権利を与えられる資格を有するに至っているのだ、という主張である。やはり上京運動に携わった荒井源次郎は国有財産会計課長坂千秋に対して同様の主張を行っており、彼の日記にはその内容が次のような表現で記されている。(45)

陛下の思召で一旦アイヌ各戸に割渡せられた土地であつたが、当時のアイヌは無知無学に乗じこれを横奪せんとする和人の野心家の侵害を防止するため、一時的に官に於て保管したるに過ぎない。元来この土地はアイヌが大和民族の風習に名実共に同化し完全なる社会人となつた暁は、これをアイヌに無償付与するといふ性質の土地であることを主張する。

アイヌ給与予定地は将来、アイヌに土地を管理する能力が備わった暁には私有権が認められるはずの土地であって、今日アイヌには充分その資格があるにもかかわらず、私有権が認められていない。政府や道庁の政策はアイヌの同化を推進しているようにみえて、実際には昔ながらの風習をことあるごとに強調して、アイヌの実際の進歩は認めようとしない。アイヌがいつまでも後進的であるという認識を自ら再生産し、それを理由にアイヌの権利を奪っているのである、というのがアイヌ側の主張である。近代国家の市民としてふさわしい能力を獲得することが、これらの議論におけるアイヌ的「同化」の内容であることがわかる。そして、彼らが言論の力を駆使して給与予定地の権利を獲得しようとする運動の方法そのものが、アイヌがその能力をすでに有していることを証明してもいた。と同時に、この運動のスタイルは、アイヌの言語文化的伝統の延長上に位置づけることもできるという点に着目するならば、アイヌが一貫して戦いを挑んでいたのは、アイヌが無知蒙昧であるという和人の憶断そのものに対してであった、ともいえよう。

明治期以降、日本語の使用が、アイヌの権利を獲得し、また守るための最低限の条件となった。母語の転換は、多くのアイヌの伝統文化を衰退させたが、一方で、言論活動によって不正義を正すチャランケの本質的な部分は、言語の転換を経ながらも継承されることが可能であった。荒井源次郎は後年、父親との思い出として、次のようなエピソードを語っている(46)。

　父親は熊狩りの名人でね。十五、六のころだ。一緒に熊狩りに行ったことがある。そして、熊とるでしょう。すると、父親は、オンカミ（拝礼）といってね、いろいろやる。お酒がないときは水でやる。イナウ（木幣）も作る。私もおぼえなくてはならんと思って、カムイノミ（神への祈り）からイナウを作ることまで教えてくれといったんだが、父親はね、お前はそんなことおぼえる必要ないというんだ。自分らは過去から現在までシサム［和人］に馬鹿にされた。だまされてもきた。だからお前は学問してシサムと対決しなさい、つまりそういう意味なんだね、そういうことをいって私を励ましてくれたもんですよ。

明治期以降のアイヌ社会においては、日本語と近代社会を生き抜く知識を獲得することが、先祖の言語、生活文化、信仰を継承するよりも優先された。小川正人は明治後半以降のアイヌの教育熱について指摘している(47)。この時期、多くのアイヌ子弟はアイヌ語を学ぶ必要はないと親から告げられるという経験をしている。それは上記の「技術」の獲得が当時のアイヌの生存の問題に直結していたからにほかならない。その意味で、近代アイヌにおける日本語の獲得とは、それをアイヌの消滅という意味における同化の一指標とみる和人の政策担当者や知識人の楽観的観測とは裏腹に、和人に対して戦いを挑み、それによってアイヌの存続を可能にする技術であったのだといえる。

とはいえ、戦前のアイヌの運動家たちはチャランケという言葉を自らの活動にあてることはなかった。この言葉がアイヌの政治的な言論の場で意識的に多用されるようになるのは戦後、一九七〇年代以降である。一九七三年創刊の新聞『アヌタリアイヌ』には「チャランケ」というタイトルの連載コラムが掲載されている。一九七七年、釧路出身の活動家、結城庄司は北海道大学教授林善茂の北海道経済史講義におけるアイヌについての言及のあり方に抗議し、林とのチャランケを要求して北大構内で座り込みを行い、萱野茂が仲裁に入る形でこれを実現した[48]。対面して直接議論を交わす問題解決の流儀をチャランケという言葉で改めて示し、復活させると同時に、結城が問題にしたのは、アイヌに関する知識そのものとそれを生産する学問のあり方であり、ここで問題になったのは和人による歴史叙述におけるアイヌの扱い方であった。アイヌに対する侮蔑的な言説が学問の下に再生産され、目の前にいるアイヌを決して正当に評価しようとしない「知識」に対する異議申し立てである。アイヌの生きられた歴史をみずに、一方でアイヌを非歴史化し、他方でアイヌ史を語る和人的なアイヌの知識に対する痛烈な批判であった。

結城のとった座り込み闘争と林への質問状の論調は、当時の左翼運動のフォーマットに則っており、アイヌの政治運動の中では最も先鋭的であったのだが、彼があくまで言論をもって戦うことにこだわった点は注目に値する。一九七〇年代初頭以来、アイヌ解放を叫ぶ和人の新左翼グループが北海道で活動を始めており、結城自身一時行動を共にしたが、ほどなく決別している。その直後から新左翼によるテロ行為が北海道で相次いだ[49]。アイヌの名をかたった和人の破壊行為に対して荒井源次郎は、このような行為は迷惑千万であり、過去に和人から受けた迫害や差別に対して

「現にまだ不満は残っているが、それを暴力や破壊行為に結び付ける考えは全くない」と述べている。[50] 森竹は同様の立場を書簡で荒井に伝えている。[51] 結城はアイヌの言論文化における議論の伝統をかなり強く意識していた。[52] 暴力ではなくあくまで言論で戦いぬくという戦術には、アイヌの尊厳がかかっていたのである。

## おわりに

先祖の言葉の公用語としての喪失は、短いタイムスパンで見た時にはアイヌのアイデンティティ・クライシスを招くことがなかったとは決していえない。しかしながら、アイヌの歴史は一〇〇年単位もしくはそれ以上の単位でみる必要があるだろう。明治期に始まったアイヌ語から日本語への公用語の転換は、和人の目には、ひとつに政策の結果であり、ひとつに社会進化論的に「自然」な成り行きと映った。アイヌの「同化」はアイヌの民族としての消滅を意味すると考えられた。しかしながらアイヌのその後の一〇〇年は、和人による、以上のような予測を裏切るものとなっている。

「同化」によって、アイヌは発展を続け、滅亡を免れるのだ、という言説が明治期以降のアイヌの間には浸透していた。それは和人による混合民族論と同じ原理をアイヌ史へ適用したものであった。それは、同化の結果、表面的なアイヌの固有性が失われても、歴史叙述によって先祖とのつながりを維持することができる、という意味での「歴史の発見」と車の両輪であった。しかしながら、その言説としての歴史は、まず和人によって生産されたのであり、この和人的アイヌ史につきまとわれながら、生きられたアイヌ史を模索する試みが戦前戦後にかけて続けられた。

明治期以来、アイヌは自らの権利や尊厳が侵害されるたびに、言論の力で解決を試みてきた。日本語によって、時代に応じたメディアや方法を用いつつ行われた運動は、それが直接その名で表されるか否かにかかわらず、チャランケというアイヌ語文化的伝統の延長上に位置づけることができる。一九七〇年代における結城庄司らの運動は、アイヌの政治・社会運動が最も「過激」化した時期だった。しかしこの時期でさえ、闘いは暴力ではなく言論によって行われた。北海道日本領化の一〇〇年後、日本語を当然のように母語とするアイヌによって、和人のアイヌ認識に対しチャランケがつきつけられ、和人によるアイヌ研究を動揺させたことは、ひとつの歴史的成果であるといえる。

生活文化の「改善」がある意味では和風化というよりは、和人もその渦中にあったグローバル化の一環と捉えることが可能であるのに対し、先祖の言葉の喪失と日本語の獲得は、アイヌにとって、確かに歴史的に強いられた転換であることを否定することはできない。しかしながら、アイヌは言語の連続性にかわって、このような「断絶」を一貫した物語として説明することのできる方法として「歴史」を見出し、抑圧者の言語を使うことによって言論による戦い（チャランケ）というアイヌの伝統を守ったのである。

（1）武隈徳三郎『アイヌ物語』富貴堂書店、一九一八年。伏根弘三「アイヌ生活の変遷」『啓明会第十八回講演集』一九二六年（河野本道選『アイヌ史資料集』第五巻言語・風俗編（二）、北海道出版企画センター、一九八〇年所収）。吉田菊太郎『アイヌ文化史』北海道アイヌ文化保存協会、一九五八年。

（2）モーリス＝鈴木、テッサ、大川正彦訳『辺境から眺める――アイヌが経験する近代』みすず書房、二〇〇〇年、一七八―一七九頁。

（3）モーリス＝鈴木『辺境から眺める』、Howell, David L., "Making Useful Citizens of Ainu Subject in Early Twentieth-Century Japan," *The Journal of Asian Studies*, 63 (2004).

（4）モーリス＝鈴木『辺境から眺める』一八四頁。

（5）Cruikshank, Julie, *The Social Life of Stories : Narrative and Knowledge in the Yukon Territory* (University of Nebraska Press, 1998, p. xiv).

（6）モーリス＝鈴木『辺境から眺める』一七九―一八〇頁。

(7) 坂田美奈子『アイヌ口承文学の認識論――歴史の方法としてのアイヌ散文説話』御茶の水書房、二〇一一年、序章。
(8) これに先立ち一九一三年に樺太アイヌ山辺安之助が口述し、金田一京助が筆録した『あいぬ物語』があるが、これは口述筆記であるため、アイヌ自身の著書としては同書を嚆矢と位置づける。
(9) 小川正人・山田伸一編『アイヌ民族近代の記録』草風館、一九九八年、六〇九―六一〇頁。
(10) 武隈『アイヌ物語』二頁。
(11) 武隈『アイヌ物語』三頁。
(12) 武隈『アイヌ物語』四頁。
(13) 武隈『アイヌ物語』八頁。
(14) 貝沢藤蔵「アイヌの叫び」一九三一年、小川・山田編前掲書所収、三七五頁。
(15) 森竹竹市『今昔のアイヌ物語』北海道白老アイヌ文化保存協会、一九五五年
(16) 『朝日新聞』一九五九年一二月六日。
(17) 吉田『アイヌ文化史』序。
(18) 荒井源次郎『荒井源次郎遺稿アイヌ人物伝』私家版、一九九二年。貝沢正「わが家の歴史」同『アイヌ我が人生』岩波書店、一九九三年。二風谷部落誌編纂委員会編『二風谷』二風谷自治会、一九八三年。
(19) 『二風谷』については新井かおり「アイヌの集落が自らの歴史を語り始めること――貝澤正が編集する地域史『二風谷』の到達」『応用社会学研究』五四、二〇一二年、二一九―二三六頁。
(20) 武隈『アイヌ物語』一五頁。
(21) 森竹竹市『レラコラチ　風のように』えぞや、一九七七年、一五〇―一五二頁。
(22) 森竹『レラコラチ』一八頁。
(23) 吉田『アイヌ文化史』三―五頁。
(24) 混合民族論については小熊英二『単一民族神話の起源――「日本人」の自画像の系譜』新曜社、一九九五年。
(25) 森竹『今昔のアイヌ物語』四六―四八頁。
(26) 「喜田貞吉・森竹竹市宛書簡」『北海道の文化』一九、北海道文化財保護協会、一九七〇年、二〇頁。
(27) 森竹『今昔のアイヌ物語』一四頁。

(28) 高倉新一郎『アイヌ政策史』日本評論社、一九四二年、六二八頁。
(29) 最上徳内「渡島筆記」『日本庶民生活史料集成』四、三一書房、一九六九年。
(30) 吉田巖『「民族学研究」篇』河野本道選『アイヌ史資料集』第二期、第三巻吉田巖著作編（三）、北海道出版企画センター、一九八四年所収、一一九―一二〇頁。
(31) 卜部信臣他編『石狩川中流域の生活文化史』石狩川中流域研究会、一九九九年、一六頁。
(32) 萱野茂編著『萱野茂のアイヌ神話集成』二、ビクターエンタテインメント、一九九八年、一〇六―一一一頁。
(33) 萱野茂編著『萱野茂のアイヌ神話集成』六、ビクターエンタテインメント、一九九八年、三三―五二頁。
(34) 岩崎奈緒子『日本近世のアイヌ社会』校倉書房、一九九八年、八一―八二頁。谷本晃久「琴似又市と幕末・維新期のアイヌ社会」『平成一四年度普及啓発セミナー報告集』アイヌ文化振興・研究推進機構、二〇〇三年、一〇八―一〇九頁。
(35) Sakata, Minako, "Historical Consciousness in Ainu Oral Tradition: Perspectives on How to Perform Research With and For the Ainu People in Japan," Johan Gärdebo, May-Britt Öhman and Hiroshi Maruyama eds., *RE-Mindings: Co-Constituting Indigenous/Academic/Artistic Knowledges* (Uppsala: The Hugo Valentin Centre, Uppsala University, 2014).
(36) 訳語の語彙の齟齬からくる二重の関係性については坂田美奈子「アイヌモシリにおけるウレシパの原則――複数の視点から見る前近代蝦夷地社会史にむけて」『北海道・東北史研究』創刊号、二〇〇四年、坂田『アイヌ口承文学の認識論』第六章で取り上げた。
(37) 一八九五年、鍋沢サンロッテーはアイヌの開墾地、牧場、漁場等の和人による横領について貴族院議員や帝国議会へ訴え、救済を求めている（「北海道土人陳述書」北海道大学図書館蔵）。富田虎男「北海道旧土人保護法とドーズ法――ジョン・バチュラー、白仁武、パラピタ、サンロッテー」『札幌学院大学人文学会紀要』四八、一九九〇年、一―二二頁。
(38) 当該事件については旭川市史編集会議編『新旭川市史』三、旭川市、二〇〇六年、第五編第六章。同四、旭川市、二〇〇九年、第七編第六章を参照。
(39) 旭川市史編集会議編『新旭川市史』二、旭川市、二〇〇二年、九〇三頁。アイヌ給与予定地は、明治二〇年代初頭から始まった道庁による大土地処分に伴い、アイヌの生活基盤を守るため、和人への払い下げ対象としない土地として確保したものであった。しかしながら当時の法制上、アイヌに土地私有権が認められていなかったため、これらの土地は官有地第三種の扱いであった。これらの土地は極めて恣意的に扱われることが多かった（北海道編『新北海道史』四、北海道、一九七三年、一七七―一七九頁)。

(40) 『新旭川市史』三、第五編第六章。

(41) 「天川恵三郎手記」小川・山田編前掲書所収、一八頁。天川の手記には、談判を行った日付は五月四日と書かれているが、三日の間違いであろう。

(42) 松井国三郎「近文旧土人給与地付与願に関する再陳述」昭和七年一月、小川・山田編前掲書所収、五三頁。

(43) 小川・山田編前掲書所収、五五―五八頁。

(44) 小川・山田編前掲書所収、五六―五七頁。

(45) 「荒井源次郎上京日誌」昭和七年一一月一五日、小川・山田編前掲書所収、一二七頁。

(46) エカシとフチ編集委員会編『エカシとフチ』札幌テレビ放送、一九八三年、三七―三八頁。

(47) 小川正人『近代アイヌ教育制度史研究』北海道大学図書刊行会、一九九七年、二八二―二九七頁。

(48) 結城庄司『アイヌ宣言』三一書房、一九八〇年。

(49) 一九七二年風雪の群像爆破事件、一九七四年白老町長襲撃事件、一九七六年道庁爆破事件など。

(50) 「犯人検挙を急げ――アイヌ像爆破」『北海道新聞』一九七二年一一月一日。

(51) 森竹竹市、荒井源次郎宛書簡、一九七四年一〇月二六日付、森竹『レラコラチ』一〇三頁。

(52) 結城の著書『アイヌ宣言』はチャランケについての話で始まっている(結城『アイヌ宣言』一頁)。

# あとがき

本書の全体を貫いているのは、どうすればコミュニケーションを通じてよりよい社会を創り出すことができるのか、そしてなぜそれは困難なのかを、東アジア近代の過去の経験から探ろうという関心である。しかしこのような共通の問題意識に加え、主に「日本」が共通項になっているとはいえ、各章の多彩さゆえに、本書を手に取られた方は「一体どうしてこんな人たちが集まったのか」と不思議に思われるかもしれない。

本書を生み出したのは、五年前の二〇一一年八月に始まった「三谷ゼミOB・OG研究会」である。東京大学大学院総合文化研究科で三谷博先生の教えをうけた歴史研究者同士が、ゼミを巣立った後も交流を続けていたなかで、「ただ集まっているだけではもったいない」と、お互いが今やっている研究について話す集まりを始めたのがきっかけだった。

もともと三谷ゼミには極めて多様なテーマを研究する面々が集まっていたが、ゼミ（および飲み会）での長時間にわたる徹底的な討論は、皆が楽しい記憶として共有していた。そして研究会を始めてみて改めて気づいたのは、ゼミを出て各々の道を進みながらも、メンバー同士が研究上の関心を驚くほど共有していたことだった。皆で研究会を重ねて論文集を作ろうという合意に到るまで、あまり時間はかからなかった。その後、年に二回ほどの研究会を続けていくなかで、本書は形をなしていった。

ゼミを出た後、メンバーは次々と東京を離れ、日本内外のさまざまな場所で研究を続けていた。そのため研究会は東京だけでなくソウルや沖縄でも開かれ、また電子メイル上でも海や国境を越えた意見交換が絶え間なく続いた。このことは、東アジアという地域の広がりを意識しながら本書を練り上げるうえで大きな作用を及ぼしたように思う。議論を重ねるなかで、二〇一三年の秋に論文集の共通テーマを「公論と交際」に固め、筆者が序論の元となる企画書を他のメンバーに提示したところ、朴薫さんは次のようなコメントを下さった（ちなみに当時、朴薫さんは京都、筆者はボストンで在外研究中だった）。

最近東アジアで起きている事態を見てみると、まさに「公論」という言葉を思い出さざるを得ません。各国内においても中国はもちろんのこと、韓国・日本のいわゆる〝デモクラシー〟制度が本当に公論を作り上げ、それによる政治ができるものなのかどうか疑問を抱かざるを得ません。

国際的にはなおさらでしょう。私は東アジアは少なくとも国際的には九〇年代以降になってようやく「近代」が始まったと、つまりまともな国同士の〝交際〟がスタートしたと、極端に言えばようやく Westphalia 体制が滑り出したと思います。だから最近の確執はあるいは当然のことかも知れません。ここから抜け出て「大人」同士の〝交際〟が出来上がるためにはしばらく時間がかかるでしょう。

松平慶永は幕末に公論という言葉をもって幕府の私議を「幕私」だと痛烈に攻撃しましたが、現在の有様こそ「韓私」「日私」「中私」からの言葉ばかりが「天下」に横行し、まともな公論はあまり聞こえません。私は今回の企画がいまだに先の遠い「公論の世界」を東アジアに、ひいては世界に作り上げる上での小さな礎石になればと思っています（ちょっとおおげさですかね）。

それまでメンバーの間で交わされていた議論の核心を突いたこのコメントを読んだとき、筆者は本書の完成をほとんど確信した。序論を読んで頂ければ分かるように、ここに示された東アジアの現状に対する観察には、筆者も強く共鳴するところである。ともに学んだころから何年も経ったが、各々の場所で同じようなことを考えていたという感慨は、研究会全体にあったように思う。その後の集まりでも、異なる対象を扱っている執筆者同士が、互いの問題意識が通じ合っていることに驚く場面がたびたびあった。

本書ができあがる過程で常に念頭にあったのは、三谷先生が編者となられた『東アジアの公論形成』（東京大学出版会、二〇〇四年）である。同書を生んだ共同研究の場には、当時まだ学生だった朴薫さんや筆者も参加させて頂いており、その熱気は今も生々しく思い出すことができる。このころ、先生はゼミでもしばしば明治時代の新聞史料をテキストとして取り上げられ、参加者一同が新聞紙上の政治・外交論議をめぐって、いつも侃々諤々の論戦を繰り広げていた。今にして思えば、そうやって「公論形成」の〝熱病〟が先生からゼミ全体に〝感染〟したのだろう。本書を『東アジアの公論形成』の続編と称するのは僭越であろうが、いまだ〝熱病〟が治らない我々がなすべきなのは、より多くの人びとを〝感染〟させて先生の学恩に報いることだと信じて、本書を世に問う次第である。

「三谷ゼミOB・OG研究会」には李元雨さん、朴智泳さん、與那覇潤さんも参加して、研究報告や討論を通じて本書に貢献してくださった。ここに記して深謝したい。

東京大学出版会の山本徹さんには、本書の刊行にあたって多大なご尽力を頂き、また一冊の本としての完成度を高めるために懇切なご助言を頂いた。そして三谷ゼミOBでもある同出版会の中野弘喜さんには、研究会での討論への参加も含めて、さまざまな面で我々をサポートしていただいた。お二人に心よりお礼を申し上げたい。

二〇一六年七月

塩出浩之

## な　行



## は　行



## ま　行



## や　行



## ら　行

# 事項索引

ま　行



や　行



ら行・わ行

## た　行



## な　行



## は　行

# 索　引

## 人名索引

［専門］東アジア国際関係史・日欧関係史
［主要著作］『プロイセン東アジア遠征と幕末外交』（東京大学出版会，2013 年），「幕末の日蘭関係と諸外国――仲介国としてのオランダ」（松方冬子編『日蘭関係をよみとく』臨川書店，2015 年）

**池田勇太**（いけだ・ゆうた）
1978 年生まれ．東京大学大学院人文社会系研究科博士課程修了．博士（文学）．
山口大学人文学部准教授
［専門］日本近代史・明治維新史
［主要著作］『日本史リブレット人 076　福澤諭吉と大隈重信』（山川出版社，2012 年），『維新変革と儒教的理想主義』（山川出版社，2013 年）

**平山　昇**（ひらやま・のぼる）
1977 年生まれ．東京大学大学院総合文化研究科博士課程修了．博士（学術）．
九州産業大学商学部准教授
［専門］日本近代史
［主要著作］『鉄道が変えた社寺参詣』（交通新聞社新書，2012 年），『初詣の社会史――鉄道が生んだ娯楽とナショナリズム』（東京大学出版会，2015 年）

**三牧聖子**（みまき・せいこ）
1981 年生まれ．東京大学大学院総合文化研究科博士課程修了．博士（学術）．
関西外国語大学英語キャリア学部助教
［専門］アメリカ外交史・日米関係史
［主要著作］『戦争違法化運動の時代――「危機の 20 年」のアメリカ国際関係思想』（名古屋大学出版会，2014 年），『歴史の中のアジア地域統合』（共編，勁草書房，2012 年）

**坂田美奈子**（さかた・みなこ）
1969 年生まれ．東京大学大学院総合文化研究科博士課程修了．博士（学術）．
苫小牧駒澤大学国際文化学部准教授
［専門］エスノヒストリー・日本近代史
［主要著作］『アイヌ口承文学の認識論――歴史の方法としてのアイヌ散文説話』（御茶の水書房，2011 年），“Possibilities of Reality, Variety of Versions: The Historical Consciousness of the Ainu Folk Tales,” *Oral Tradition*, 26, pp. 175–190, 2011.

# 執筆者紹介（執筆順）

**塩出浩之**（しおで・ひろゆき）
1974年生まれ．東京大学大学院総合文化研究科博士課程修了．博士（学術）．
琉球大学法文学部教授
［専門］日本近代史・政治史
［主要著作］『岡倉天心と大川周明——「アジア」を考えた知識人たち』（山川出版社，2011年），『越境者の政治史——アジア太平洋における日本人の移民と植民』（名古屋大学出版会，2015年）

**朴薫**（Park Hun）
1965年生まれ．東京大学大学院総合文化研究科博士課程修了．博士（学術）．
ソウル大学校人文大学教授
［専門］幕末維新史・政治史
［主要著作］『近代化と東西洋』（共著，韓国放送通信大学出版部，2006年），『明治維新はいかに可能であったか』（民音社，2014年）

**上田純子**（うえだ・じゅんこ）
1968年生まれ．東京大学大学院人文社会系研究科博士課程修了．博士（文学）．
［専門］日本近世史
［主要著作］「萩藩文久改革期の政治組織——政事堂の創設と両職制の改編」（『史学雑誌』109編11号，2000年），「長州藩の国事周旋と益田右衛門介」（明治維新学会編『幕末維新の政治と人物』有志舎，2016年）

**三ツ松誠**（みつまつ・まこと）
1982年生まれ．東京大学大学院人文社会系研究科博士課程修了．博士（文学）．
佐賀大学地域学歴史文化研究センター講師
［専門］日本思想史・国学史
［主要著作］「嘉永期の気吹舎——平田鉄胤と「幽界物語」」（『日本史研究』596，2012年），「神々は沈黙せず——平田派神霊事件考」（『歴史学研究』940，2016年）

**福岡万里子**（ふくおか・まりこ）
1979年生まれ．東京大学大学院総合文化研究科博士課程修了．博士（学術）．
国立歴史民俗博物館研究部准教授

公論と交際の東アジア近代

2016年10月28日　初　版

［検印廃止］

編　者　塩出浩之《しおでひろゆき》

発行所　一般財団法人　東京大学出版会

代表者　古田元夫

153-0041 東京都目黒区駒場 4-5-29
http://www.utp.or.jp/
電話　03-6407-1069　Fax 03-6407-1991
振替　00160-6-59964

組　版　有限会社プログレス
印刷所　株式会社ヒライ
製本所　誠製本株式会社


ISBN 978-4-13-020304-3　Printed in Japan